Konsta

Jeder

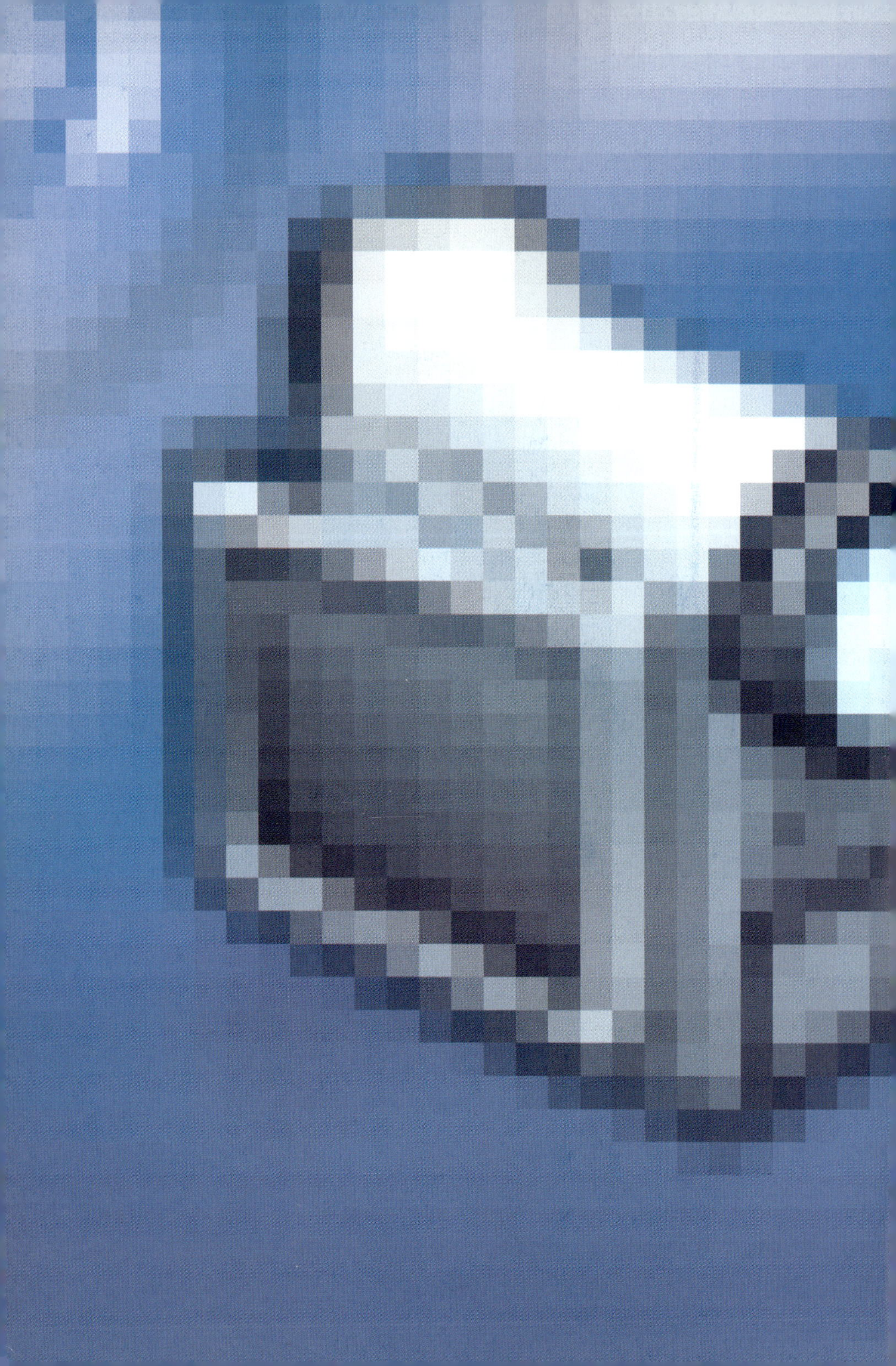

Konstanze Werner, Horst Werner

Jeder kann Video!

Filmen für Websites, YouTube und Blogs

UVK Verlagsgesellschaft mbH

Bibliografische Information der Deutschen Bibliothek
Die Deutsche Bibliothek verzeichnet diese Publikation in der Deutschen Nationalbibliografie; detaillierte bibliografische Daten sind im Internet über <http://dnb.ddb.de> abrufbar.

ISBN 978-3-86764-271-2

Lektorat: Maria Grohme-Eschweiler, Bonn
Layout & Satz: schreiberVIS, Seeheim
Fotos im Innenteil: Sofern nicht anders genannt:
Konstanze und Horst Werner
Covergestaltung: Susanne Fuellhaas, Konstanz
Coverbild: © Istockphoto Inc.
Druck: fgb · freiburger graphische betriebe, Freiburg

UVK Verlagsgesellschaft mbH
Schützenstr. 24 · D-78462 Konstanz
Tel. 07531-9053-0 · Fax 07531-9053-98
www.uvk.de

Wichtiger Hinweis

Alle Angaben in diesem Buch wurden von den Autoren mit größter Sorgfalt erarbeitet und ausprobiert. Trotzdem sind Fehler nie ganz auszuschließen. Wir bitten, sie zu entschuldigen. Wir bitten aber auch um Verständnis, dass Verlag und Autoren weder eine Garantie übernehmen können, noch eine juristische Verantwortung oder Haftung für Folgen, die auf fehlerhafte Angaben zurückgehen. Für Hinweise auf etwaige Fehler sind wir dankbar. Ihre Eindrücke vom Arbeiten mit diesem Buch möchten wir mit Ihnen gerne auf Facebook teilen. Sie finden die Seite direkt über www.jeder-kann-video.de.

Internetadressen oder Versionsnummern stellen den verfügbaren Informationsstand bei Redaktionsschluss dar. Verlag und Autoren übernehmen keine Verantwortung oder Haftung für Veränderungen, die sie nicht zu vertreten haben.

Die von den Autoren angeboten Downloads dienen ausschließlich der nichtgewerblichen Nutzung.

Die hier genannten Produktbezeichnungen von Hard- und Software sowie Firmennamen sind in der Regel auch eingetragene Warenzeichen und sollten als solche beachtet werden.

Wir beschränken uns in diesem Buch auf die Vorstellung von Windows-Schnittprogrammen. Darin kennen wir uns aus. Von unseren guten und weniger guten Erfahrungen können Sie so unmittelbar profitieren!

Alle Fotos in diesem Buch stammen, sofern nicht anders angegeben, von den Autoren. Die Screenshots verwenden Abbildungen der hier gezeigten Schnittsoftware-Programme.

Die braun markierten Begriffe werden im Glossar kurz erläutert. Wir markieren jeweils die erste Erwähnung eines Begriffes.

Die Autoren danken den Firmen Avid, Magix und Panasonic dafür, dass sie Hard- bzw. Software zur Verfügung gestellt haben.

Wenn wir in diesem Buch von Autoren, Programmierern, Protagonisten etc. sprechen, dann meinen wir damit immer auch Autorinnen, Programmiererinnen, Protagonistinnen. Wir haben diese Form wegen der leichteren Lesbarkeit gewählt.

Konstanze und Horst Werner

Inhalt

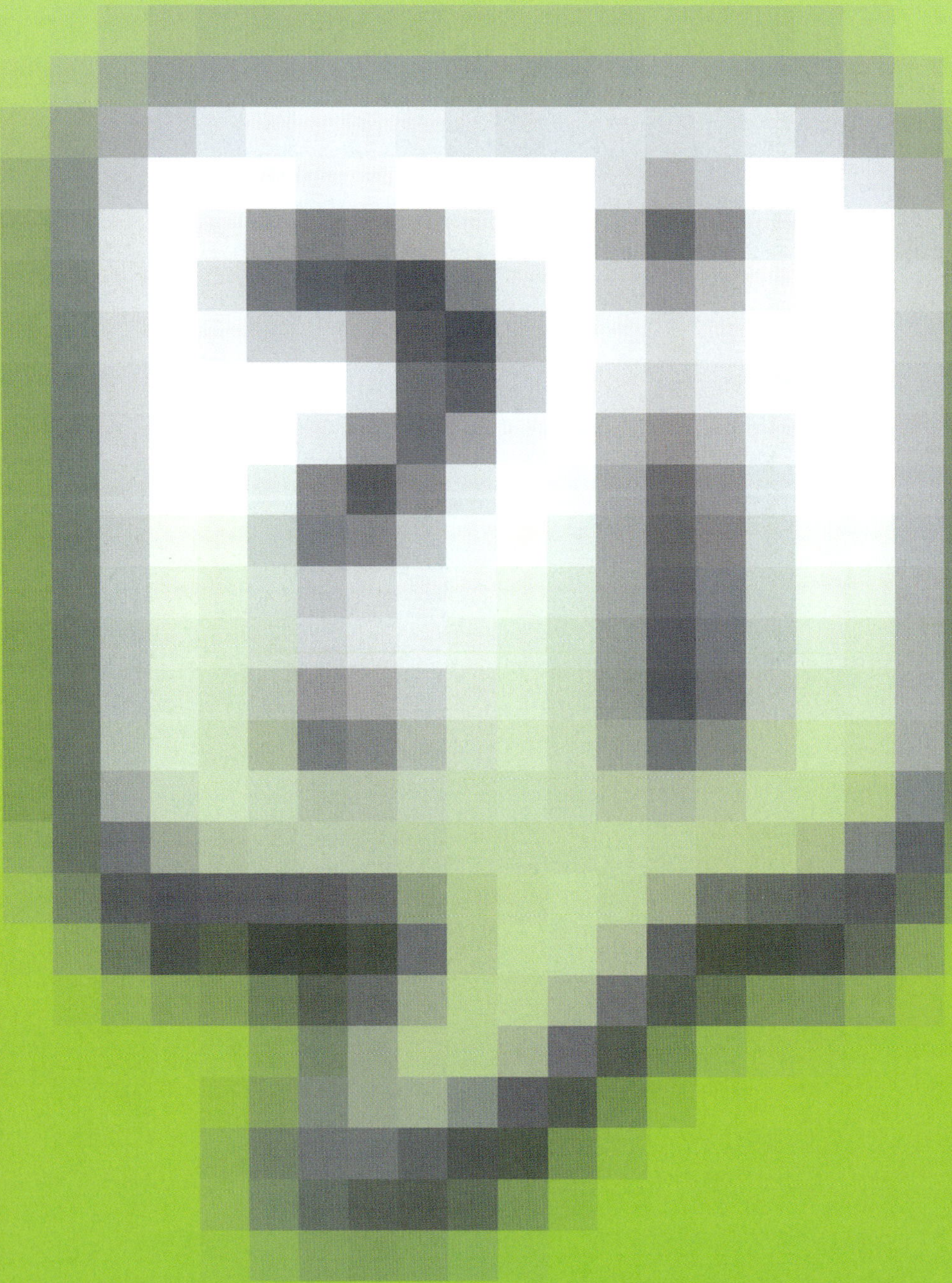

1. Mut machen – was dieses Buch will

Gefilmt haben wir schon immer gerne. Egal wo wir waren. Egal wie kalt es war oder wie warm. Nach dem Dreh oder zu Hause geschnitten, mit Tönen und Blenden experimentiert. Kein Wunder – schließlich ist der Umgang mit Bildern unser Beruf. Deshalb hat es uns auch fasziniert, als die Kameras immer kleiner wurden und die Schnittprogramme bezahlbar. Sofort probierten wir alles aus, investierten in neueste Technik, saßen nächtelang an störrischen Programmen, kämpften mit Treibern, Codecs-Schnittstellen-Videokartenproblemen.

Wir waren also von Anfang an dabei. Privat und auch im Job. Wir haben als Fernseh-Redakteure und -Trainer die Entwicklung zu den sogenannten VJs gefördert, den Videojournalisten, die alles selbst machen: sie drehen, schneiden, texten, sprechen.

Jetzt ist die Digitalisierung an einem ganz neuen Punkt angekommen: Heute kann jeder ein Video herstellen und verbreiten. Pro Jahr werden in Deutschland rund 800 000 Camcorder verkauft. Experten schätzen, dass in Deutschland bis zu 130 Millionen Kameras, Camcorder und Kamerahandys in regelmäßigem Gebrauch sind.

Wir wissen, dass Millionen Camcorder-Besitzer als Videosammler vor allem eines wollen: ganz einfach drehen und festhalten, was sie erleben: Reisen, Feste und nicht zuletzt das Aufwachsen ihrer Kinder. Für sie gilt: drehen Sie so viel wie möglich, ohne dass Sie mit der Kamera die Ereignisse stören. Sie werden ohnehin später nur die Highlights anschauen wollen. Bei deren Präsentation hilft im Kapitel zehn der Absatz über das Herstellen schicker DVD-Menüs. Damit können Sie Ihre Lieblings-Sequenzen gezielt zum Vorführen ansteuern.

Wer aber seine Videos vor Publikum (Familie, Freunde, Kollegen, Kirchenkreis, YouTube) präsentieren möchte, muss sich Gedanken über seine Zuschauer machen. Was interessiert sie? Wie lange schauen Sie sich ein Video an? Wie können Sie diesen „Zielgruppen" Ihr schönes Video schmackhaft machen, ohne sie zu langweilen oder zu überfordern? Antworten auf diese Fragen finden Sie zum Beispiel im Kapitel „Spannungsbogen" oder „Texten".

Jeder kann sein eigener Programmdirektor sein. *Sie* können Ihr eigener Programmdirektor sein! Im Fortschritt der Videotechnik steckt die Chance zu mehr Basisdemokratie. Und wir stehen erst am Anfang einer rasanten Entwicklung. Die Verwendung von Video im Internet nimmt gerade erst richtig Fahrt auf. Sie gewinnt zusätzliche Bedeutung durch die immense Beschleunigung der Übertragungstechniken und die immer intensiver genutzten sozialen Netzwerke.

Es liegt an Ihnen, ob und wie Sie daran teilnehmen wollen – dieses Buch soll dabei helfen, Ihre Entscheidungen auf eine professionelle Grundlage zu stellen.

Wir haben das Buch geschrieben, weil wir Ihnen unsere Erkenntnisse weitergeben und Sie ermutigen wollen, *Ihren* Film zu drehen. Die Kosten sind heute kein Argument mehr. Wir gehen davon aus, dass Sie für die „small-budget"-Ausstattung nicht mehr als 350 Euro ausgeben müssen. 150 für die Kamera, 20 für ein kleines Stativ, 100 für das Schnittprogramm, höchstens 80 für ein Mikrofon. Dass Sie einen „Multimedia"-tauglichen PC besitzen, setzen wir voraus. Und auch, dass es Ihnen, so wie uns, Spaß macht, damit zu arbeiten und Neues zu lernen.

Wir wollen Ihnen einfach, verständlich und nachvollziehbar präsentieren, wie gute Videos mit einem minimalen Equipment entstehen. Wir möchten Ihnen Hilfestellung geben, wenn Sie im Elektronikmarkt vor einem riesigen, undurchschaubaren Angebot stehen und nicht wissen, wonach genau Sie den Verkäufer eigentlich fragen sollen. Wir haben für Sie ausgewählt, empfehlen Ihnen Produkte, mit denen wir gearbeitet und gute Erfahrungen gemacht haben. Was nicht heißen muss, dass andere Kameras/Schnittprogramme/Mikrofone nicht ebenfalls für Ihre Zwecke geeignet sind. Zumal die technische Entwicklung mit Riesenschritten vorangeht. Der Markt für Minikameras zum Beispiel wird gerade entdeckt – jede Woche erscheinen neue.

Aber: Alles, was wir hier vorschlagen, funktioniert. Garantiert!

Einige Kapitel (zum Beispiel Schnitt) sind so geschrieben, dass Sie die Beispiele unmittelbar nachvollziehen können. Laden Sie sich die Einstellungen von unseren Websites herunter und vollziehen Sie sie Schritt für Schritt anhand des Buches nach – dann kann nichts schiefgehen. Das ist zwar etwas „altmodisch" – führt aber am schnellsten zum Ziel.

Dieses Buch ist für alle, die Videos machen wollen. Dazu zählen wir

- den Gelegenheitsfilmer, der seine Bilder ungeschnitten, aber möglichst gezielt am TV-Gerät anschauen will,
- den reisefreudigen Opa/Onkel/Vater, der gerne alles festhält und schick schneidet, um es stolz der Verwandtschaft zu präsentieren,
- den medienbegeisterten Blogger, der seine Videos der Welt zeigen und sie ein wenig verändern möchte,
- den Praktikanten/Journalisten, der für die Website eines Unternehmens Videocontent herstellen will und nicht zuletzt
- den Examenskandidaten, der künftige Arbeitgeber mit einer schicken DVD auf seine Erfahrungen und Kenntnisse aufmerksam machen möchte.

Ihnen allen wollen wir helfen, Tipps geben, gespeist von unserer langjährigen Erfahrung im „Video-Machen" und „Video-Lehren", damit Sie das bestmögliche Ergebnis erzielen.

Noch eine Vorbemerkung. Versuchen Sie erst gar nicht, genau so gut wie oder besser zu sein als die TV-Profis. Das können Sie nicht, weil Sie nicht

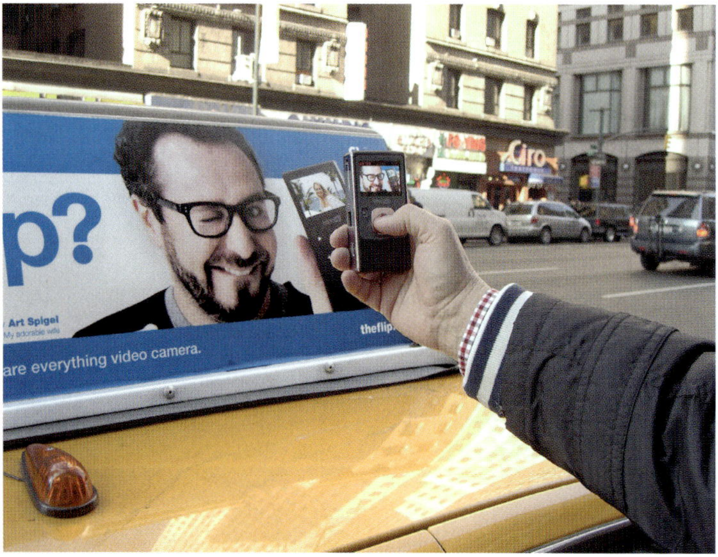

deren Geld, Zeit und Manpower haben. Seien Sie anders, das ist Ihre große Chance: kreativ, witzig, überraschend, nah, flippig, ungewöhnlich, aufregend, erregend …

Kennen Sie eigentlich Gusteau? Den Meisterkoch in dem schönen Trickfilm „Ratatouille"? Gusteau hat ein Buch mit dem Titel geschrieben: „Jeder kann kochen". Das hat uns inspiriert. So wie Gusteau finden wir, dass, mit den richtigen Zutaten versehen und etwas Inspiration gesegnet, auch scheinbar große Aufgaben von jedem zu bewältigen sind. Lesen Sie dieses Buch also wie ein Kochbuch durch. Beginnen Sie, wenn Sie wollen, mit den Desserts, dem Schnitt, blättern Sie dann zurück zum Hauptgericht, dem Dreh. Gehen Sie von *Ihren* Vorlieben und Vorkenntnissen aus. Und fangen Sie dann ganz einfach an. Denn: „Jeder kann Video!"

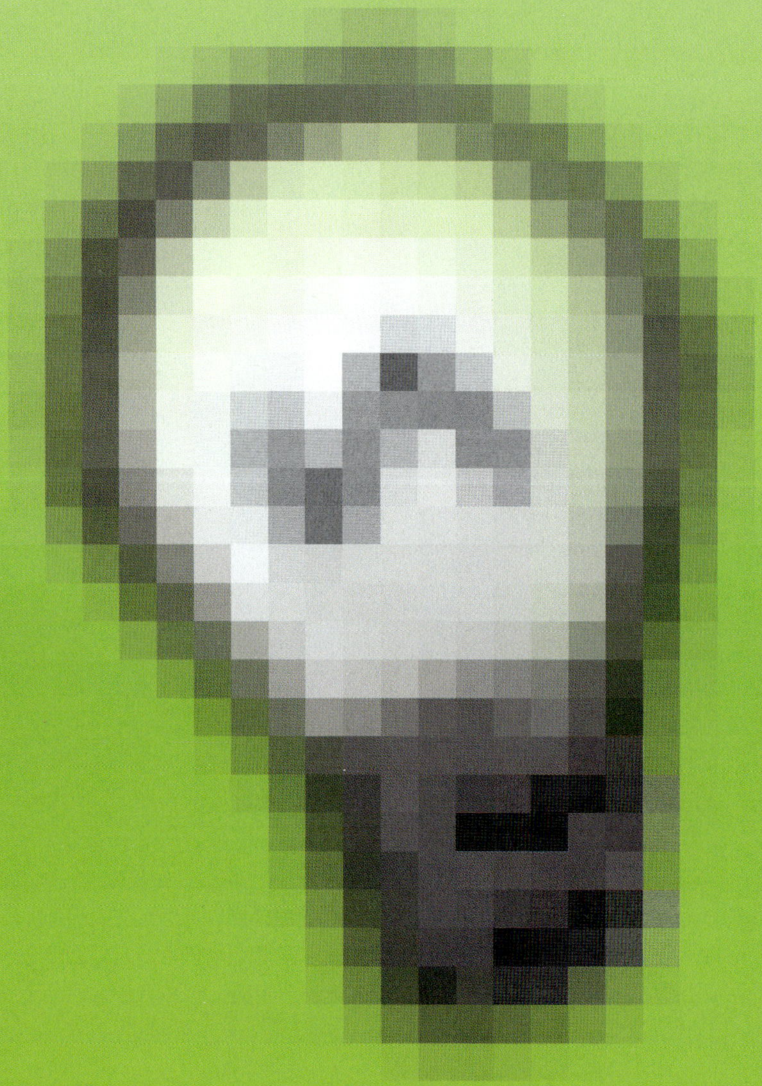

2. Idee – wie küsst die Muse?

Videos verändern die Welt

Moskau, ein kalter Februarmorgen im Jahr 2010. Über den für Regierungsfahrzeuge reservierten Mittelstreifen jagt ein schwarzer Mercedes mit Geheimdienstnummer. Am Gagarin-Platz rammt er einen kleinen roten Citroën, darin sterben zwei Frauen, eine von ihnen ist eine in Moskau sehr bekannte Hebamme. (s. dazu: Blogger rütteln Russland auf, NZZ-online, 28. 4. 2010) Im Mercedes sitzt der Vize-Chef des Erdölkonzerns Lukoil, der kaum verletzt ist. Was folgt, ist Alltag im heutigen Russland und ein Skandal: 15 Kameras überwachen den Platz, aber die Videoaufnahmen verschwinden, ebenso das Nummernschild des Mercedes. Für die Polizei ist die Schuldfrage schnell gelöst. Obwohl Augenzeugen das Gegenteil bekunden, erklärt sie die beiden umgekommenen Frauen zu den Verursachern des Unglücks.

Doch nun passiert, was bisher niemand für möglich hielt: Binnen weniger Stunden verbreitet sich die Nachricht von dem Unfall und der skandalösen Vertuschung im Internet. Die Russen sind nämlich Weltmeister in der Nutzung sozialer Netzwerke. Es dauert nicht lange, bis sich der Widerstand gegen die Verdrehung der Tatsachen formiert. Die Wut der Blogger schwillt schnell und kreativ an, der landesweit bekannte Rapper Noize MC veröffentlicht ein satirisches Video auf YouTube, in dem er mit dem herrischen Gebaren der neuen Magnaten abrechnet ■ 2.1.

Konsequenzen sind bald unumgänglich, zumal bekannt wird, dass selbst der Präsident gerne im Netz unterwegs ist. Vor einem eilends einberufenen Untersuchungsausschuss erklärt später der Direktor der Moskauer Verkehrspolizei, die Behauptung, die Unfallschuld liege bei der Fahrerin, sei Kompetenzmängeln lokaler Polizeibeamter zuzuschreiben.

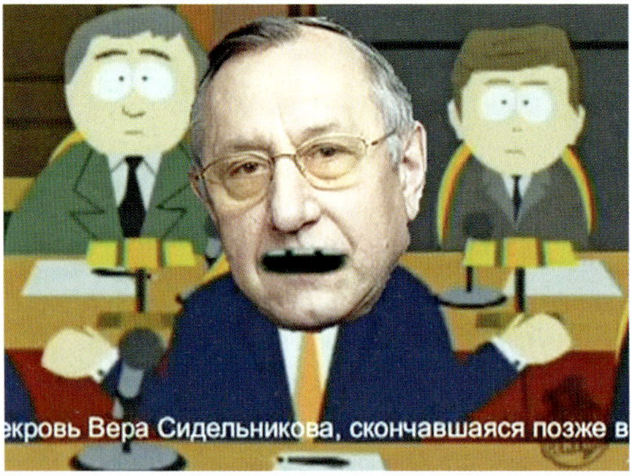

2.1 Können diese Lippen lügen? Russischer Rapper stellt Öl-Chef in einem Video bloß. (Quelle: YouTube)

Moskauer Künstler formulieren einen Protestbrief an den Präsidenten. Medwedew fordert seinen Innenminister auf, den Unfall rückhaltlos aufzuklären. Ein schöner Erfolg für das „Netz sozial engagierter Russen", wie die Zeitung Nowaja Gaseta später schrieb.

Wer träumt nicht davon, mit einem Video Geschichte zu machen? Vielleicht haben Sie schon Material auf der Festplatte, ahnen aber noch nicht, was Sie Tolles daraus machen können?

Blogs im Allgemeinen und die darin enthaltenen Videos im Besonderen sind heute zu einem wichtigen Instrument in der öffentlichen Kommunikation geworden. Videos im Netz können eine Gegenöffentlichkeit konstruieren, die z. B. in autoritär strukturierten Systemen mit unterdrückter oder gelenkter öffentlicher Kommunikation hohe Wirksamkeit entfaltet. Und häufig sind die Blogs schneller, kreativer und frecher als der professionelle Journalismus!

Das gilt übrigens nicht nur für die oben beschriebenen Systeme, sondern ansatzweise auch für die Medienwirklichkeit in der Bundesrepublik oder in den USA. (vergl. dazu: Eilders, Christiane et al: Zivilgesellschaftliche Konstruktionen politischer Realität, in: Medien & Kommunikationswissenschaft, Hamburg, 1/2010)

Sehr schmerzhaft musste das der republikanische Senator George Allen erfahren. Er machte im Sommer 2006 Wahlkampf in einem kleinen unbedeutenden Ort in Virginia. Dabei diffamierte er in seiner Rede einen indisch stämmigen Zuhörer mehrfach, indem er ihn als „Macaca" bezeichnete. Womit er nicht gerechnet hatte: jemand zeichnete das auf – und lud es ins Netz.

Diese Videoveröffentlichung der Ausschnitte aus der Senatorrede, insgesamt vielleicht 20 Sekunden lang, entfachte im amerikanischen Wahlkampf einen riesigen Wirbel. Denn jeder Zuschauer begriff sofort die unterschwellige rassistische Abwertung, die in der Bezeichnung „Macaca" lag. Den Demokraten kam das sehr gelegen, genau das warfen sie den Republikanern vor: Obama durch bewusst eingesetzten, aber schwer fassbaren Rassismus diskreditieren zu wollen. Der Wahlausgang ist bekannt und das millionenfach angeklickte kurze Video war daran sicher nicht ganz unschuldig.

In diesem Kapitel wollen wir Ihnen helfen, für drei Arten von Videos Ideen zu sammeln:

- Die Situation: Wo finden Sie Interessantes für einen kurzen Clip bei YouTube und anderen Videoplattformen?
- Das Ereignis: Wie wird aus Urlaubsfilmen und filmisch dokumentierten Familienfeiern mehr als eine Aufzählung, wer alles dabei war?
- Die Geschichte: Reportage oder Porträt für Verein, Firma, Freundeskreis – wie gehen wir's an?

Die besondere Situation – erfolgreich bei YouTube

Mit einem Videoclip den gesellschaftlichen Wandlungsprozess angestoßen zu haben, ist sicher ebenso selten wie bemerkenswert. Im Internet wird Erfolg anhand der Abrufzahlen definiert – die sind messbar, wurden aber bisher nicht veröffentlicht. Bisher. Zum ersten Mal hat YouTube Anfang 2010 Daten bekannt gegeben, die die spannende Frage beantworten: welcher Film hatte eigentlich den meisten Zuspruch?

Demnach wurde das Video von Susan Boyle mit ihrer Interpretation des Songs „I Dreamed a Dream" im Jahre 2009 mehr als 120 Millionen Mal angeklickt – Platz Nummer 1! ■ 2.2

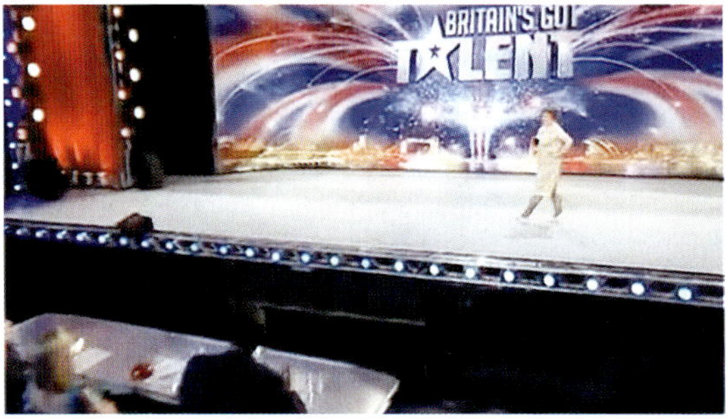

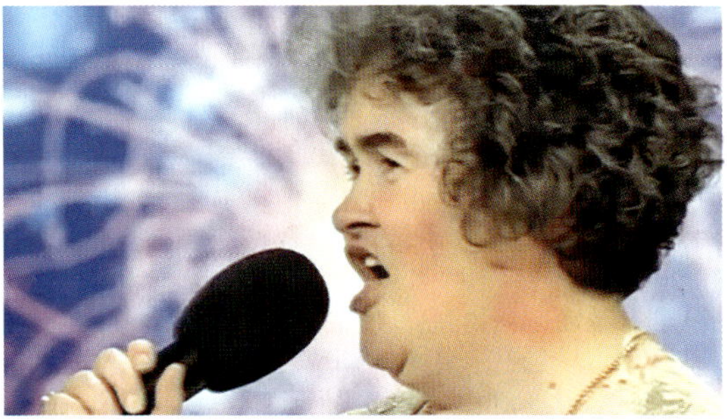

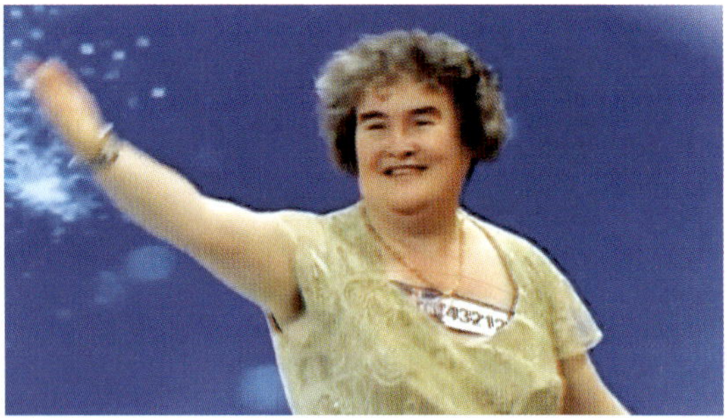

2.2 Kommentar der Blogger: „Verdammt, ja, es ist egal wie Du aussiehst, Hauptsache Du traust Dich!" (Quelle: YouTube)

Auf dem zweiten Platz landete nach Angaben von YouTube mit mehr als 37 Millionen Aufrufen der Film: „David after Dentist".

Das Setting: ein Vater filmt seinen Sohn, in einer einzigen Einstellung. Der siebenjährige David sitzt nach einer Zahnarzt-OP, noch von der Narkose leicht betäubt, hinten im Auto und beginnt gerade aufzuwachen ■ 2.3.

Und weil er noch nicht ganz da ist, stellt er mit tiefer Ernsthaftigkeit die Fragen, die viele von uns auch täglich beschäftigen: „Ist das eigentlich das wirkliche Leben? Ist es Realität, was ich gerade erlebe? Warum passiert mir das? Hält das jetzt für immer an?" Und der Vater antwortet, so gut er eben kann, während er weiter Auto fährt. Und dreht.

Was eint diese beiden Clips, was macht sie so erfolgreich?

Ein Erklärungsversuch: Wir finden es interessant, Menschen dabei zuzusehen, wie sie sich bemühen, hinter Zufälligkeiten eine Struktur und Sinnhaftigkeit zu erkennen.

Wir bewundern die Ernsthaftigkeit, mit der andere versuchen, sich in der Unüberschaubarkeit des Lebens zurechtzufinden. Etwas von ihrer positiven Kraft und Ausstrahlung, mit der sie sich stets von

Neuem auflehnen gegen die Widrigkeiten des Alltags, springt auf uns über. Irgendwann möchten auch wir besiegen, was uns hindert und einschränkt – so wie es Susan Boyle gelang. Häufig genug allerdings scheitern wir. Wir haben das Gefühl, stecken zu bleiben, nicht weiterzukommen, den Kampf verloren zu haben. Deshalb finden wir es spannend, denen zuzuschauen, die diesen Kampf aufnehmen. Sie tun es stellvertretend für uns, artikulieren die richtigen Fragen im richtigen Moment. Solche Menschen „berühren" uns, wirken so auf unser Leben ein. Wer den Clip gesehen hat, fragt sich sofort: Was sind denn meine Antworten auf die wirklich wichtigen Fragen, die David stellt?

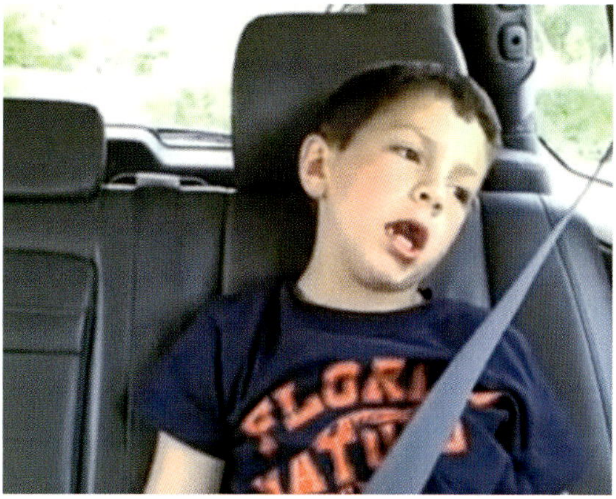

2.3 Noch betäubt, aber wissbegierig: David sucht Antworten. (Quelle: YouTube)

Wie können wir als Videoreporter unser Grundthema variieren, wie können wir eine Story finden und umsetzen, die auffällt, hervorsticht, unsere Zuschauer „berührt" – im Wettbewerb mit einer Milliarde Videos, die jeden Tag bei YouTube abgerufen werden?

Sicher nicht, indem wir krampfhaft danach suchen. Gute Themen fliegen uns zu, suchen uns, statt dass wir sie suchen! (s. dazu auch: Scheiter, Barbara: Themen finden. Konstanz, 2009). Sie wachsen in unserem Leben und werden durch unsere Erfahrung gespeist.

Häufig überraschen uns die guten, intensiven Situationen im Alltag – und wir sind wieder einmal ohne Kamera losgelaufen! Wie oft haben wir uns schon geärgert sie vergessen zu haben, oder es war uns zu mühsam sie mitzuschleppen. Aber das war früher! Deshalb stellen wir im Kapitel Kamera ein Instrument vor, das diese Argumente einfach hinwegfegt. Denn die Flip-Kamera ist so klein und leistungsstark, dass man sie eigentlich immer mitnehmen kann. Wenn die gute Idee oder die intensive Situation plötzlich auftaucht, braucht es nur noch den Daumendruck auf den großen roten Knopf, um alles festzuhalten.

Gar nicht so selten begegnet uns die besondere Situation im privaten Umfeld.

Nach unserer Beobachtung scheint es nämlich besonders attraktiv zu sein, anderen Menschen bei ihren Missgeschicken zuzusehen. Zahlreiche Videos auf den diversen Pannenplattformen können das bezeugen. Auf Clip-

Seiten wie Boreme oder auch auf YouTube lassen sich mit Suchbegriffen wie zum Beispiel „mishaps“ oder „accident“ viele Beispiele finden. Gern gesehen, aber nicht immer sehenswert!

Tipp

Versuchen Sie, die Welt um sich herum auch unter dem Aspekt „sehenswert“ bzw. „filmenswert“ wahrzunehmen. Staunen Sie nicht nur. Drehen Sie auch!

Wo und wie finden Sie die besondere Situation? Wie sind Ihre schönsten Foto-Schnappschüsse entstanden? Planen kann man sie nicht, aber darauf vorbereitet sein ist schon der halbe Erfolg.

Beim besonderen Ereignis: Roter Faden gesucht!

Das besondere Ereignis umzusetzen erfordert schon etwas Mehraufwand. Wir meinen damit etwa die Dokumentation von Urlaubsreisen, Partys, Hochzeiten, Familienfeiern. Vereinfacht wird das Filmen solcher Sujets durch die Tatsache, dass es meist feststehende Termine und einen definierten Ablauf gibt.

Das erleichtert die Dreharbeiten und die Entwicklung eines Konzepts. Man orientiert sich am Handlungsablauf.

Auch wenn Sie schon bei Dutzenden Familienfesten dabei waren, immer wird im Detail etwas anders als ursprünglich geplant. Versuchen Sie vorher herauszufinden, was wo stattfindet, damit Sie um die wichtigsten Szenen herum Ihre Geschichte bauen können. Bietet sich vielleicht ein roter Faden an? Der muss nicht immer nur durch den zeitlichen Ablauf der Handlung bestimmt sein.

Auch Sie können dem Geschehen eine Struktur geben. Zum Beispiel durch Fragen, die Sie, während die Kamera läuft, stellen. Persönliche Fragen führen zu persönlichen Antworten – und die sind meist die interessantesten. Fragen Sie nicht mit „man“. Was hört man denn über Onkel Peter, Lehrer Braun oder Torwart Fritz? Nein! Fragen Sie persönlich und konkret: Was gefällt Dir/Ihnen am besten an ...? Wobei hast Du ... schon mal bewundert? Warum bist Du/sind Sie hier bei ...?

So kommen viele zu Wort und es gibt persönliche An- und Einsichten.

Die Idee zur Geschichte

Ein Thema für eine wichtige Geschichte zu finden ist nicht ganz so einfach. Um es umzusetzen, bedarf es journalistischer Qualitäten. Wäre also unsere Zielsetzung, einen Beitrag über die Vertuschung des Verkehrsunfalls in Moskau herzustellen, müssten wir so arbeiten, wie TV-Journalisten es tun. Recherchieren, mit allen Beteiligten sprechen, sie später mit der Kamera aufsuchen und Interviews mit ihnen führen. Wir bräuchten Bilder von der Unfallstelle und von den Überwachungskameras. Schließlich müssten wir recht lange Zeit im Schnitt verbringen, um all das zu einer stimmigen Komposition zusammenzufügen. Kein Wunder also, dass die teure und langwierige Herstellung von Magazinbeiträgen das Metier der zahlungskräftigen Fernsehanstalten ist.

Grundsätzlich gilt: Themen und Geschichten, die Autoren fesseln, können auch für andere interessant sein, für Zuschauer, User, Viewer. Es muss uns gelingen, vom Einzelfall wegzukommen und eine Aussage zu finden, die die Allgemeinheit interessiert.

Was aber tun, wenn die Muse mal nicht küssen will? Dann kann zum Beispiel das „ziellose Stöbern" im Netz erste Anregungen liefern. Auch in unserem Beruf als Fernsehjournalisten haben wir uns häufig davon inspirieren lassen.

Natürlich hilft es, viel fernzusehen und Zeitung zu lesen. Aufmerksamer und bewusster Medienkonsum verleiht der Kreativität Flügel. Hat man eine Idee, sollte man sie unverzüglich festhalten. Wir empfehlen, immer etwas zum Aufschreiben griffbereit zu haben. Gute Ideen haben nämlich leider eine sehr unpraktische Eigenschaft: sie tauchen zum ungeeignetsten Zeitpunkt auf und lieben es, sofort wieder zu verschwinden. Jeder kennt diese Situation: Nur Sekunden, nachdem wir das untrügliche Gefühl hatten, ein wirklich guter Einfall sei gerade durch unsere Gedanken geschossen, zermartern wir uns das Hirn mit der Frage, woran wir eben eigentlich gedacht haben? Aber es ist weg, versunken im Nirwana der vielen anderen Synapsen des Gedächtnisses. So funktionieren nun mal unser Gehirn und unsere Kreativität – ein Überlebensprinzip, um uns nicht mit einer Überfülle von Informationen zu belasten. Doch manchmal entscheidet unser Gedächtnis falsch – und irgendein anderer Teil in uns weiß das sogar! Da hilft wirklich nur aufschreiben, sofort festhalten. Wir benutzen dafür gerne die Notiz-Funktion des Smartphones. Die allermeisten Modelle erlauben nämlich die schnelle handschriftliche Aufzeichnung.

Einfacher scheint die Sache, wenn ein eventueller Auftraggeber (der Handballverein, die Bürgerinitiative, der nette Eismann im Büdchen) das Thema vorgibt. Im Kopf steht die Geschichte schon? Dann schreiben Sie sie auf und überprüfen Sie, ob es wirklich eine Geschichte ist oder ob Sie nur ein paar Bildideen hatten. Denken Sie nicht nur an einen spannenden Anfang, sondern auch an eine (überraschende, witzige, nachdenklich machende) Schlusspointe. Verschießen Sie Ihre besten Ideen nicht gleich am Anfang. Fragen Sie auch Ihren Auftraggeber nach Vorschlägen oder gar Vorgaben! Das erspart Diskussionen bei der Präsentation des Videos.

Wie entsteht ein berührendes Video?

Ein „berührendes" Video wird nur entstehen, wenn es uns gelingt, berührende Bilder zu drehen. Um sie zu finden, müssen wir lernen in Bildern zu denken, eine Geschichte mit Hilfe von Bildern zu erzählen. Wer macht was, wann tut er es, was denkt und fühlt er dabei, kann er das vor der Kamera so aussprechen, dass es verständlich und allgemein interessant ist? Das wären in etwa die Kernfragen, deren Beantwortung bei der Suche nach einem guten Videothema im Vordergrund stehen sollten.

Was alle Beiträge auszeichnet, die erfolgreich sind: die „rührende Ernsthaftigkeit". Dabei sollte uns bewusst sein, dass es nicht auf den Einsatz von teurer Technik ankommt, auf hektische Lichteffekte oder schnelle Kameraschwenks. Ein Blick auf den YouTube-Star Peter Oakley, 82, und sein Video „The meaning of life" beweist das ■ 2.4.

Der sympathische ältere Herr, Typ weltoffener und an allem interessierter Opa, begrüßt die Fangemeinde (sein erstes Video wurde drei Millionen Mal angesehen!) immer mit „Hello YouTubers". Er tut nichts Aufregendes, seine Web-Cam ist schnörkellos stets auf ihn gerichtet, er erzählt vom Krieg, von seinem Leben heute, wie er damit zurechtkommt, dass seine Frau vor zwölf Jahren verstarb, von seiner Liebe zu Motorrädern und zur Musik. Und damit vergrößert Peter Oakley seine Fan-Gemeinde von Woche zu Woche.

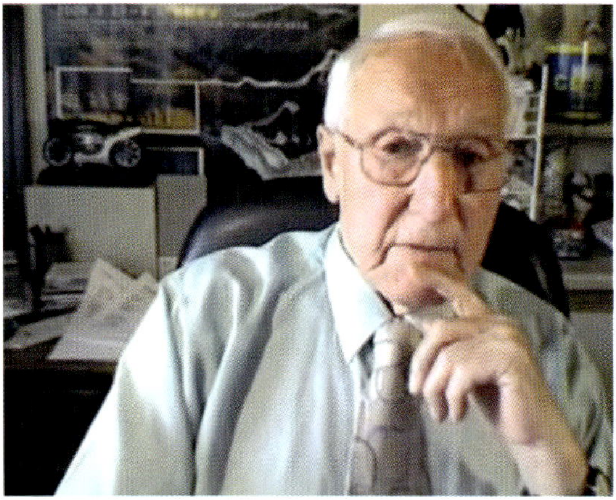

2.4 „Opa weiß wo's langgeht! Der YouTube Star Peter Oakley berührt viele mit seinen Erzählungen" (Quelle: YouTube)

Was haben Sie gelernt?

1. Gute Ideen wachsen uns zu.
2. Wir behalten die guten Ideen besser, wenn wir sie sofort aufschreiben und so festhalten.
3. Erfolg haben Videos, die uns berühren und die Grundfragen unseres Lebens nachvollziehbar thematisieren.
4. Alles, was uns interessiert, kann auch für andere interessant sein, wenn es Aussagekraft hat.
5. Videoblogs können Gegenöffentlichkeit schaffen.
6. Wir suchen Bilder, die folgende Fragen beantworten: Wer macht was wie, wann tut er es, was denkt und fühlt er dabei, kann er das aussprechen, vor der Kamera, so, dass es verständlich und allgemein interessant ist?

3. Spannungsbogen – was ist interessant?

Schlechte Erzähler, so heißt es, wurden in grauer Vorzeit erschlagen! Ein schreckliches Schicksal, nicht auszudenken, wie leer viele Fernsehredaktionen wären, gälte diese alte Regel noch …

Warum war das so? Weil die Menschen mit dem Erzählen von Geschichten schon immer hohe Erwartungen verbunden haben. Wer zu viel versprach, verdiente in ihren Augen nichts Besseres als den Tod.

Gute Geschichten zu hören, später dann Theatervorführungen und Filmen zuzusehen, ist ein Grundbedürfnis von Menschen. Seit Tausenden von Jahren sind es die gleichen Inhalte und Themen, die uns faszinieren. Sie kommen im Gilgamesch Epos vor, Shakespeare verarbeitete sie in seinen Dramen und Goethe im Faust. (s. dazu: Hammann, Joachim: Die Heldenreise im Film. Frankfurt, 2007)

Wir wollen den für uns schlüssigsten Erklärungsversuch in aller Kürze präsentieren. Kommen Sie mit auf eine kleine kulturgeschichtliche Reise in die Vergangenheit – die aber garantiert beim heutigen Videoclip endet.

Das verlorene Paradies

Alle großen Erzählungen haben ähnliche Grundelemente: In den Mythen der Völker lebten die Menschen einst in einem Reich voller Glückseligkeit, im Paradies, im Garten Eden. Dieser herrliche Urzustand aber ging irgendwann verloren. Dann wurden die Menschen habgierig und übermütig, böse und kriminell. Folgerichtig stürzten sie in das Leben, das sie heute noch führen: Sie sind gezwungen, unter großen Mühen und mit viel Kraft, die Anforderungen des Alltags zu bewältigen. Aber der Traum von diesem paradiesischen Leben ist noch in uns, wir haben ihn niemals aufgegeben. Geschichtenerzähler halten ihn wach und lebendig. Sie berichten davon, wie es uns gelingt, gegen das Böse anzukämpfen, wie wir es besiegen und unsere innere Ruhe wiederfinden

„Die Idee der Heldwerdung … ist der größte geistige Entwurf der Menschheit. Es ist der Versuch, die Menschen von seelischer Krankheit und Zerstörung zu heilen und sie zurück ins Paradies ihrer ursprünglichen Ganzheit zu führen" sagt Hammann in seinem wirklich lesenswerten Buch über die Heldenreise im Film.

Unterwegs mit unseren Helden

Hier eine kleine Auswahl unserer „Lieblingshelden". Sie stehen abrufbereit im DVD-Schrank, warten, bis sie gebraucht werden ■ 3.1.

Die Filmhelden gehen sozusagen stellvertretend für uns, die Zuschauer, den Weg, von dem wir uns vielleicht schon lange wünschen, ihn zu beschreiten. Aber wir trauen uns nicht. Oder wir haben die ersten Schritte gemacht, wurden aber enttäuscht. Nun stehen wir vor der Frage aufzugeben oder weiterzumachen.

Im Film wird diese Frage immer eindeutig beantwortet. Genau das ist der Spannungsbogen! Der Held hat viele Gefahren zu bestehen, ist stets kurz vorm Scheitern. Aber er lässt sich nicht entmutigen und wir bleiben „dran". Denn wir wollen herausfinden, ob und wie er es schafft, seinen Weg bis zum Ende zu gehen, bis ins Paradies. Happy End. Oder auch nicht.

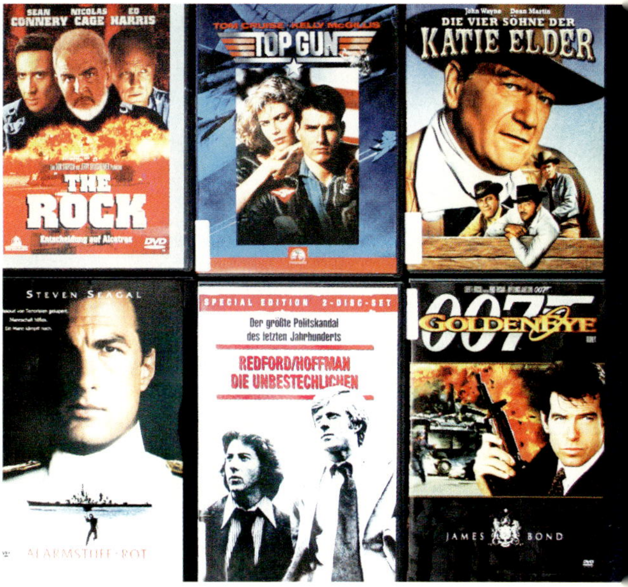

3.1 Stahlharte Blicke – Heldenblicke!

Die grundlegenden Gedanken dieses psychoanalytisch orientierten Ansatzes einer Filmtheorie hat schon 1949 Joseph Campbell entwickelt, ein amerikanischer Mythenforscher.

Weiterentwickelt hat die Idee Keith Cunningham in seinem Buch: „The Soul of Screen-Writing", New York, 2008. Er nennt sie: „The Hero's Journey", die Heldenreise.

Cunningham vergleicht sie (a. a. O. S. 61) mit dem Voranrücken der Zeiger auf einer Uhr. Der Ruf nach dem Abenteuer lockt den Helden, er beginnt seine Reise im Hellen, im Licht, wenn der Zeiger noch oben, auf Anfang steht. Schon bald, nach einem Viertel des zurückgelegten Wegs, erreicht er den Beginn der Dunkelheit. Dort muss er sich mit einem Schwellenwärter anlegen, dem er ein Lichtschwert abnimmt. Genau das braucht er von jetzt an, um sich auf der weiteren Reise in der Dunkelheit gegen die Dämonen durchzusetzen. Der Held muss viele Herausforderungen, Gefahren und Kämpfe bestehen, die ihn bis an den Rand seiner physischen und intellektuellen Leistungsfähigkeit bringen. Dennoch siegt er, meist allerdings erst im letzten Moment.

Nach einem Dreiviertel der Reise taucht der Held wieder auf, kehrt zurück in die Welt des Lichtes und bewegt sich zum Ausgangspunkt, von dem aus er einst gestartet ist. Aber etwas ist mit ihm geschehen, er ist nicht mehr derselbe, hat sich verwandelt. Er wurde zum Beispiel mutiger, hat mehr Selbstvertrauen und keine Angst mehr. Und er hat erfahren, dass es sich gelohnt hat, an seinen Zielen festzuhalten. Happy End – gestärkt und mit neuen Glauben kann er das Leben in der Lichtwelt wieder angehen.

Klingt Ihnen das alles zu theoretisch, zu weit hergeholt, zu naiv?

Dann denken Sie an den Klassiker, dessen Drehbuch genau nach diesem Schema geschrieben wurde (daher auch der Begriff des Lichtschwerts): Luke Skywalker in „Krieg der Sterne". Alle Filme mit Harrison Ford in der Rolle des „Indiana Jones", aber auch „Fluch der Karibik, „Independence Day" oder „Avatar" sind großartig erzählte Stoffe, die etwas gemeinsam haben: ein Held wächst durch viele Gefahren und Prüfungen über sich hinaus. Und siegt!

Was lernen wir daraus für unsere Videoproduktion?

Wir brauchen eine Hauptperson, unseren Helden. Die Kamera sollte ihn gleich zu Beginn vorstellen. Der Zuschauer muss sich ein möglichst umfassendes Bild von ihm machen können, sich in die Situation einfühlen können, in der er sich befindet. Meist ist seine Lage ziemlich ausweglos. Ihm fehlt die Kraft sie zu ändern. Irgendwann aber, häufig durch äußere Anstöße motiviert, begibt sich unser Held auf eine Reise. Es kommt zu Auseinandersetzungen, er ist gezwungen, Position zu beziehen und Lösungen zu finden. Und schließlich sind wir am Ende, die Erzählung kommt zum Höhepunkt, die Konflikte sind gelöst. Unsere Erzählung, unser Film, hat sein emotionales Ziel (wir identifizieren uns mit dem Helden) und sein informatives Ziel (wir haben gelernt, wie man brenzlige Situationen meistern kann) erreicht.

Noch zu abstrakt? Hier ist eine Konkretisierung, so oder so ähnlich jeden Tag dutzendfach im TV-Programm zu beobachten:

Unser Held ist ein Hartz-IV-Empfänger, hochqualifizierter Computerspezialist, der plötzlich, ohne eigenes Verschulden, (lange Krankheit) im wirtschaftlichen und gesellschaftlichen Abseits landet, von Sozialhilfe lebt und niedere Jobs akzeptieren muss. Aber er will sich mit diesem Schicksal nicht abfinden. Also begleitet ihn die Kamera dabei, wie er einen Job sucht. Und sich immer wieder Absagen einholt. Mehrmals kommt es zu Diskussionen mit potenziellen Arbeitgebern, weil unser Held entdeckt, dass eine Arbeit, die für ihn genau die Richtige wäre, durch unterbezahlte Praktikanten erledigt wird. Darüber diskutiert er, teils hektisch, mit den Personalchefs. Die Kamera ist sehr nah dran und zeichnet alles auf. Das Lichtschwert, das ihm hilft, diese Auseinandersetzungen zu bestehen, ist sein Vater, der ihn alleine erzogen hat und ihm vermittelt, dass er fest an ihn glaubt. Wir sind noch auf der dunklen Seite der Helden-Reise – aber es dämmert schon, wird langsam hell. Denn unverhofft lernt der Held Marie kennen, die seine Begabung sofort entdeckt. Sie erbt gerade eine mittelgroße Firma, deshalb hat sie dringenden Bedarf an einer kompetenten Lösung von Datenverarbeitungsproblemen.

Die Elemente in der Geschichte

Jede Geschichte braucht einen *Orientierung gebenden Anfang,* der den Zuschauer hineinzieht, interessant und kurzweilig ist. Zugleich muss der Beginn der Geschichte dem Zuschauer so viele Informationen vermitteln, dass dieser in der Lage ist, die Situation des Protagonisten zu verstehen.

Jede Geschichte braucht *Bewegung*. Der Protagonist darf nicht mal dies tun, mal jenes, während der Film diese Tätigkeiten eine nach der anderen gleichberechtigt nebeneinander aufreiht. (Wird gerne bei Filmen über Hobby-Eisenbahner/Bastler/Eigenbrötler umgesetzt: „Zunächst geht er in seine Werkstatt, da macht er erst das, und dann noch das, schließlich auch noch das ...") Langweilig! Spannung entsteht, wenn der Protagonist sich aus seiner Umgebung wegbewegt, Neues, Unbekanntes wagt und ihn die Kamera dabei begleitet. Interessant sind immer Konflikte und Auseinandersetzungen, Staunen, Überraschungen, Gefühle...

Jede Geschichte braucht ein *Ende*. Denn die Bewegung, der Kampf, die Auseinandersetzung des Protagonisten muss irgendwohin führen, wir wollen miterleben, wie er siegt – oder, seltener, wie er scheitert.

Es gibt einen ganz einfachen „Lackmustest" für den Spannungsbogen. Diesen Test verwendeten wir in der Redaktionsarbeit häufig: Wenn wir am Schnittplatz einen Beitrag – an einer bestimmten Stelle angekommen – als zu uninteressant empfanden, fragten wir den Autor: „Warum sollen wir in der nächsten Minute eigentlich noch zusehen?".

Wenn der Zuschauer also das Gefühl hat, da kommt noch was, da bewegt sich noch was, das geht noch irgendwohin, das ist noch nicht das Ende, dann ist es dem Autor gelungen, einen Spannungsbogen zu halten.

Wenn aber der Zuschauer bemerkt, oder, noch besser, *fühlt,* jetzt erwartet mich nur noch mehr vom Gleichen, das kenne ich doch alles schon, habe ich doch schon gesehen – dann ist er weg. In einem anderen Programm, auf einer anderen Site.

Die Reportage hat einen Spannungsbogen

Die spannendsten Filme sind solche über Menschen und ihr Leben – im journalistischen Bereich die klassische Reportage.

Sie ist immer menschenorientiert, nie stehen Dinge oder abstrakte Sachzusammenhänge im Vordergrund. Sie lebt von möglichst vielen Überraschungen. Das heißt: Der Reportage-Autor kann und sollte den Dreh nicht exakt vorbereiten, sondern sich, ebenso wie sein Protagonist, überraschen und beeindrucken lassen – und dies filmen. Wenn das gelingt, vermittelt der Beitrag Spannung – wir bleiben „dran“.

Für dieses Buch haben wir eine Reportage im Wiesbadener Schloss Freudenberg gedreht – diese Institution wird Ihnen auf den nächsten Seiten noch häufiger begegnen. Denn anhand der Dreharbeiten dort versuchen wir die einzelnen Produktionsschritte zu erläutern, die ein Videoreporter geht. Das Konzept dieses sehr ungewöhnlichen Schlosses: Die Besucher sollen neue Erfahrungen machen. Uns führte zum Beispiel Madeleine Suidman durch das Schloss. Sie überraschte uns immer wieder, konfrontierte uns mit Neuem, brachte uns zum Staunen und Nachdenken! ■ 3.2

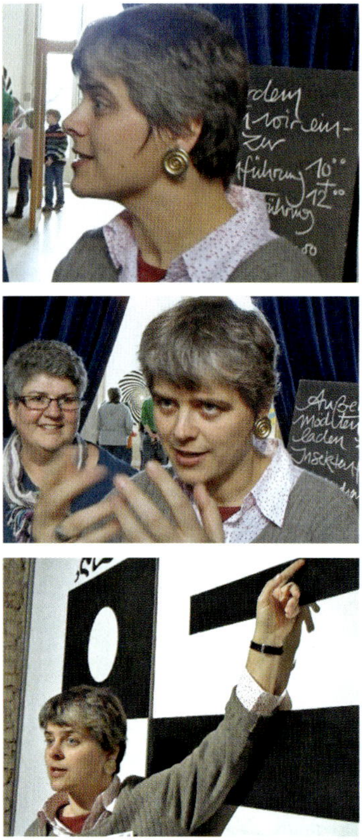

3.2 Wer Madeleine zusieht, merkt: Hier wird's spannend!

Einem Menschen, der sich durch Mimik und Gestik so engagiert, schauen wir gerne zu, wir finden interessant, was er erzählt, wir sind gespannt darauf, was uns noch alles gezeigt wird.

Die Erzählstruktur der Reportage also wird durch die Erlebnisse des Protagonisten definiert – der Autor muss sich keine Gedanken darüber machen, wie er die Entwicklung seinem Zuschauer plausibel erklären kann. Der Protagonist bewegt sich und treibt die Handlung voran, im Idealfall auf einen oder mehrere Höhepunkte hin. Klassisches Beispiel im privaten Bereich: der Film über Hochzeit/Urlaubsreise/Betriebsfest.

Die guten eindringlichen Reportagen stellen an den Autor hohe Anforderungen: Da er sich, genau wie sein Held, auf die Situationen einlässt, muss er auch agieren, Gefühle zeigen, Zwischenfragen stellen, wenn er etwas nicht versteht, unter Umständen sogar die Handlung beeinflussen. Gleichzeitig muss er durch die Kameraarbeit dafür Sorge tragen, dass alles so auf Band/Karte/Festplatte kommt, wie er es sich wünscht, dass Bilder und O-Töne die Stimmung transportieren, die vor Ort herrschte.

Immer wieder gibt es Situationen, da haben Sie als Kameramann/-frau das Heft nicht in der Hand. Ein klassisches Beispiel: Ein Urlaubsvideo entsteht, während Sie etwas erleben. Sie können vielleicht nicht warten, bis die Protagonisten nach Ihrer Regie agieren. Stattdessen drehen Sie sozusagen „Schnappschüsse" als Videos. Hier eine schöne Szene, da ein toller Blick, dort ein interessantes Gebäude, und immer wieder Mitreisende. Wie soll daraus ein filmischer Spannungsbogen werden?

Seien Sie z. B. selbst Ihr Hauptdarsteller! Schildern Sie schon beim Dreh „im On" Ihre ersten Eindrücke, wecken Sie Spannung, wenn Sie selbst nicht wissen, wie es weitergeht. Nehmen Sie den Betrachter mit!

Was haben Sie gelernt?

1. Erzählen Sie von Helden, die Abenteuer überstehen und daraus lernen.
2. Jede Geschichte braucht einen Orientierung gebenden Anfang, eine Bewegung und ein Ende.
3. Ein Film sollte emotionale und informelle Ziele erreichen.
4. Reportagen bringen ihren Spannungsbogen mit.
5. Gehen Sie nah ran – konkret und im übertragenen Sinne: Das erzeugt Spannung.
6. Spannungsbogen-Test: „Warum soll ich mir die nächste Minute weiter ansehen?"

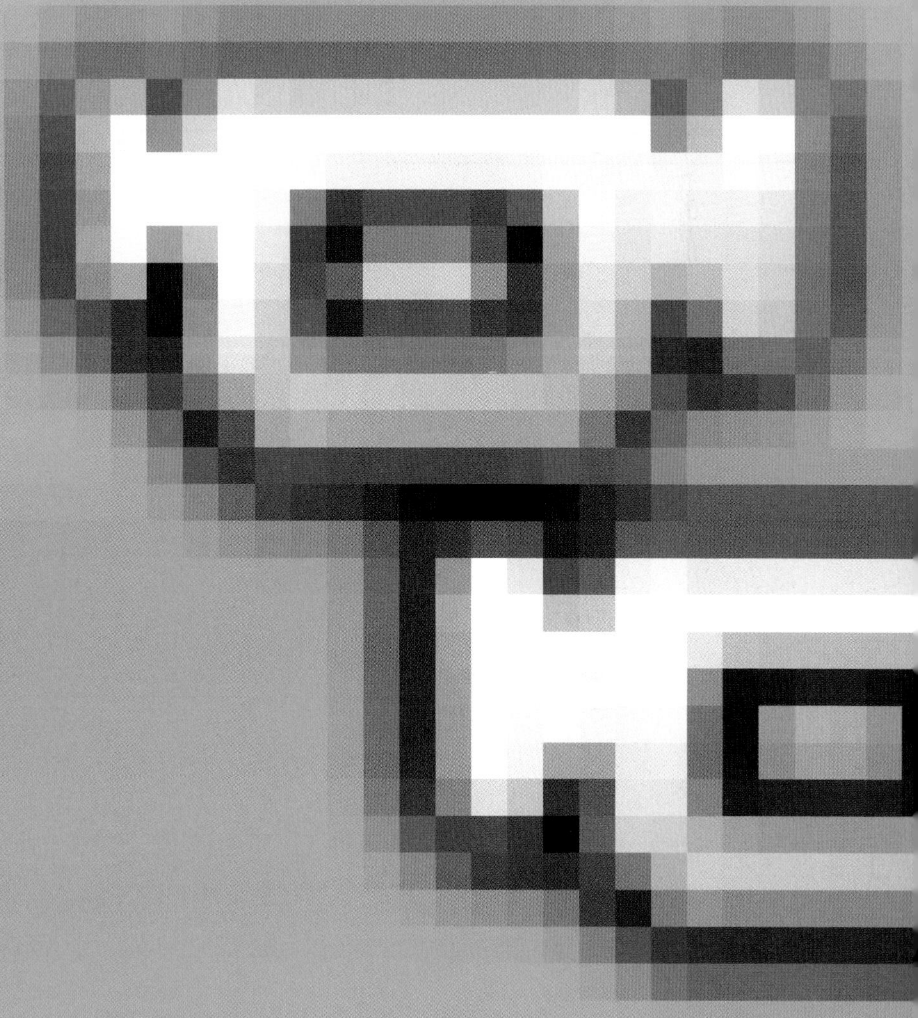

4. Kamera – up to date

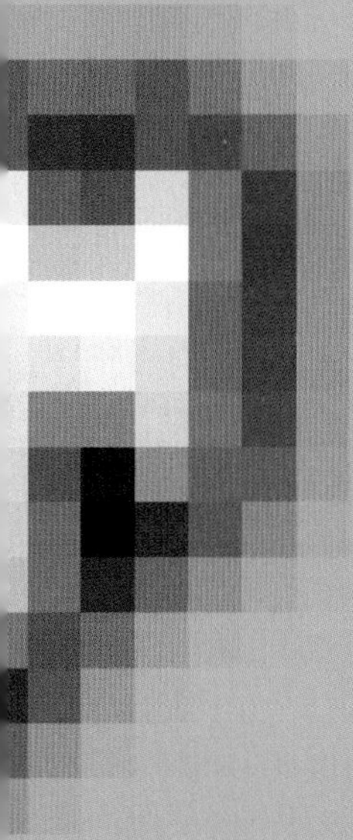

Wer beginnt, sich mit dem Kauf einer geeigneten Kamera zu beschäftigen, Foren fleddert, Prospekte studiert, der verliert bald den Boden unter den Füßen.

Es gibt nämlich so unüberschaubar viele Angebote. Jede bessere Digitalfotokamera produziert Filme, und mit hippen Handys können Sie Ihre Videos gleich hochladen. Es scheint ein besonderes Werbeargument zu sein, dass man diese Videos sofort und ungeschnitten zu YouTube überspielen kann. Jedenfalls sagen das die bunten Sticker, die außen auf den Kameras/Handies kleben – so fest, dass man sie kaum abziehen kann. Wir haben Zweifel, ob das überhaupt jemand macht, und noch mehr, ob es irgendjemand sehen möchte.

Wir stellen im Folgenden zwei in der Praxis erprobte Kameras mit „future-touch" vor. Beide zeichnen HD-Videos im Format 16:9 auf. Die eine ist extrem leicht, Hosentaschen-tauglich und liefert überraschend gute Videos (Flip). Die andere ist etwas größer, dennoch immer noch leicht, handlich, dabei ausdauernd und macht brillante HD-Bilder (Panasonic HDC-SD707).

HD-(high-definition)Videomaterial sieht bestechend aus – hat aber seine Tücken: Es benötigt viel, viel Platz für die Dateien und fordert von Grafikkarte, Prozessor und Schnittprogramm höchste Leistung. Wer noch einen PC aus dem vergangenen Jahrtausend oder dem Beginn dieses Millenniums hat, ist mit einer Kamera, die auf HD verzichtet und auf Band oder Chip aufzeichnet, wirklich besser bedient. Wo genau die Probleme liegen, erfahren Sie im Kapitel über den Schnitt. Informieren Sie sich über ein gutes Weitwinkelobjektiv, auch darüber, was ein optischer Zoom und ein Bildstabilisator können. Kameras, die auf Mini-DV-Band, Festplatte oder DVD aufzeichnen, benötigen viel Strom für die Motoren, die Band und Zoom bewegen. Achten Sie auch auf die Angaben zu Bildsensoren/Chip-Technik. Drei Chips können mehr als einer.

Werden die Videodateien auf Speicherkarten verewigt, bleibt mehr Energie für Dreh (und Zoomen). Am besten ist: Nehmen Sie vor dem Kauf die Kamera in die Hand und versuchen Sie, die immer kleiner werdenden Knöpfe zu bedienen.

Die im Internet verfügbare Kaufberatung für Videokameras ist fast noch unübersichtlicher als das große Angebot an Kameras. Die Seite von computeruniverse.net hat uns gefallen. Suchen Sie dort nach „Kaufberatung dig. Videokameras" oder folgen Sie dem Link auf unseren Webseiten (Quelle im Anhang). Kaufen Sie Ihre erste Kamera? Dann fragen Sie lieber einen Foto-Händler, der Sie beraten kann. Selbst wenn die Kamera dann teurer ist – die Investition wird sich für die folgenden Kameragenerationen lohnen!

Die kleine Schnelle

Die Flip-Kamera (www.theflip.com) ist noch nicht lange auf dem Markt. Wir kennen viele Videoreporter, denen diese Kamera vollauf genügt. Wir haben unsere Version Ultra HD für 200 Dollar in New York gekauft – der Preis in Deutschland beträgt z. Zt. etwa 150 Euro ■ 4.1.

Der Verkäufer empfahl uns noch eine Tasche von Lowepro (www.lowepro.com bzw.: http://products.lowepro.com/product/Hipshot-20,2133.htm). Aufgeschwatzt? Später waren wir ihm dankbar dafür, denn in diese sogenannte „hipshot 20" passt die Flip-Kamera genau hinein. Der Karabinerhaken hält das kleine Täschchen zuverlässig am Gürtel fest. Man hat so die Kamera stets griffbereit ■ 4.2.

Aus dem Praxistest

Die Kamera nimmt sogenannte mpeg4-Dateien im Format 1280 × 720 Pixel mit 30 Bildern pro Sekunde auf – eigentlich ein typisches Apple-Format, das aber mittlerweile auch vom Windows-Media-Player nach einer kurzen Denkpause ohne Probleme wiedergegeben wird. Die Flip zeichnet zwei Stunden auf – behauptet der Hersteller. Im Praxistest hat die Kamera in der Tat Platz für zwei Stunden Material. Der eingebaute Akku wird über den USB-Stecker geladen. Wenn er total leer sein sollte, dauert das Aufladen immerhin sechs Stunden. Für Vielfilmer könnte sich also ein zusätzlicher Akku lohnen. Aber auch ganz normale AA-Batterien können diese Flip wieder zum Leben erwecken.

Wer sich seine Bilder gerne sofort am Fernseher anschauen möchte, sollte auch ein HDMI-Kabel dazu kaufen – mit kleinem (!) Stecker am einen Ende, nämlich für die Kamera, und großem Stecker am anderen Ende für den Flachbildfernseher. Es ist schon verblüffend, wie gut die Qualität der Bilder ist, die diese kleine Kamera produziert. Und wenn die Umgebung leise genug war, ist auch der Ton hervorragend – dazu später mehr.

Was man sich noch zulegen sollte, ist ein kleines Stativ – etwa ein Gorillapod von Joby (http://Joby.com).

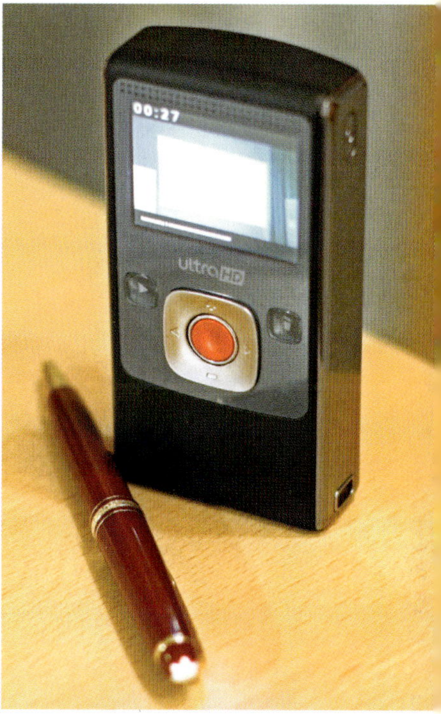

4.1 Klein aber oho: flip

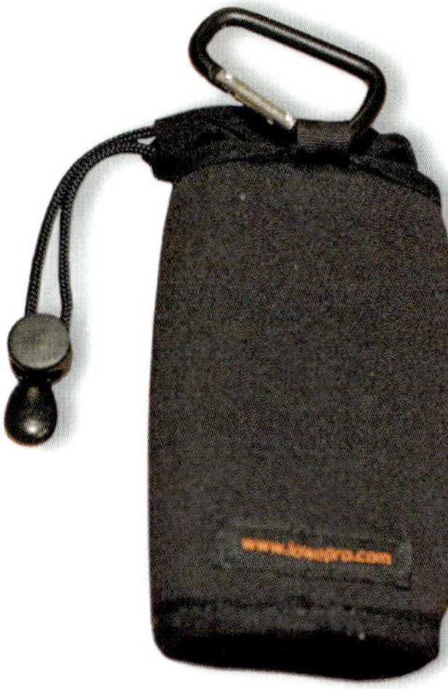

4.2 Gut beschützt

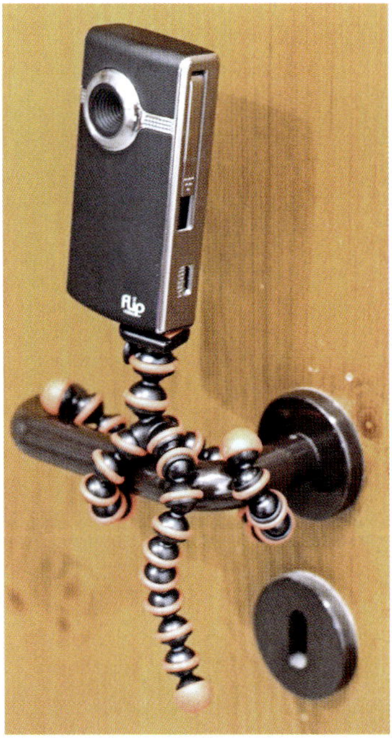

4.3 Seid umschlungen – Gorillapod hält Flip fest

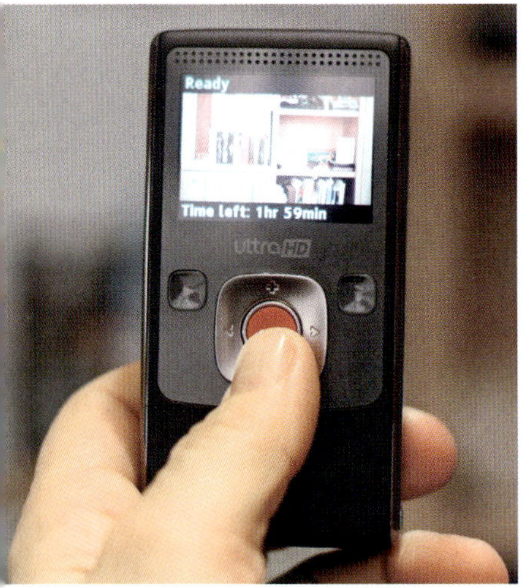

4.4 Der magische rote Knopf

Dann gibt es mit Hilfe dieses Stativs ■ 4.3 immer die Möglichkeit, die Kamera irgendwo festzuschlingen – so wie hier etwa an einer Türklinke.

So kann man z. B. vor's Objektiv treten und einen „Aufsager" machen. Oder man „versteckt" die Kamera irgendwo, sodass sie nicht bemerkt wird, und lässt sie die Situation aufnehmen, die man haben will.

Jetzt wollen wir aber sofort etwas aufzeichnen – und suchen die vielen Knöpfe, die wir schon an anderen Videokameras gesehen haben. Vergeblich! Flip hat nämlich ein genial einfaches Konzept. Der große rote Knopf an der Rückseite ist der Aufnahmeknopf: wird er gedrückt, zeichnet die Kamera auf, wird er wieder gedrückt, stoppt sie. Das war's! Für diese absolute Vereinfachung des Aufzeichnungsvorgangs müsste man die „Flipper" eigentlich mit dem Nobelpreis für Bedienerfreundlichkeit auszeichnen (wenn es so etwas gäbe) ■ 4.4.

Mit dem Knopf links vom Aufnahmeknopf kann man sich die Bilder wie in einem Videorecorder anschauen, der rechte Knopf löscht die angewählte Aufnahme – oder auch gleich alle.

Flip speichert jede gedrehte Einstellung einzeln ab und benennt sie dann entsprechend: „Video 1, 2, 3 …". Das dient der Übersichtlichkeit. Und schon geht's los: Man dreht bis der Akku leer ist. Wow! Und erstickt im Material. Danach lernt man Drehdisziplin zu wahren – auch eine wichtige Erfahrung. Und wie kommen die Bilder nun auf den PC, damit man sie weiterverarbeiten kann? Auch das ist genial einfach gelöst. An der Seite gibt es einen kleinen Hebel, zieht man den nach unten, springt ein USB-Ärmchen heraus. Damit steckt man die Kamera an einen USB-Anschluss des Computers ■ 4.5. Wir empfehlen allerdings ein kurzes USB-Verlängerungskabel zwischen Flip und PC. Es schont das USB-Gelenk der Flip.

Beim ersten Mal installiert sich eine Software namens: „Flip-share". Sie bleibt auch auf der Flip und steht damit an jedem PC zur Verfügung, an dem man die Flip-Videos anschauen oder bearbeiten will. Nur wenn man die Videos damit automatisch von der Flip auf den PC laden lässt (in das geheimnisvolle Unterverzeichnis C:\Dokumente und Einstellungen\NN*(Ihr User-Name)*\eigene Dateien\My Videos\FlipShare Data\Videos) ist die automatische Filmherstellung problemlos möglich. Der „Import" von 15 mp4-Dateien – woanders auf dem Rechner gelagert – dauerte auf unserem Multimedia-PC fast eine halbe Stunde!

Die „Schnittsoftware" Flipshare ist so einfach, aber auch so wenig variabel wie der „Movie Maker" von Windows. Wer also nur ein paar Dateien als Mail verschicken, in Videoportale hochladen oder als DVD ausspielen und brennen will, ist damit gut bedient. Man kann die Einstellungen sogar am Anfang und am Ende „trimmen". Eine Kürzung inmitten der Einstellung ist aber nur umständlich möglich. Videotitel und Abspann (weiße Schrift auf schwarzem Hintergrund) können das Video verschönern. Die Software bietet Hartschnitt oder permanente Blenden zwischen den Einstellungen. Was noch geht: Musik und eine Mini-Mischung zwischen Musik und Originalton.

Wer also nur das Video von Babys erstem Zahn an die Großeltern schicken will, ist mit dieser Kombination von Kamera und Software schnell am Ziel. Beim Mail-Versand wird die Datei auf den Cisco-Server hochgeladen. So landet sie nicht als großer Datei-Anhang im Mail-Postfach der Oma, sondern wird vom Cisco-Server abgerufen wenn man sie ansehen will.

Auch wer der Welt nur die zufällig gedrehte Aufnahme von Angela Merkel/Lukas Podolski/Tom Kaulitz zeigen will, ist mit der Flip-Familie gut bedient.

Sind die Ansprüche an das Video höher, stößt man mit der Flip-Software schnell an Grenzen. Dann muss ein „richtiges" Schnittprogramm her. Im übernächsten Kapitel stellen wir zwei Geeignete vor. Im Kapitel Schnitt zeigen wir, wie man Flip-Einstellungen „aufmotzen" und mit der Flip sogar einen journalistisch-informativen Beitrag produzieren kann.

Was gibt's noch:

- Ein sehr hell leuchtendes Display, auf dem man selbst bei Sonnenlicht gut erkennen kann, was sich vor der Linse abspielt und
- einen zweifach digitalen Zoom (es werden also keine Linsen bewegt, dafür ist das Gerät wirklich zu klein), der tatsächlich alltagstauglich ist. Wem Zweifach-Zoom nicht reicht, der muss halt das Instrument nutzen, das die Natur

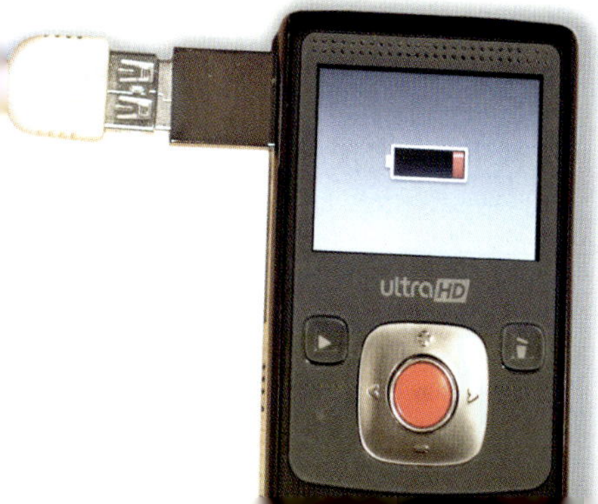

4.5 Gut gelöst – USB-Verbindung an der Flip

für solche Fälle vorgesehen hat: die Beine! Also: näher rangehen ans Objekt.

- Die Flip-Version „mino HD chrome“ hat eine verspiegelte Vorderseite. Das ist praktisch, wenn man selbst „ins On“ möchte: Man sieht sich und kann in etwa feststellen, ob man auch im Bilde ist.

Der gute Ton macht den Film

Der Ton ist beim Film fast genauso wichtig wie das Bild, was Anfänger leicht unterschätzen. Denn ein Film ohne Ton wird vom Zuschauer sofort als Fehler wahrgenommen. Deshalb wird bei „normalen“ Dreharbeiten fürs Fernsehen oder für einen Spielfilm auf den guten Ton immenser Wert gelegt. Er erhöht die Authentizität der Bilder, er verschafft ihnen Beweiskraft, zumal bei Originaltönen, also Interviews, Aufsagern vor oder hinter der Kamera, erst recht bei „situativen O-Tönen“, also Originaltönen oder Interviews, die in der Drehsituation entstehen. Der gute Ton sorgt natürlich auch für die emotionale Aussagekraft der Bilder, die durch Geräusche, Musik etc. untermalt werden.

Professionelle Teams haben zwei, drei oder mehr separate Mikros dabei, meist mit einer Funkstrecke zur Kamera, damit der Dreh nicht durch Kabel gestört wird. Mit Clip-Mikros am Revers der Protagonisten können die Profis problemlos alles aufnehmen, was der Protagonist sagt. Der vergisst das Mikro auch eher, wenn es ihm nicht mehr vor die Nase gehalten wird.

So etwas geht bei der Flip allerdings nicht. Sie hat ein eingebautes „integriertes Stereo-Mikrofon mit hoher Reichweite“, wie es auf der Flip-Seite heißt. Tatsächlich: das Mikro ist nicht schlecht – sofern man sich genau vor der Kamera befindet, etwa in Armeslänge davon entfernt, und (jetzt kommt die wichtigste Einschränkung!) die Umgebung relativ ruhig ist. Ist die Umgebung wirklich ruhig? Das ist gar nicht so leicht zu hören. Denn unser Gehirn filtert automatisch alle Geräusche heraus, die bekannt sind oder die uns nicht weiter stören. Wir hören sie zwar, aber nehmen sie nicht mehr bewusst wahr. Verkehrslärm wird ausgeblendet, ebenso Vogelgezwitscher, Meeresrauschen –weg damit, sagt unser Gehirn, kenne ich schon.

Leider, leider, verfügt der Camcorder-Chip nicht über die Fähigkeit auszublenden. Er zeichnet nämlich ganz einfach *alle* Geräusche auf, die tatsächlich am Drehort herrschen – und das sind meistens viele, viel zu viele! Das Vertrackte ist, dass man es erst beim Schnitt merkt, wenn die Töne wegen der vielen Nebengeräusche unbrauchbar sind.Deshalb muss beim Dreh mit der Flip-Kamera sehr genau darauf geachtet werden, dass man, wenn es auf die verständlichen O-Töne ankommen soll, in einer akustisch ruhigen Umgebung dreht – wie im Kapitel über die Tücken des Drehs ausgeführt.

Bei Umfragen auf der Straße muss man wirklich sehr nah an den zu Interviewenden herangehen. Die Faustregel: der Kopf ist groß im Bild zu sehen, so groß, dass er schon fast zu groß ist – erst dann ist der Interview-Ton mit der Flip in Ordnung. Auch quasi Live-Kommentare gelingen erstaunlich gut. Man begibt sich in eine Situation, dreht sie und kommentiert gleichzeitig aus dem Off. Obwohl das Mikro ja nach vorne, also auf die Drehsituation, gerichtet ist, nimmt es die Stimme von hinten dennoch laut und deutlich auf. Solche Töne vermitteln oft eine große Authentizität und Spontanität, man kann sofort reagieren und so Zuschauer an der eigenen Spannung teilhaben lassen. Doch sollte man vorher üben, dass die Kamera auch tatsächlich das Gesicht aufnimmt – und nicht nur die Haare oder das markige Kinn!

Es gibt mittlerweile zahlreiche Websites die sich mit dem Einsatz der Flip-Kamera beschäftigen. Begonnen hatte der Hype in Deutschland, als der Chefredakteur der „Bild", Kai Diekmann, eine ähnliche Kamera sah, sich spontan für sie begeisterte und sie für die Bild-Blogger anschaffte– immer mit dem Hintergedanken, die bald darauf „relaunchte" Bild-Website mit Video-Inhalt zu versorgen. Diese Spekulation ging auf. Die Leser-Reporter-Rubrik mit den Videos erhöht die Attraktivität der Seite. Wer sich gerne darüber informieren möchte, wie vielfältig die Flip auch anderswo eingesetzt wird, kann das zum Beispiel bei den Spielberichten und Selbstporträts der Kreisliga C Fußball-Seniorenmannschaft des TV Deutsche Eiche Reelkirchen (http://reelkirchen.tv/) tun.

Die HD-Flip zu bedienen, ist also sehr einfach. Es gibt keine Auswahl zwischen mehreren Videoformaten. Das ist jedoch nicht nur ein Vorteil: Andere Mini-Kameras bieten häufig zusätzlich 640 × 480 (VGA) als Aufzeichnungsformat an. Wie wir später im Schnitt sehen werden, ist der Schnitt von VGA-Material sehr viel unkomplizierter, weil keine großen Datenmengen verarbeitet werden müssen.

Wer sich mit Kaufgedanken trägt, sollte überprüfen, ob alle seine Geräte in der „Produktionsstraße Video" zusammenpassen. Im Vordergrund muss die Frage stehen: Welche Qualität soll das fertige Video haben? Welche Kamera braucht man dafür und welches Format liefert diese? Die Gretchenfrage ist dann: Kann Ihr PC mit dem Material ruckelfrei umgehen? Schnelles separates Laufwerk für die Videodateien, schnelle Grafikkarte, schneller Prozessor? Es ist nicht sinnvoll, brillantes HD-Material auf einem Laptop aus dem vorigen Jahrtausend zu schneiden! Da bedingt der Kauf einer preiswerten HD-Kamera schnell die Folge-Investition in einen Multimedia-Rechner. Wer das nicht kann oder will, muss eben geduldig sein, während die HD-Dateien verarbeitet werden. Oder auf anspruchsvollere Nachbearbeitung verzichten und seine Video-Erlebnisse mit „Flipshare" verarbeiten. Alternativ gibt's auch eine Flip (Ultra) mit VGA-Standard im MP4-Format.

Erwähnt werden sollen noch andere Kameras, sozusagen andere technische Wunderwerke, die gerade beginnen, den Markt zu erobern:

Aiptek bringt einen Mini-Camcorder, der gleich einen eigenen Beamer an Bord hat (www.aiptek.eu) und angeblich bis auf eine Größe von 1,65 m Diagonale projizieren kann.

Schlecker warb mit Jay-Tech-Kameras, zu denen es noch Schokolade dazu gab (www.jay-tech.de).

Mitmenschen, die eine Karriere als Spion anstreben, sollten sich hier umsehen: www.elv.de. Da werden Mini-Kameras angeboten, die sich komplett in Sonnenbrillen integrieren lassen, angeblich um die eigenen Outdoor-Abenteuer mitschneiden zu können. Es gibt Kugelschreiber mit eingebauten Kameras und (Motto: „Perfekt getarnt“) einen Mini-Camcorder im Wecker auf dem Nachttisch. Ein Schelm, wer Böses dabei denkt.

HD für Anspruchsvolle

Trotz aller Vorteile – bei der Arbeit mit der Flip stößt man immer wieder an Grenzen: z. B. beim Zoom oder beim Ton. Wenn daran gedacht ist, wirklich gute O-Töne aufzunehmen, selbst bei lauter Umgebung, wenn es beginnt, dunkel zu werden, man aber trotzdem gute Bilder machen möchte, wenn man gerne weiter entfernte Objekte oder Menschen heran zoomen möchte – dann beginnt man sich nach einer Kamera zu sehnen, die besser ausgestattet ist.

Eine HD-Kamera mit Speicherkarte

Die Panasonic HDC-SD707, die wir Ihnen hier als Alternative zur Flip vorstellen, ist keine „professionelle“ Kamera. Sie ist immer noch für den Homevideo-Bereich konzipiert. Allerdings hat sich die Technik in den vergangenen Jahren so enorm weiterentwickelt, dass das Filmmaterial dieser Kamera absolut sendefähig ist, also auch im professionellen TV-Journalismus eingesetzt werden könnte, denn immerhin produzieren diese kleinen Consumer-Kameras HD-Material.

Warum gerade eine Kamera von Panasonic, der Markt ist doch so riesig? Wir haben mit Vorläufern dieser Kamera (z. B. NV GS 400) über mehrere Jahre hinweg sehr gute Erfahrungen gemacht. Das Drehmaterial war immer von sehr guter Qualität, die Kamera verfügte über viele Möglichkeiten, Material aufzunehmen und wieder auszuspielen. Man konnte, jedenfalls in den früheren Versionen, auch Bilder, DVDs, Töne etc. separat über besondere, intelligente Schnittstellen einlesen – da blieben eigentlich keine Wünsche offen.

Deshalb baten wir Panasonic, uns eine Kamera für die Vorstellung in diesem Buch auszuleihen, die über ähnliche Vorteile verfügt, voraussichtlich noch in zwei Jahren auf dem Markt sein wird und deren Technik dann nicht veraltet ist. Außerdem sollte sie „bezahlbar" sein.

Und das ist sie, die HDC-SD707, offizieller Verkaufspreis laut Panasonic-Website 999 Euro, im „Straßenhandel" fast 100 Euro günstiger ■ 4.6.

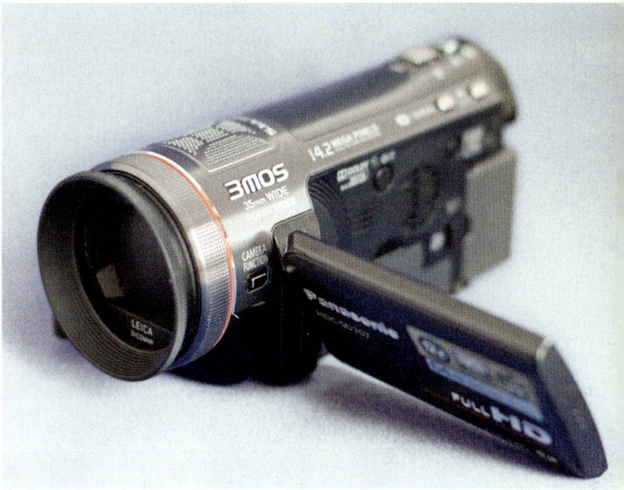

4.6 Scharfes Teil

Die Kamera nimmt in HD im Format 1980 × 1020 Pixel mit 25 oder 50 Bildern pro Sekunde auf SD-Speicherkarten auf.

Was nach den ersten Aufnahmen verblüfft ist die faszinierende Bildqualität! Alles ist sauber belichtet, fast zum Greifen scharf, erst recht, wenn man den Modus „1080/50 Bilder pro Sekunde" einstellt und das Filmmaterial dann an einem großen Flachbild-Fernseher vorführt. Tatsächlich, man ist: „… mittendrin statt nur dabei!"

Normalerweise fürchten Kameraleute und Fotografen Motive, wie etwa „oben heller Himmel, unten dunkle Häuser", die regelmäßig falsch belichtet werden, weil die Automatik sich entweder auf den Himmel oder die Häuser einstellt und folglich die Hälfte des Bildes mit der falschen Blende aufnimmt. Die Panasonic belichtet korrekt! Beide Bildteile sind deutlich zu erkennen. Auch das „Pumpen", das hektische Zu- oder Aufziehen der Blende beim Zoom auf einen anderen Teil des Bildes, bleibt aus.

Der Weißabgleich, also die Erkennung der Lichtstimmung, dauert etwas, wenn man sich von draußen („kaltes", eher blaues Licht) nach drinnen („warmes", eher rötliches Kunst-Licht) bewegt, aber dann findet die Kamera die richtige Lichtstimmung. Den Weißabgleich manuell zu finden, ist umständlich. Nach unserem Eindruck wollten das die Entwickler wohl eher verhindern.

Das Display ist schwenkbar: gut für Überkopfeinstellungen oder Auf-dem-Boden-Einstellungen oder für Aufsager (Statements in die Kamera). Man kann das Display ganz herumdrehen und sieht sich selbst. So kann man überprüfen, ob das die gewünschte Einstellung ist – und los geht's mit dem Aufsager zur Lage der Nation. Sehr durchdachte Konstruktion!

Schnell loslegen

Man kann mit der Panasonic filmen, ohne sich um technische Details kümmern zu müssen. Die Automatik reguliert alle denkbaren Situationen. Sie laden einfach den Akku auf, öffnen das Display und los geht's. Was dabei angenehm auffällt: Der Bildstabilisator macht seinem Namen alle Ehre. Wer eine einigermaßen ruhige Hand hat, kann eigentlich gar nicht mehr verwackeln – die Automatik bügelt fast alle Unebenheiten weg. Ideal natürlich für schnelle Zoomfahrten, Kameragänge, Schwenks. Im professionellen Bereich werden dafür extrem aufwendige, teure (und schwere) sogenannte Steadycams verwendet: Die Kamera hängt schwebend in einem Gerüst, das sich der Kameramann umgeschnallt hat. Darin wird die Kraft so verteilt, dass jede ruckartige Bewegung ausgeglichen wird. Selbst wenn der Kameramann eine Treppe hochläuft, hat der Zuschauer den Eindruck, als würde die Kamera schweben oder fliegen. Jede Schritt- und Laufbewegung des Körpers wird weggefiltert.

Einschalten sollte man beim Dreh mit der Panasonic das kleine Gitternetz auf dem Display, denn wenn bei dieser wirklich herausragenden Bildqualität der Horizont schief sitzt, fällt es sofort auf. Der Zuschauer würde sich am Stuhl festhalten, weil er Angst davor hätte gleich umzufallen. Zu viele Schwenks und Zooms führen bei der Betrachtung auf großen Monitoren zu Seekrankheit. Weniger ist also mehr! Bleiben Sie standfest – mit ruhigen Kameraständen. Schwenks sind sinnvoll, wenn Sie einem sich bewegenden Protagonisten folgen. Das Abschwenken von Häuserwänden und anderen unbewegten Objekten ist dagegen gähnend langweilig.

Der 12-fache optische Zoom ist sehr effizient – der Digitalzoom geht laut Display bis zur Zahl 300. Zwar ist ab 100 eigentlich Schluss, denn von da an wird's unscharf und pixelig. Dennoch ist es verblüffend zu sehen, wie nah schon die 100-fache Vergrößerung Dinge und Menschen heranholt. Und gleichzeitig sorgt der Bildstabilisator dafür, dass alles ruhig, scharf und elegant aussieht – das ist wirklich sehr verführerisch. Echte Spionagequalitäten! Zu den rechtlichen Implikationen solch verdeckter Aufnahmen siehe das Kapitel „Videorecht".

Laufgeräusche

Die Kamera nimmt nur auf SD-Karten auf – jede Einstellung wird durchnummeriert und ist so auf der Karte zu finden: „0001.MSP, 1920 × 1080 H 264 25 fps". Hinter dem Namen verbirgt sich auch die korrekte Formateinstellung. Diese ist die empfohlene Standard-Einstellung und wir sind damit gut gefahren. Es gibt noch viele weitere Möglichkeiten, die Bildqualität positiv zu beeinflussen – am faszinierendsten ist der Knopf mit der Aufschrift: „1080/50p".

Wird er gedrückt, nimmt die Panasonic 50 Vollbilder pro Sekunde auf – und das Ergebnis wird noch einmal deutlich besser. Ob die Qualität nach der Bearbeitung erhalten bleibt, hängt allerdings von dem Ausspielmedium ab. Deutlich sichtbare beste HD-Bildqualität gibt es nur, wenn die Kamera an entsprechend guten Monitoren angeschlossen wird und man sich das ungeschnittene Kameramaterial anschaut. Bei jeder Verarbeitung im Homevideo-Bereich gibt es Qualitätsverluste, die allerdings nur messbar, aber mit bloßem Auge kaum wahrnehmbar sind.

Die beiliegende Software von Panasonic „HD-Writer" haben wir ausprobiert und als unpraktisch verworfen. Sie bietet die offenbar so beliebten Bibliotheksansichten. Aber der Zugriff auf das Unterverzeichnis entpuppte sich als umständlich. Stattdessen rauschten die Dateien zunächst mal auf das Laufwerk C, wo sie besser nicht hingehören. Nach minutenlangem Ausprobieren gaben wir auf – wozu kompliziert, wenn's auch einfach geht? SD-Karte aus der Kamera nehmen, in den Card-Reader des PC einstecken – und schon lassen sich die Filmdateien mit dem Windows-Explorer dahin exportieren, wo man sie haben will. Eine Minute Material, etwa 100 MB groß, ist bei einem guten Rechner mit i7 Prozessor in etwa zehn Sekunden überspielt. Die Einstellungen werden vom Media Player sofort wiedergegeben. Unser unten beschriebenes Schnittprogramm kann die Dateien ebenfalls lesen.

Eine Minute Material im sogenannten 1080/50-Modus ist etwa 200 MB groß.

Wir haben auch Zeiten und Größen beim Ausspielen der Dateien gemessen: eine Minute mit Pinnacle geschnittenes Material benötigt mit einem relativ schnellen PC 1:50 Minuten zum Ausspielen als DVD-kompatible mpeg2-Datei (46 MB). Auf einem Computermonitor war, trotz erheblicher Kompression, kein Unterschied zum Original zu entdecken.

Als HD-1080-Datei ausgespielt braucht Pinnacle jetzt 3:32 Minuten und die Datei wurde 224 MB groß – also mehr als sechs Mal so groß wie die DVD-kompatible mpeg2-Datei.

Wenn der Rechner über ein Blue-Ray-Laufwerk verfügt, kann das HD-Material auch auf diese besondere Scheibe gebrannt werden, und (nur) auf Blue-Ray-Playern angeschaut werden.

Wer in HD arbeiten möchte, braucht also nicht nur einen richtig schnellen Rechner, neueste Peripherie, sondern auch viel viel Platz!

Wie schon erwähnt: Man kann mit der Panasonic filmen, ohne sich um irgendwelche Einstellungen kümmern zu müssen. Aber dafür hat man sich ja nicht diese teure Kamera gekauft. Also beginnt man im Menü herumzuspielen: Gesichtserkennung, die Kamera schießt ein Foto, wenn jemand lacht; Preshot, sie nimmt schon vor dem eigentlichen Auslösen auf; Regulierung des

Luminanzpegels – braucht man das alles wirklich? Wir nicht, die wichtigsten Funktionen sind zum Glück in einer gesonderten Gruppe zusammengefasst, sodass man Weißabgleich, Blende, Belichtungszeit oder Fokus schnell findet.

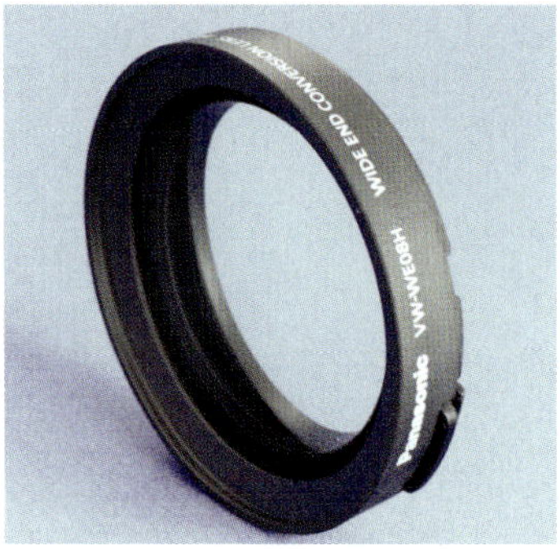

4.7 Herr der Ringe – Weitwinkelring von Panasonic

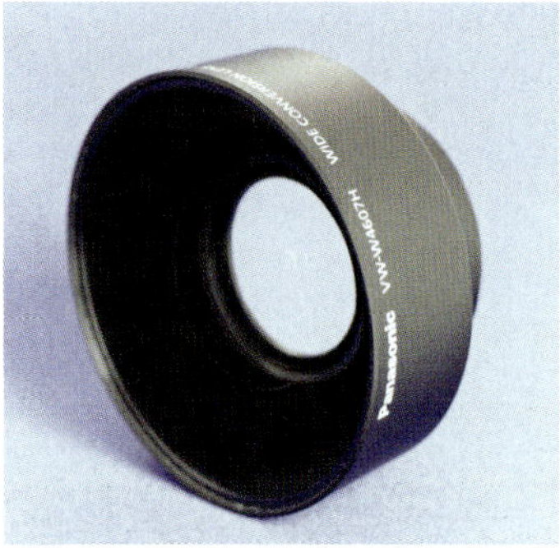

4.8 Ganz objektiv: Weitwinkelobjektiv von Panasonic

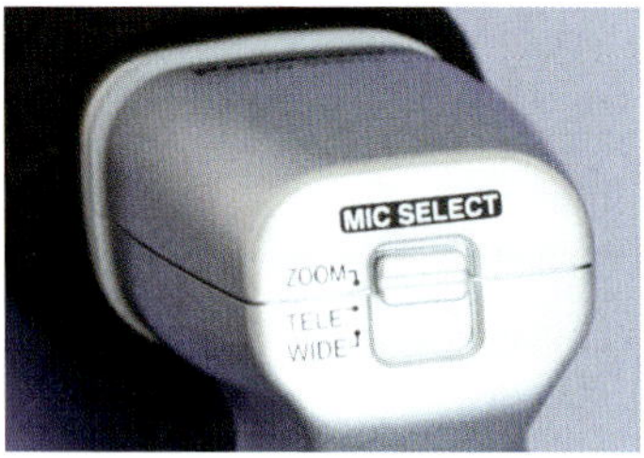

4.9 Qual der Wahl

Nützliches Zubehör

Spätestens beim Betrachten vom Material eines Außendrehs, auf dem starke Windgeräusche das Bild ruinieren, beginnt man sich Gedanken über sinnvolle Zukäufe zu machen. Oder es werden ungewöhnliche Perspektiven gesucht, man möchte etwas länger filmen, ohne dass der Akku leerläuft. Damit ist der Videoreporter reif für den Blick in die Zubehörliste für diese Kamera. Sie ist nicht einmal so umfangreich – hier unsere Empfehlungen, gestützt auf lange Dreherfahrung:

Zunächst brauchen Sie einen größeren Zusatzakku – Kostenpunkt etwa 50 Euro. Der gibt dem Videoreporter dann endlich die kreative Freiheit, zum Beispiel durch Ranzoomen Schärfen zu ermitteln oder das Display immer in Betrieb zu lassen, um Einstellungen schnell zu überprüfen – kurz, er kann mit dem Strom wuchern, ohne ständig nach der nächsten Steckdose schielen zu müssen.

Schon bald stellt man bei Drehs in Innenräumen fest, dass diese viel zu eng sind und dass nie alles ins Bild kommt – jetzt ist es Zeit für ein Weitwinkel-Objektiv.

Panasonic bietet eine Vorsatzlinse an – das billigste Angebot lag bei etwa 60 Euro. Diese Linse erfüllt ihren Zweck sehr gut – man wird erstaunt sein über die Wirkung, denn die vermittelt den Eindruck, als sei man zehn Schritte zurückgetreten. Plötzlich passt viel mehr in Ihre Einstellung ■ 4.7.

Wem das noch nicht reicht, der kann sich das hauseigene Panasonic Weitwinkelobjektiv zulegen, Kosten etwa 200 Euro ■ 4.8.

Das gibt dem ambitionierten Filmer das Gefühl, als habe man die Wohnung verlassen und filme vom Balkon aus – und immer noch ist der ganze Innenraum drauf. Diese Linse hat allerdings, wie fast alle Weitwinkellinsen, mit stürzenden Linien zu kämpfen. Das fällt vor allem bei rechtwinkligen Objekten, Hauswänden, Regalen usw. auf. Aber die Vorteile wiegen diesen Nachteil in den meisten Fällen auf.

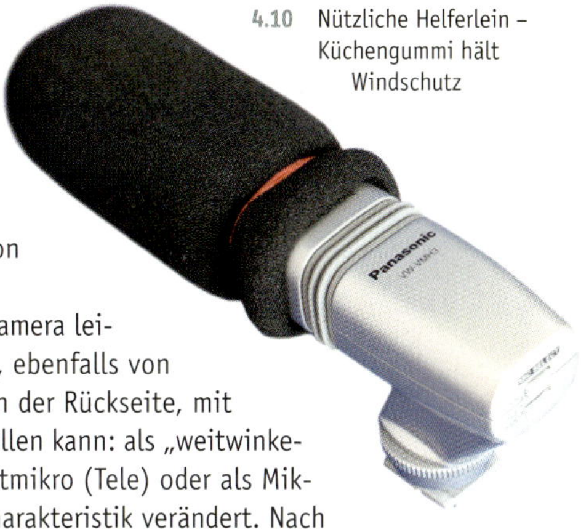

4.10 Nützliche Helferlein – Küchengummi hält Windschutz

Und was tun gegen die lästigen Windgeräusche? Ein Zusatzmikro mit entsprechendem Windschutz, das seitlich angebracht wird, ist ideal. Leider hat es nicht geklappt, dass Panasonic uns mit dem passenden Mikrofon für diese Kamera ausrüstete ■ 4.9.

Wir stellen Ihnen deshalb unser (für diese Kamera leider nicht passendes) Zoom-Mikrofon VM-VMH3, ebenfalls von Panasonic, vor. Das Mikro hat einen Schalter an der Rückseite, mit dem man es auf die Drehsituation vor Ort einstellen kann: als „weitwinkeliges" Mikro mit Nieren-Charakteristik, als Richtmikro (Tele) oder als Mikro, das parallel zum Zoom automatisch seine Charakteristik verändert. Nach unserer Beobachtung funktionieren diese Einstellungen sehr gut! Und plötzlich hört man tatsächlich klar und deutlich, worüber die Protagonisten reden, hört das Auto wegfahren und nicht mehr das Flugzeug, das gleichzeitig hoch am Himmel seine Kreise zieht.

Für das Mikrofon gibt es auch einen Windschutz, der das ungestüme Drängen von Gevatter Wind auf ein leichtes Säuseln reduziert. Sehr angenehm. Wer einmal damit gearbeitet hat wird es nie wieder missen wollen.

Der Windschutz ist leicht wie der Wind, sitzt dabei so locker auf dem Mikro, dass man ihn beim dritten Herausziehen aus der Tasche leicht verliert. Ersatzkosten: ungefähr 50 Euro! Nur für den Windschutz! Nach dieser Erfahrung wird man vorsichtig und kreativ, was die stabile Befestigung angeht. Wir wählten ein schlichtes Küchengummi! ■ 4.10

Für Aufsager vor der Kamera oder O-Töne mit Interviewpartnern besitzen wir noch ein weiteres Handmikro, das zusammen mit dem Movie-Board von Pinnacle geliefert wurde. Auch das ist sehr sinnvoll, weil wir nun endlich deutlich hören, was unsere Partner in die Kamera sagen ■ 4.11.

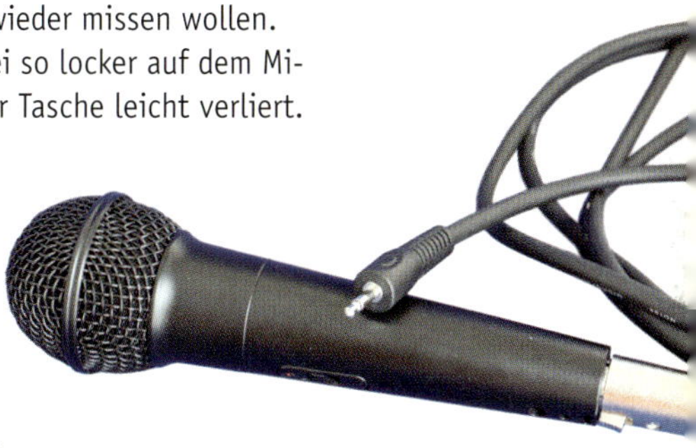

4.11 Sieht aus wie das, was die TV-Reporter immer in Händen halten: Zusatzmikrofon von Pinnacle

Und das Licht? Kann denn jede Kamera bei jedem Licht drehen? Ja, sofern Sie mit Kompromissen leben können. Optimales Licht beim Dreh herrscht ganz selten. Selbst klares Sonnenlicht ist ungünstig, weil es deutliche Schatten erzeugt. In Innenräumen gibt es auch nicht immer beste Lichtverhältnisse. Häufig irritieren die Mischlichter: draußen weißes Tageslicht, drinnen rötliches Kunstlicht, draußen hell, drinnen dunkler. Ein Dreh vor dem Fenster erzeugt Schattenrisse, dunkle Köpfe. Brauchen wir jetzt ein Zusatzlicht?

Ja, denn dann ist alles schön hell. Nein, denn ein Licht alleine reicht nicht, besser zwei, die die Situation oder den Protagonisten ausleuchten und am besten noch ein drittes Licht, eine „Spitze" auf den Hinterkopf. Bis wir mit dem Lichtsetzen fertig sind, ist unsere schöne, spannende, überraschende Situation vorbei. Das sind Vorgaben für das (zwangsläufig) gestellte „Ja bitte"-Magazin-Fernsehen. Zusatz-Licht auf der Kamera stört auch. Sobald Sie es einschalten, schauen alle hin, um sich dann geblendet abzuwenden. Licht verändert die Drehsituation erheblich. Alle unsere Bemühungen, den Drehpartner von der (unnatürlichen) Drehsituation abzulenken, sind mit einem Schlage zunichte gemacht. Und nicht zuletzt: Ein hartes Schlaglicht von vorne macht hässlich! Manchmal tun es ganz einfach Lampen, die in der Gegend herumstehen und nur anders gestellt werden wollen. Seien Sie kreativ! Das Autoren-Video des UVK-Bandes „Fernsehen machen" haben wir zu Hause mit drei (!) Stehlampen ausgeleuchtet. Wählen Sie Ihren Kompromiss für Ihren Dreh jedes Mal neu!

Der letzte Investitionsvorschlag: das Manfrotto Einbeinstativ MA 334B (www.manfrotto.com). Es kostet etwa 90 Euro und ist jeden Cent wert! Vor dem Körper getragen sorgt es für eine verblüffende Stabilisierung der Kamera, es ist durch einen praktischen Pistolengriff blitzschnell in der Höhe verstellbar ■ 4.12.

Das Einbeinstativ bietet einen sicheren Stand für noch ruhigere Schwenks und Zooms sowie wackelfreie Totalen. Schließlich sorgt es, auf die gan-

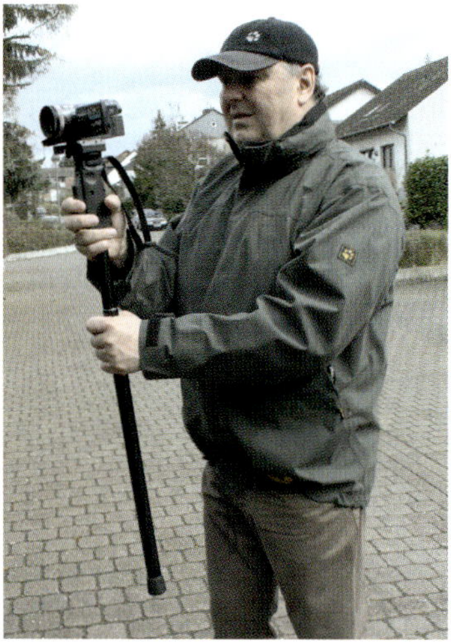

4.12 Stabilisierender Vorbau: Manfrotto Stativ

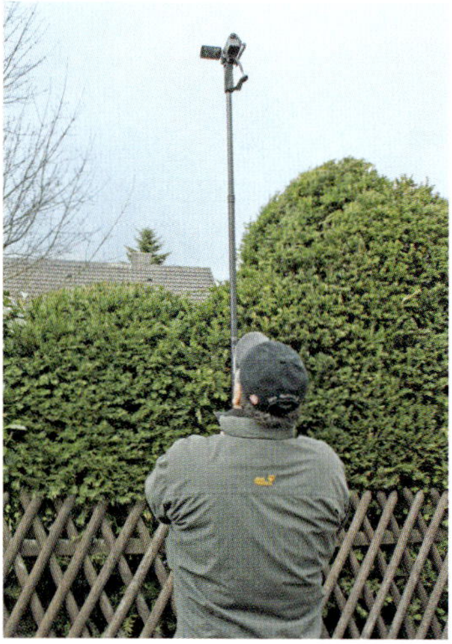

4.13 Über-den-Zaun-Gucker

ze Länge von 166 cm ausgezogen, für gute Überblickseinstellungen. Oder ermöglicht einen unbemerkten Blick über den Gartenzaun – das könnte ja mal nützlich sein ■ 4.13. Zusammengeschoben passt es in jeden Flugkoffer.

Aber natürlich geht es auch ganz gut ohne! Dann ist etwas Kreativität gefragt: Denn die Welt ist voller natürlicher Kamerastandorte für Sie und Ihren Gorilla!

Übung

Blicken Sie sich jetzt um! Sehen Sie einen Standort, auf dem Ihre Kamera gerade gut stände? Als Position z. B. für einen Aufsager? Probieren Sie es mal aus!

So ausgerüstet ist man gut vorbereitet. Es lässt sich jede auch noch so ungewöhnliche Drehsituation bewältigen, die Aufnahmen werden immer gelingen. Man kann die Situationen so aufnehmen, wie sie sich wirklich ereignet haben und muss kaum Abstriche in Bezug auf Licht, Ton, Bildqualität etc. machen. Kurz, man kann alles in wirklich professioneller Qualität dokumentieren.

Was haben Sie gelernt?

1. Kaufen Sie Ihre erste Videokamera im Fachhandel. Sie brauchen anfangs viel Beratung. Bereiten Sie sich vor. Fragen Sie!
2. Es muss nicht die teuerste Kamera sein.
3. Kaufen Sie nur die Kamera, die zu Ihrer jetzigen (oder künftigen) PC-Ausstattung passt (schneller Prozessor? flotte Grafikkarte mit viel Speicher? viel Speicherplatz? Für die Videodateien am besten ein zweites schnelles Laufwerk?). Muss es gleich HD sein?
4. Achten Sie auch auf die Tonausstattung der Kamera.
5. Kalkulieren Sie bei höheren Ansprüchen auch den Kauf von Zubehör ein.

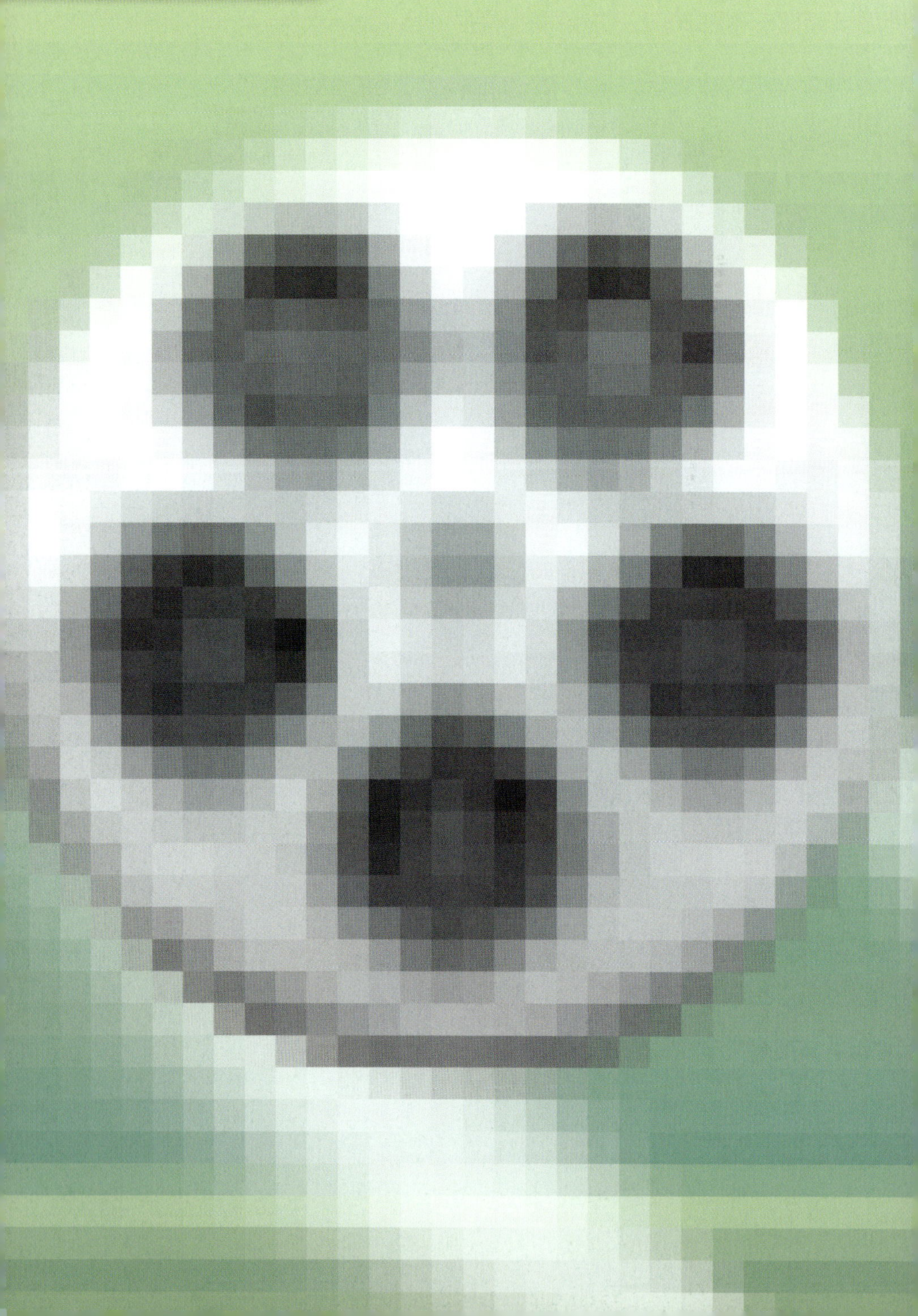

5. Dreh – So haben Sie ihn schnell raus

Wissen Sie schon, was Sie drehen wollen?

1. Geht es um ein Video von einer – häufig zufällig gedrehten – *besonderen Situation*, also um ein Video, das nach einer Veröffentlichung auf YouTube und anderen Plattformen lechzt?
2. Geht es um ein *besonderes Ereignis*, das wir filmend begleiten: eine Reise, ein Familienfest, ein betriebliches Event? Von den Vorbereitungen bis zur „Licht aus- Vorführung" im Kreis der Beteiligten?
3. Oder geht es schließlich um ein Ihnen *wichtiges Thema,* dessen Einzelbestandteile und Drehorte Sie recherchiert haben, und die Sie nun aufnehmen wollen, um das Ganze am Ende zu einer passenden Geschichte zusammen setzen zu können? Als Reportage? Als Porträt? Dabei kommen Sie schon in die Nähe klassischer journalistischer Arbeit. Und dabei können Stücke entstehen, mit denen Sie eine bimediale Bewerbung glänzen lassen.

Das Beispiel 1 entsteht ohnehin überraschend, ungewollt und weil wir die Kamera stets griffbereit haben.

Unsere Tipps zum Dreh beziehen sich grundsätzlich auf alle drei Spielarten, jedoch konzentrieren wir uns hier eher auf besondere Ereignisse und Reportagen zu wichtigen Themen.

Welcher Art unsere Geschichte auch sein soll – sie wird auf jeden Fall besser, wenn wir uns in den Grundzügen der Bild-Grammatik auskennen. Denn die sind immer gleich, gelten für Steven Spielberg oder James Cameron, für „Titanic" oder „Avatar" genauso wie für Sie. Die Ansprüche an die Perfektion des Werks und seinen Sinneskitzel sind unterschiedlich – die Sehgewohnheiten aber einen alle.

Gute Vorbereitung – besseres Video

Der erfolgreiche Dreh beginnt vor dem Dreh. Auch wenn Ihre Kreativität Sie gleich zum Drehort treibt – erledigen Sie erst ein paar Vorbereitungen. Das zahlt sich später aus. Beim Dreh, beim Texten, bei der Qualität Ihres Videos.

Wir meinen damit zum Beispiel die inhaltliche *und* die optische Recherche.

Wir erfragen telefonisch, wie die Drehsituation, meist die alltägliche Umgebung unserer Protagonisten, aussieht, denn wir müssen am Ende des Telefonats folgende beiden Fragen möglichst gut beantworten können:

1. Was passiert am Drehort?
2. Welche Bilder können wir aufnehmen?

Dementsprechend lassen wir uns bei diesen Recherchetelefonaten von den Protagonisten zunächst einmal erzählen, wie ihr Tag aussieht. Was passiert, wenn sie den Raum / Arbeitsplatz betreten, wie viele Menschen sind noch da, wie beginnen sie ihre Tätigkeit, was passiert danach, bewegen sie sich von diesem Ort weg, wohin genau und wie sieht es dort aus...?

Können Sie sich jetzt schon „ein Bild machen"? Schöpfen Sie daraus Ideen für Ihren Dreh!

Dann starten wir die etwas gründlichere, emotionalere Recherche mit Fragen wie etwa: „Können Sie mir einmal erzählen, worüber Sie sich riesig gefreut haben, was Sie total überrascht hat, was Sie einmal fast nicht geschafft hätten oder worüber Sie sich schon einmal schrecklich geärgert und aufgeregt haben?" (das ist die Konkretisierung der „Heldenreise" aus dem Kapitel über den Spannungsbogen bei Filmen). Aus diesen Gesprächen erarbeiten wir die Elemente unseres Drehplans und die O-Töne, also die Fragen, die wir später beim Dreh beantwortet haben wollen. Natürlich notieren wir uns während der Telefonate alle Fakten – am besten in ein kleines festes Buch, die sogenannten Vokabel- oder Oktavhefte, die sich dafür besonders gut eignen. Sie haben die optimale Größe, man kann sie nach dem Dreh herausholen und sich Dinge aufschreiben– sozusagen ganz automatisch. Während des Drehs drehen Sie – da haben Sie keine Hand frei! Da diese Hefte einen festen Einband haben, braucht man keine Unterlage. Wir benutzen pro Projekt ein solches Büchlein und heben es auf – so findet sich später alles schnell wieder. Wenn wir sie zwei Jahre nicht mehr benötigt haben, schmeißen wir sie (schweren Herzens) weg. Nach unserer Erfahrung ändert sich nach dieser Zeitspanne vieles: Telefonnummern, Funktionen und/oder Mailadressen.

Diese Recherchegespräche führen wir möglichst mit jedem Dreh-Partner. So können wir uns schließlich ein genaues Bild von den Lebenssituationen und den emotionalen Eindrücken der Menschen machen, die im Film eine Rolle spielen sollen.

Jede Institution hat heute eine Website, deren Studium für uns schon oft hilfreich war. Häufig sind Links zu Filmen aufgeführt, die schon einmal dort gedreht wurden. So lässt sich ganz einfach herausfinden, welche Situationen sich für Dreharbeiten eignen, und, noch wichtiger, welche Protagonisten vor der Kamera gut „rüberkommen", also interessant, frei, locker erzählen und agieren können.

Genauso war es auch bei dem Film-Projekt, das wir für dieses Buch umgesetzt haben. Zur Anschauung haben wir, wie schon erwähnt, einen kleinen Webfilm gedreht, den wir mit der Flip-Kamera im Schloss Freudenberg in Wiesbaden (www.schlossfreudenberg.de) aufgenommen haben, und zu dem Sie ein Link auf unseren Websites führt.

Wir suchten ein Thema, das sich für die speziellen Anforderungen eines Übungsfilms gut eignet. Wir kennen die „location" in Wiesbaden gut, weil dort auch die Teilnehmer unserer Fernseh-Seminare kurze Magazin-Filme drehen. Daher wissen wir, dass dieses Thema funktioniert. Warum?

Zunächst einmal: Unser Drehgegenstand ist einfach da! Wir müssen ihn nicht erst mühsam recherchieren, uns mit Protagonisten verabreden, alles passiert sozusagen automatisch, jeden Tag, ob mit oder ohne Kamerabegleitung. Das ist ein nicht zu unterschätzender Vorteil für den Übungsfilm.

Zweitens: Was sich vor der Kamera tut, ist optisch interessant. Spiralkreise drehen sich, Wasser sprudelt, ungewohnte Töne werden erzeugt, Menschen sind in Bewegung und haben Spaß. Die Bilder, die wir für unsere Geschichte brauchen, müssen nicht erst gesucht werden, sie sind im Überfluss vorhanden.

Drittens: Die Aktion, die aufgenommen werden soll, hat eine eigene Logistik, die jeder sofort erfassen kann. Menschen betreten das Erfahrungsfeld, entscheiden sich für ein, zwei, oder mehrere Stationen – und verlassen es am Ende wieder, um ein paar Erkenntnisse reicher. Ein innerer Ablauf, der sinnvoll ist – und der uns hilft, einen leicht verständlichen Film zu erstellen.

Viertens, und das scheint uns der wichtigste Punkt zu sein: Es passiert etwas mit den Menschen, die hierher kommen, sie staunen, lachen, erschrecken sich, sind verwirrt, erleichtert – und erzählen davon. Sie gehen, stellvertretend für alle, ein kleines Stück eines Weges – und nehmen uns, die Zuschauer, dabei mit.

Diese vier genannten Gründe machen es einfach, ein erstes eigenes Video herzustellen.

Wir hatten uns vorgenommen, unseren Übungsbeitrag mit der Flip-Kamera zu drehen. Das „Erfahrungsfeld" war dafür sehr gut geeignet! Die Räume sind nicht zu groß, sodass die Kamera wirklich „sehen" kann, was passiert, die Umgebungsgeräusche sind nicht zu laut, sodass man auch mit dieser kleinen Allround-Kamera verständliche Interviews und Original-Töne aufzeichnen kann.

Außerdem kann man sich, fast unbemerkt, einer Besuchergruppe anschließen, um spontane Reaktionen auf die Festplatte bannen zu können.

Solche Erfahrungsfelder gibt es übrigens in vielen weiteren deutschen Großstädten, etwa in Nürnberg, Essen, Kassel, außerdem in der Schweiz und in Österreich. (http://de.wikipedia.org/wiki/Erfahrungsfeld_zur_Entfaltung_der_Sinne)

Lassen Sie sich also einladen zu neuen Erkenntnissen. Denn wir beschreiben im Folgenden die einzelnen Schritte, die zur Herstellung unseres Films über die Sinnenvielfalt in Wiesbaden führten. Dabei ging es uns nicht darum, einen außerordentlich witzigen, flippigen, schrägen ...Film zu erstellen. Wir wollten einen „normalen" Beitrag produzieren, den Sie auch drehen könnten. Wir drehten einen Film mit einer Mixtur aus Bildern, Musik und O-Tönen, sodass man möglichst jeden Produktionsschritt beschreiben und nachvollziehen kann. Das ist die Basis. Sie zu beherrschen ist nicht schwer – wir wollen Ihnen die einzelnen Bestandteile in diesem Buch erklären und Mut machen, sie kreativ einzusetzen. Von dieser Basis aus kann dann jeder durchstarten und den eigenen Film machen, der ihm schon immer vorschwebte!

Schicken Sie uns Links zu Ihren Filmen, es interessiert uns, was Sie aus den Tipps machen, die wir hier vorstellen.

Geschichte erzählen

Die Grundrecherche ist fertig. Sie sind in der Lage, die Konturen der Geschichte, über die Sie einen Film drehen wollen, zu erkennen. Sie können sie zusammenfassen und jemandem, der keine Ahnung von der Materie hat, schlüssig und komplett vortragen. Wirklich? Erst dann nämlich sind Sie in der Lage, ein tragfähiges Konzept entwickeln zu können. Also am besten erzählen Sie einem Freund, worum sich Ihre Geschichte dreht und was die Kernaussage ist. Nachfragen, die dabei auftauchen, sind ungemein wichtig! Denn sie weisen darauf hin, dass die Geschichte vielleicht nicht ganz ausrecherchiert wurde, vielleicht auch nicht ganz verstanden.

Da hilft nur eins: „Zurück auf Anfang …" oder zumindest an den Punkt, wo man den Faden verloren hatte. Nach unserer Erfahrung neigen selbst professionelle Filmautoren an dieser Stelle zu Schwächen. Sie verkaufen Halbinfos als Tatsachen oder geben auf Nachfragen nur unbefriedigende Antworten.

Man kann mit Sicherheit sagen, dass sich Nachlässigkeiten, die ganz am Anfang gemacht werden, später gravierend auswirken. Häufig entdeckt man beim Dreh, dass die Recherche ungenügend war und die Dinge ganz anders als gedacht ablaufen und muss daher hektisch umdisponieren. Oder der Partner, den man sich ausgeguckt hatte, drückt sich schwammig und viel zu lang aus, sobald die Kamera läuft. Oder der Arbeitsablauf, der uns im Telefonat als ganz einfach beschrieben wurde, ist in Wirklichkeit sehr kompliziert; oder er findet im Verborgenen statt und entzieht sich dem Kameraobjektiv. All das sind Überraschungsmomente, die durch eine umfassende Recherche vermieden oder deren Einflüsse minimiert werden können.

Mini-Drehbuch oder Maxi-Chaos?

Im professionellen Fernsehbetrieb stände an dieser Stelle der journalistischen Beitragsproduktion jetzt die Entwicklung eines schriftlichen Treatments. Ein Mini-Drehbuch, das den fertigen Film recht genau skizziert – mit

Ablaufzeiten für Bilder und O-Töne. Dieses Vorgehen ist für das Arbeiten im Fernsehen zwingend notwendig. Denn Sendezeit, Kamera- und Schnittteams sind teuer und knapp, zudem ist der Workflow im TV arbeitsteilig, immer wieder neue Mitarbeiter [Planer, Kameramann, Cutter, Chef vom Dienst (kurz: CvD), Moderator…] sind am Projekt des Reporters beteiligt. Deshalb muss sehr genau geplant werden, um klar und zielführend kommunizieren zu können und um keine Ressourcen zu vergeuden.

Beim Videoreporter fallen einige Beschränkungen weg. Er ist alleine unterwegs, muss sich mit niemandem abstimmen, und um den Einsatz von Zeit und Geld kümmert er sich selbst. Wer daraus nun den Schluss zieht, dass er „eigentlich gar keine Vorbereitung benötigt, sondern mal einfach so hinfährt und mitnimmt, was sich ergibt…", liegt nach unserer Überzeugung dennoch falsch.

Jeder Film braucht ein Konzept! Wer planlos losfährt, wird mit hoher Wahrscheinlichkeit auch einen planlosen Film herstellen. An alle sympathisch-chaotisch Kreativen: Auch YouTube kennt Grenzen, nämlich maximal 15 Minuten pro Video.

Entspannt drehen mit Drehgenehmigung

Auch praktische Hürden müssen genommen werden: Oft ist eine Drehgenehmigung nötig, um überhaupt filmen zu dürfen. Denn auf Privatgelände gilt das Hausrecht, und jeder Inhaber kann darüber entscheiden, ob er Dreharbeiten zulässt oder nicht. Natürlich gibt es dort eine Grauzone. Obendrein ist die Flip-Kamera, die wir im vorigen Kapitel vorgestellt haben, so klein, dass man kaum bemerkt, wenn gefilmt wird. Wir haben es immer wieder erlebt, dass Menschen beim Anblick der noch nicht mal handgroßen Kamera denken, sie würden fotografiert. Das kann auch ein Vorteil sein…

Deshalb wird es uns normalerweise niemand verwehren, wenn etwa in S- oder U-Bahn mit der Flip-Kamera gefilmt wird. Alle gehen davon aus, dass Fotos für den privaten Bereich gemacht werden. Das kann gut gehen – muss es aber nicht (s. dazu Kapitel: Videorecht).

Was wollen wir eigentlich sagen?

Wir raten dazu, am Ende der Recherchen einen Plan zu machen! Drehen Sie bewusst, gezielt! Dabei helfen kann eine zu Beginn des Drehs formulierte sogenannte *Aussageabsicht*. In einem kurzen Satz fasst sie den Inhalt des Films zusammen. Für unser Beispiel, des Porträts über die Aktionen im

Schloss Freudenberg wäre das: „Im Wiesbadener Erlebnispark von Schloss Freudenberg machen Menschen neue, interessante Erfahrungen."

Mit dieser Aussageabsicht kann jeder, der an der Produktion beteiligt ist, etwas anfangen. Denn man muss vor und während der Dreharbeiten laufend Antworten geben, etwa auf Fragen wie: „Was wird hier eigentlich gemacht, für wen ist das, wieso ist die Kamera so klein, wann kann ich den Film sehen?" Eine gut formulierte Aussageabsicht hilft, die eigenen Gedanken zu organisieren – und sie den Partnern zu vermitteln.

Auch auf folgende Fragen sollten die Antworten gefunden werden, noch bevor man zum Dreh startet:

Was soll in den Beitrag hinein, welche O-Töne sollen ungefähr an welche Stelle des Films, wie könnte die Geschichte anfangen, und, noch wichtiger, wie könnte sie enden?

Denn daraus ergibt sich ja der Spannungsbogen, der den Film erst interessant macht.

Können wir jetzt starten? Noch nicht ganz, denn wenn nicht chronologisch gedreht wird, empfehlen wir, einen Drehplan zu schreiben. Das ist die Auflistung der Szenen, die man im Laufe des Drehtages aufnehmen will, nicht inhaltlich chronologisch, sondern als Tagesablauf mit Uhrzeiten. Auf diese Weise strukturiert man den Arbeitstag und erstellt ein handhabbares Zeitmanagement – mit eingeplanten Pausen. Zeitmangel und Hetze sind der Tod jeder Kreativität. Und falls Sie Formulare lieben: solche für Treatment, Drehplan etc. können Sie von unseren Websites herunterladen. So vergessen Sie nie mehr Ihre wichtigste Einstellung. Jetzt müssen Sie nur noch drehen, gezielt drehen. Übrigens: je weniger Sie drehen, umso leichter geht der Schnitt.

Einstellungssachen

Bevor Sie zum Dreh starten, möchten wir Ihnen noch einen kleinen Einblick in die sogenannte Filmsprache geben.

Denn es wird in diesem Buch und bei der Filmproduktion immer wieder um dieselben Begriffe gehen. (Zum allgemeinen Verständnis und Entschlüsseln von Bildern hat uns dieses Buch beeindruckt: de Rynck, Patrick: Die Kunst Bilder zu lesen. Berlin, 2005.)

Zunächst ein Überblick über Einstellungsgrößen, dargestellt am Gutenbergplatz in Mainz und dem dort aufgestellten Denkmal des Mannes, der die Kommunikation in der Welt revolutionierte. Wer hätte mehr für den Fortschritt der Massenmedien getan als Johannes Gensfleisch, genannt Gutenberg, der vor mehr als 550 Jahren den Buchdruck mit beweglichen Lettern erfand?

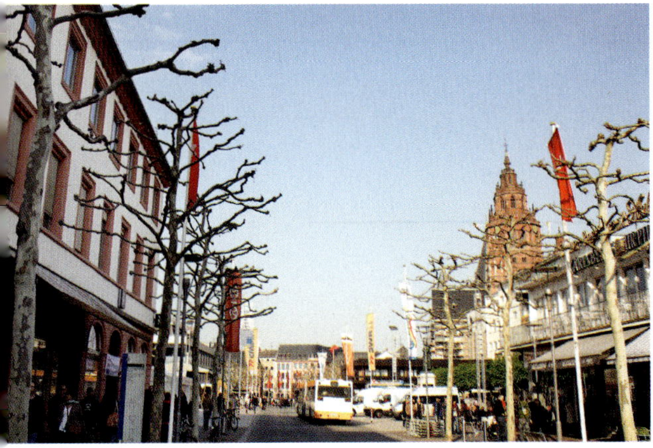

5.1 Supertotale

Dabei hatte er doch nur eine Weinpresse umgestaltet – ein naheliegender Gedanke in der Weinstadt Mainz.

Wir nähern uns also dem Platz in Mainz, der seinen Namen trägt und auf dem sein Denkmal steht, und nehmen von sehr weit weg eine Supertotale auf ■ 5.1.

Wie Sie sehen – sehen Sie nichts! Supertotalen sind nette Einstellungen, die immer wieder gerne gedreht werden – aber sie sind meist ohne Aussagekraft. Zumal, wenn der Beitrag im Netz veröffentlicht werden soll und dann unter Umständen als kleines „Thumbnail" läuft. Also: Supertotalen können der Orientierung dienen – Wo sind wir? Wie ist das Wetter? – aber sie sind häufig auch nichtssagend.

Deshalb gehen wir näher ran, drehen die klassische Totale ■ 5.2.

Schon besser. Der Platz beginnt Kontur zu gewinnen, man sieht, da ist was los, Autos parken, Fahnen wehen im Wind – und das alles, wie immer in Mainz, im Schatten des Doms. Der prangt überdeutlich im Hintergrund. Totalen vermitteln also einen Gesamteindruck, sind aber immer noch neutral, packen den Zuschauer nicht automatisch. Danach sollte eine nähere Einstellung folgen, damit der Zuschauer versteht, wohin dieser Film will – zum Beispiel eine Halbtotale: ■ 5.3

TOTALE: Wo das Ganze stattfindet

Zwei Möglichkeiten, derselbe Platz, fast derselbe Kamerastandpunkt, die Qual der Wahl. Jetzt hängt die Entscheidung für eine der beiden Einstellungen von der Aussageabsicht des Films ab: Soll ein Beitrag darüber produziert werden, wie man schöne Innenstädte verschandeln kann? Dann wäre wohl die Halbtotale oben links angebracht. Die rechte Einstellung würde den Zuschauer darauf einstimmen, dass dieser Film etwas mit dem Thema

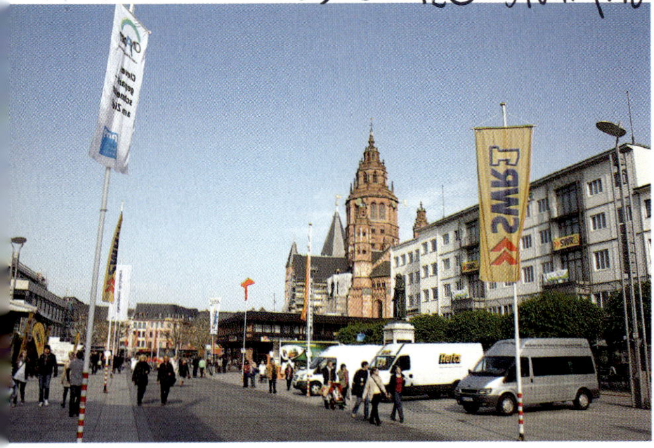

5.2 Totale

HALBTOTALE

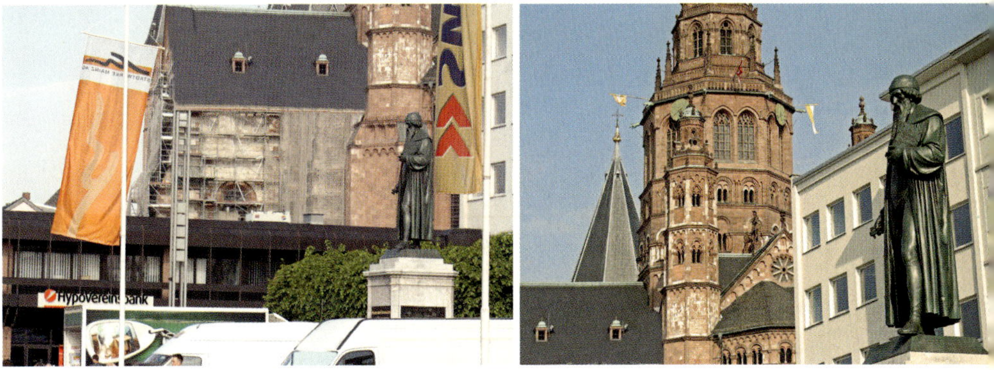

5.3 Halbtotale

FÜHREN DEN BLICK, THEMATISIEREN OPTISCH

Gutenberg zu tun haben könnte. Immerhin ist seine Statue ziemlich dominant im Bild. Wir merken: Halbtotalen führen den Blick, thematisieren optisch – sind aber nur verständlich, wenn im Umfeld der Einstellung eine Totale erklärt, wo das Ganze stattfindet. Denn die Übersicht, die Orientierung geht in der Halbtotalen verloren. Das gilt für alle Einstellungsgrößen, die jetzt noch folgen, zum Beispiel die „Amerikanische": ■ 5.4

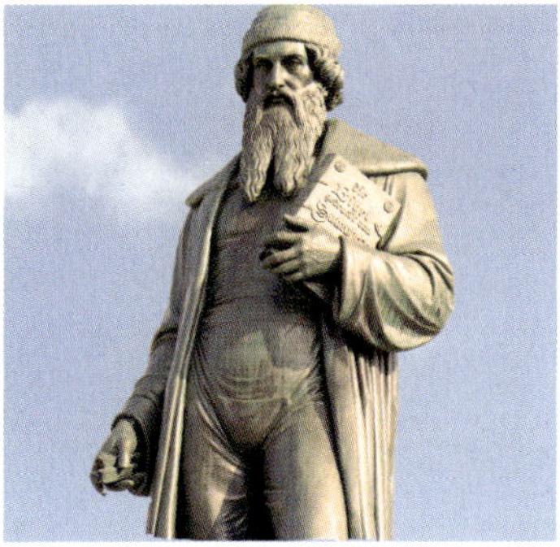

5.4 Amerikanische

Langsam nähern wir uns dem alten Herrn – mit Hilfe einer Einstellungsgröße, die sehr modern ist. Denn die „Amerikanische" stammt aus der Tradition der US-Westernfilme: Der Cowboy ist vom Hut bis zur Coltspitze zu sehen – so kann man in einer Einstellung sein (männlich-klares) Minenspiel beobachten, und gleichzeitig sehen, ob er nun (ganz kalt) den Colt zieht. In unserem Fall die Bibel, beziehungsweise Druckwerkzeuge in der rechten Hand. Die Amerikanische ist eine Einstellungsbezeichnung, die, aus verständlichen Gründen, nur bei Motiven von Menschen sinnvoll ist. Sie stellt uns die Personen vor, wir können die wesentlichen Elemente der Körpersprache erfassen und uns „ein Bild" machen. Dieser Einstellung kann man als Zuschauer ruhig auch etwas länger zusehen, unser Gehirn braucht nämlich eine gewisse Zeit, um alle Signale einordnen zu können, und, vor allem, um entscheiden zu können: „interessiert mich" – oder „interessiert mich nicht". Gehen wir von Ersterem aus und entscheiden uns für eine noch nähere Einstellung: die Halbnahe: ■ 5.5

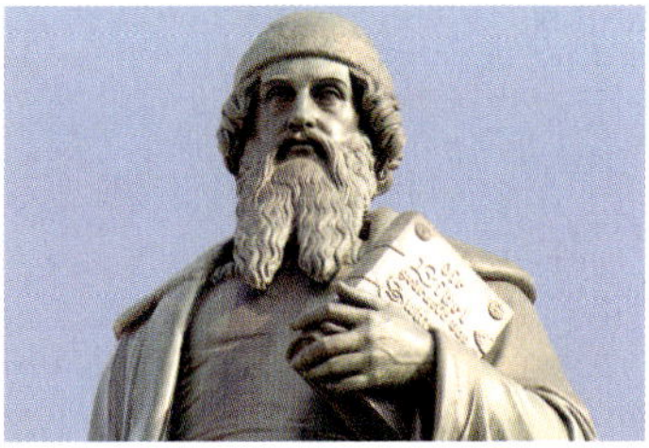

5.5 Halbnah

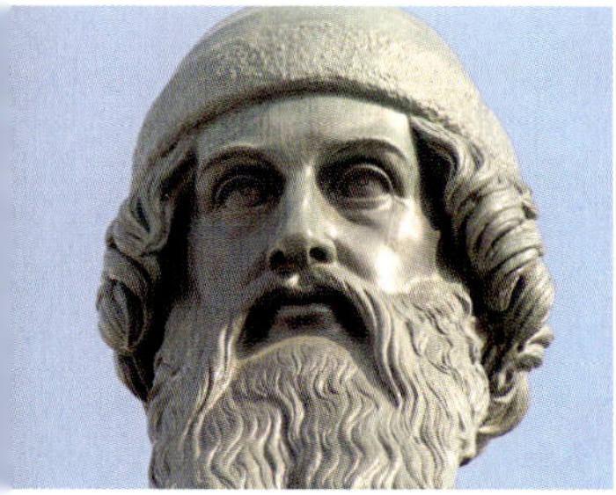

5.6 Großeinstellung

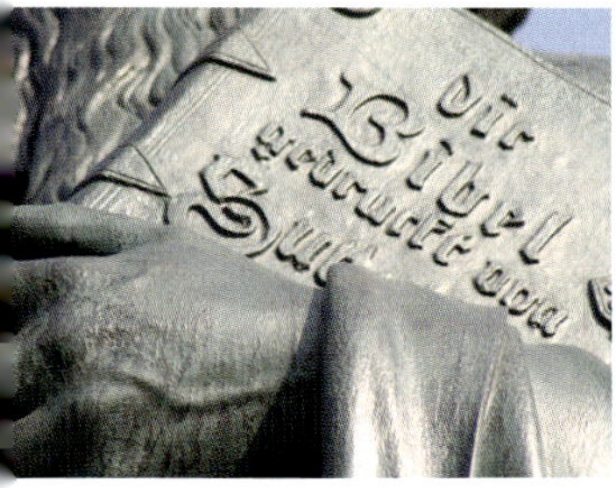

5.7 Detail

Die Halbnahe zeigt das obere Drittel eines Objekts oder Menschen. Nun beginnt Johannes Gutenberg langsam Kontur anzunehmen, er wird noch bildwichtiger als in der Amerikanischen und damit auch für die Geschichte wichtig. Wir verstehen: es geht um ihn, der Film will uns über das Leben dieses Herrn informieren, der so streng auf uns herabblickt. Wollen wir den Zuschauern noch mehr Details über ihn erzählen, darüber, wie er wohl auf die Idee kam, bewegliche Lettern zu erfinden und warum er damit eine Medienrevolution auslöste? Dann ist jetzt die Großeinstellung an der Reihe: 5.6

Bei lebenden, sich bewegenden, grimassierenden, nachdenkenden, traurigen, heiteren Menschen die klassische Einstellung, um etwas über deren Gedanken, Ideen, Gefühle erzählen zu können. Gesichter können eine Weile im Film auftauchen, wir lieben es, in ihnen zu „lesen". Großeinstellungen führen den Zuschauer so intensiv wie keine andere, sie nehmen ihn an die Hand, er kann nicht ausweichen. Deshalb müssen sie sehr bewusst eingesetzt werden. Für die kleinflächige Präsentation im Netz sind natürlich die Halbnahe und die Großeinstellung gut geeignet. Jetzt fehlt nur noch eine Einstellungsgröße, das Detail: 5.7

Diese Einstellung muss zwingend in einen Film über Gutenberg: Er druckte Ablassbriefe, Aderlass- und Türkenkalender und die Bibel! Im Film könnte man sich zum Beispiel einen Schwenk vom Kopf oder von den Druckwerkzeugen in der rechten Hand auf die Bibel in der linken vorstellen. Eine Detaileinstellung zeigt also meist Ergebnisse von Arbeiten oder Prozessen. Wo wir schon bei den konkreten Einstellungen sind, hier einer der bedeutendsten Grundsätze der Fotografie, der auch für die Filmerei gilt:

Wichtiges wird möglichst bildfüllend gezeigt. Lassen Sie also über dem Kopf Ihrer Protagonisten nicht so viel Platz, nicht so viel Luft (s. o. Gutenberg).

Dem Betrachter sagen diese Fachbegriffe der Einstellungsgrößen wenig. Was er aber sofort versteht, ist die *Bedeutung* der Bilder. Er weiß, wenn Menschen halbnah oder groß gezeigt werden, sind sie wichtig, meist kann man ihnen auch zuhören. Er hat gelernt, dass nach einer Detailaufnahme eine erklärende Nahe oder Totale kommt. Deshalb ist es für Videoreporter wichtig, diese Mittel der Filmsprache zu kennen – und sie anzuwenden. Nur wenn Sie wissen, was Ihre Bilder beim Zuschauer auslösen, können Sie sich klar ausdrücken. Unklarheiten und Fehler lenken erst ab, dann ärgern sie und führen zu Wegschalten und -klicken.

Ein Fehler, den wir im Netz-/Fernsehen immer wieder beobachten: Man sieht einen Menschen, halbnah oder sogar groß, dieser Mensch spricht, aber der Autor textet gnadenlos über diese Einstellung hinweg. Das frustriert jeden Zuschauer, denn man möchte doch dem Menschen zuhören, man sieht

TOTALE
HALBTOTALE
AMERIKANISCHE
HALBNAH
GROSSEINST
DETAIL

ihm zu, wie er seine Lippen bewegt, hört ihn aber nicht, sondern nur irgendeinen Text. Das lässt sich nur verhindern, wenn wir einen schweigenden Menschen bei seinem Tun drehen.

Unser Plädoyer wäre also, sich um den Einsatz einer bewussten Bildsprache zu bemühen. Dabei hilft die oben angesprochene Vorplanung.

Die bewegte Kamera

Es ist möglich, verschiedene Einstellungsgrößen zu filmen, ohne den Kamerastandpunkt zu verändern – allein durch die Bewegung der Linsen im Objektiv. Man nennt es einen „Zoom-in" bzw. eine „Ranfahrt", wenn die Kamera einen weit entfernten Gegenstand heranholt. Und einen „Zoom-out" oder eine Wegfahrt, wenn die Kamera mit einem Detail beginnt und mit einer Totalen endet.

Die Flip-Kamera hat einen Mini-Zoom, der nur digital arbeitet, denn das Objektiv ist feststehend und hat keine beweglichen Linsen – wir waren mit diesem Digitalzoom stets zufrieden. Wenn der Zoom nicht ausreicht, gehen Sie näher heran an die zu drehende Handlung/Person.

Mit der Flip und anderen Minikameras kann man Bewegungen mit drehen, man geht, läuft, hüpft und springt (http://blog.zdf.de/vancouver2010/rennender-reporter/).

Allerdings: Um Einstellungen zu produzieren, die die Zuschauer nicht seekrank werden lassen, weil alles wackelt und schaukelt, braucht man eine sehr ruhige Hand. Die klassische Einstellung ist der ruhige Stand – aus verschiedenen Perspektiven.

Natürlich lässt sich auch die Perspektive verändern, die die Kamera einnimmt. VJs (=Abkürzung für „Videojournalisten") drehen häufig auf Brusthöhe, während sie die Kamera auf den leicht ausgestreckten Armen halten. Wer beim Dreh durchs Okular schaut, dreht automatisch „auf Augenhöhe". Das ist durchaus auch im übertragenen Sinn gemeint. Wir befinden uns auf gleichem Niveau mit den Menschen, die wir filmen und über die wir berichten. Wenn wir diese „Augen- oder Brusthöhe" verlassen, sollte es Gründe dafür geben.

Wenn wir zum Beispiel jemanden aus der Froschperspektive zeigen, also von unten aufnehmen, verstehen Betrachter die Dargestellten als groß, mächtig, fast schon bedrohlich. Wir schauen zu ihnen auf, gleichsam aus der Kinderperspektive.

Übung

Nehmen Sie Ihre Kamera. Versuchen Sie einen ruhigen Stand aus der Hand zu drehen, während Sie bis zwanzig zählen. Am leichtesten geht das, wenn Sie die Kamera wie ein Tablett nah vor dem Körper mit beiden Händen halten. Der seitliche Griff ist eher ein symbolischer Verweis auf professionelle Kameras, die auf der Schulter getragen werden. Warum? Halten Sie mal eine ziemlich volle Kiste Sprudel ruhig in der Hand!

Das Gegenteil ist die Vogelperspektive, die Kamera blickt von oben auf den Aufgenommenen. Sie macht ihn dadurch klein, unscheinbar, weckt im Betrachter häufig Beschützerinstinkte.

Zu guter Letzt sollte noch die subjektive Kamera erwähnt werden, die so tut als sei sie Auge und Ohr des Protagonisten. Sie schaut auf die Welt aus der Sicht des Protagonisten und bewegt sich mit ihm. Subjektive Einstellungen werden häufig beim Gehen, Laufen, Autofahren etc. gedreht. Ein Text in Ich-Form passt zu dieser Perspektive.

Fünf Einstellungen für jede Sequenz

Nun hat es ein Ende mit der Filmgrammatik – jetzt geht's ran an die Objekte, ran an den Dreh, bevor der Kopf allzu sehr schwirrt vor lauter Einstellungsgrößen und Kamerastandpunkten.

Wir sind gerne ungefähr eine Stunde vor Drehbeginn vor Ort. Man lernt die Örtlichkeiten und die Atmosphäre, die Schwingungen des Drehorts kennen, auch die Verantwortlichen, mit denen ja meist schon im Vorfeld telefoniert wurde. Ein paar Erkenntnisse aus dem Dreh allgemein – und speziell mit der Flip-Kamera:

Nicht nur, aber besonders wenn Sie für das Web drehen, heißt die Devise: laaaaaaaaangsam drehen. Wenig schwenken und zoomen. Der „Erfinder" der Videojournalisten, Michael Rosenblum, empfiehlt, von jeder Sequenz fünf Einstellungen zu drehen, die sich an der Handlung orientieren. Russell Chun hat sie zu einer knappen Liste weiterverarbeitet (http://www.russellchun.com/?p=24):

1. Zeigen Sie den Ort des Geschehens, die Handlung in der Halbtotalen („Find the action").
2. Zeigen Sie, wer es tut: das Gesicht in Naheinstellung („Close up of face").
3. Zeigen Sie den Ort der Handlung in der Totalen („Wide shot").
4. Blicken Sie dem Handelnden über die Schulter und zeigen Sie, was er ~~tut („Over the shoulder").~~
5. Drehen Sie ihn von der Seite („From the side").

So lösen Sie die Handlung in mehrere Einstellungen auf, die Sie fast beliebig hintereinander schneiden können. Achten Sie auf die Blickrichtung des Protagonisten.

Schwenken Sie keine Objekte ab – egal ob drinnen oder draußen.

Bewegen Sie die Kamera nur, wenn es Gründe dafür gibt. Jagen Sie der Aktion nicht hinterher. Benutzen Sie den Zoom eher selten. Bleiben Sie weitwinkelig, gehen Sie lieber näher an die Aktion heran.

Wir haben gute Erfahrungen damit gemacht, die ultrakleine Flip mit Hilfe eines Mini-Stativs zu stabilisieren – aber das ist natürlich Ansichtssache. Wozu kauft man sich eine Mini-Kamera, wenn man sie dann künstlich wieder vergrößert?

Auch mit Totalen muss man sehr vorsichtig umgehen – denn in vielen kleinen Webformaten bleibt davon nicht mehr viel übrig. Also heißt die Devise: Ran, so nah wie möglich, erst recht wegen des Tons. Das Flip-Mikro zeichnet dann am besten auf, wenn der Aufgenommene ganz nah von vorne hineinspricht. Wer also gute, verständliche O-Töne haben will, muss die Flip sehr nah ans Gesicht des zu Interviewenden halten und darauf achten, dass der Hintergrund (akustisch) möglichst ruhig ist.

Wir haben uns angewöhnt, das ganze Monitorbild zu beobachten. Denn Verkehr im Hintergrund heißt: Krach! Also nimmt man den Partner, schiebt ihn sanft in Richtung Bürgersteig oder Schaufensterscheibe, stellt ihn davor – und schon ist Ruhe. Denn jetzt liegt der Verkehr hinter dem Kameramann und stört nicht mehr so. Bei stiller Umgebung in geschlossenen Räumen ist das Problem nicht mehr so gravierend – dort kann man ein paar Meter entfernt vom Protagonisten drehen und der Ton ist immer noch deutlich zu verstehen. Achten Sie aber bei halligen, großen Räumen auf die Akustik. Drehen Sie probehalber einen eigenen O-Ton und testen Sie, ob er verständlich ist.

Beim Dreh gilt auch die Devise: „Immer schon an den Schnitt denken!" Denn wer sich am Schnittplatz schon mal furchtbar geärgert hat, weil der Protagonist zwar Eindringliches erzählte – das aber kaum zu hören war, weil sich die Kamera zu weit entfernt hatte – der entwickelt schon während des Drehs eine besondere Sensibilität für die Verständlichkeit der O-Töne.

„Neutral" beim Dreh

Sie kennen sicher die Slapsticks, in denen Protagonisten von Einstellung zu Einstellung durchs Bild „springen". Mal werden Sie von rechts gezeigt, mal von links. In jeder Einstellung sind sie in gleicher Größe im Bild. Das ist gut für Slapstick, aber schlecht für „normales" Erzählen. Wie kann man das vermeiden? Sie lassen die Protagonisten, wo immer möglich, ins *leere Bild* kommen, und, wann immer möglich, wieder aus dem Bild herausgehen. Und Sie schwenken nicht mit.

Man nennt das einen *neutralen Anfang* und ein *neutrales Ende* von Einstellungen. Das gilt auch für Bewegungen, die im Detail aufgenommen werden: Das Bild ist erst „leer", die Hand kommt rein, tut, was sie zu tun hat ... und verschwindet wieder aus dem Bild. Dieses Vorgehen hat für den Schnitt große Vorteile: Man kann die Einstellungen hintereinander schneiden, ohne dass der Protagonist durchs Bild springt. Man weiß ja beim Dreh noch nicht, wie die einzelnen Sequenzen nachher im Schnitt aufeinander folgen werden.

Ein „leeres" Bild, das sich füllt, oder umgekehrt, ein volles, gestaltetes Bild, das sich beginnt zu leeren – das sind Bildikonen, die jeder Zuschauer sofort versteht: Anfang und Ende, ohne dass es dazu noch umständlicher Erklärungen im Text bedarf.

Neutrale Anfänge und Enden haben noch einen weiteren Vorteil für den Schnitt: danach können Zeit- und Ortswechsel stattfinden! Der Protagonist geht aus dem Raum, schließt die Tür, und schon kann er in Hawaii oder Shanghai wieder auftauchen – diesen Wechsel verstehen Zuschauer ohne Worte. Wenn aber der Protagonist dauernd im Bild zu sehen ist, fällt es schwerer, ihn in einer neuen, anderen Situation zu zeigen, ohne dass der Zuschauer es als Bruch empfindet.

Und was tun, wenn sich die Situation nicht bewegt, niemand in einen Raum hineinkommt oder ihn verlässt? Ganz einfach: dann muss die Kamera dafür sorgen! Indem sie ab und zu von der Situation, die sich vor unseren Augen abspielt, wegschwenkt, in einen „neutralen" Bereich des Raumes. Und wieder zurück, wenn die Situation länger andauert. Wir wiederholen das mehrfach, damit wir mehrere neutrale Anfänge und Enden haben.

Wenn man erste Drehversuche macht, muss man sich zu dieser Dreh-Disziplin buchstäblich zwingen, denn instinktiv möchte man immer und andauernd die Hauptperson begleiten und sie eigentlich nicht aus dem Bild verlieren.

Dazwischen geschnitten

Wir drehen zusätzlich noch ganz weite Totalen einer Situation, weil man sie zum Unterschneiden eines O-Tons als *Zwischenschnitt* verwenden kann.

Warum brauchen wir „Zwischenschnitte"? Nur wenige (meist Polit-)Profis können komplette Gedanken in 20-Sekunden-Sätzen formulieren. Die meisten Menschen brauchen sehr viel länger, um einen Gedanken auszudrücken – zumal vor der Kamera.

Dazu ein Selbstversuch: Stellen Sie sich einen Personalberater vor, dem sie in 30 Sekunden das Relevante aus Ihrer Biografie erzählen müssten. Und dann legen Sie los und stoppen die Zeit. Wenn Sie das unter zwei Minuten schaffen, sollten Sie sich sofort in einer Nachrichtenredaktion bewerben, denn dort wird besonders mit den Sekunden gegeizt!

Die normale Erfahrung ist: Wenn Menschen erzählen, tun sie es lang, zu lang, jedenfalls für unsere Film-Zeit. Also muss gekürzt werden.

Aber: wenn wir später, innerhalb des Interviews, nur vom Ton geleitet, auch das Bild schneiden, springt der Kopf häufig hin und her, weil sich Menschen beim Sprechen ja bewegen. Selbst wenn diese Bewegung nur minimal ist, bemerken Betrachter die Kürzung sofort und sind irritiert. Was also tun, wenn am Anfang und am Ende des O-Tons die interessanten Teile zu hören waren, wir den Rest dazwischen aber nicht verwenden wollen? Wir drehen Zwischenschnitte. Man nimmt eine Totale der Situation auf, die von der Handlung so weit weg sein muss, dass man den Sprechenden zwar noch erkennt, aber die Synchronität seiner Lippenbewegungen nicht mehr verfolgen kann – dann kann diese Totale im Bild eingeschnitten werden, und nun kann man im Ton kürzen. Oder Sie drehen ein Detail, über das gerade gesprochen wird. Oder Sie drehen die (dann auch zuhörenden!) Zuhörer.

Wir wollen das anhand von drei Fotos verdeutlichen. Es geht um einen O-Ton der Führerin im Schloss Freudenberg, die ein Experiment erläutert. Wenn man längere Zeit auf die Muster eines sich drehenden Rades schaut und dann plötzlich den Blick abwendet, etwa eine leere Wand fixiert, sieht man neue, bisher unbekannte Figuren. Das Gehirn spielt uns einen Streich. Genau das erklärt die nette Führerin der Gruppe, im Bild links zunächst anhand des Rades. Ihre Ausführungen sind aber zu lang, wir schneiden einen Mittelteil heraus und gehen später wieder in ihren Originalton. Diesen Schnitt im Ton „verdecken" wir, indem wir im Bild für einige Sekunden nur das Rad zeigen, nicht die Sprecherin. Wenn wir wieder ihren Originaltext hören und sehen wollen, beenden wir die Rad-Einstellung und schneiden wieder in ihren Originalton nach dem Schnitt. Ist doch eigentlich ganz einfach, oder? ■ 5.8

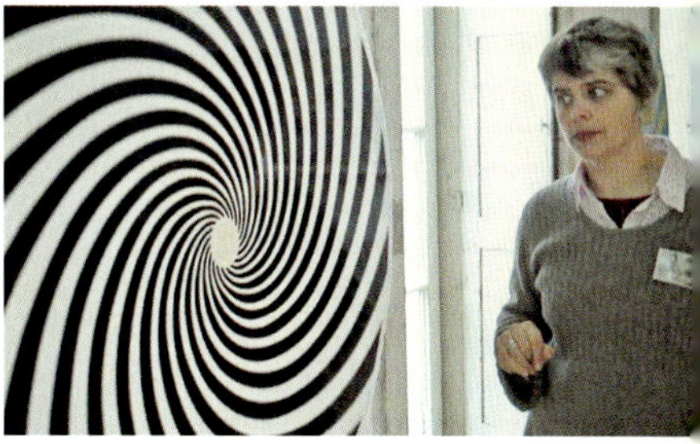

5.8 Rad-Experiment, wird im O-Ton erklärt

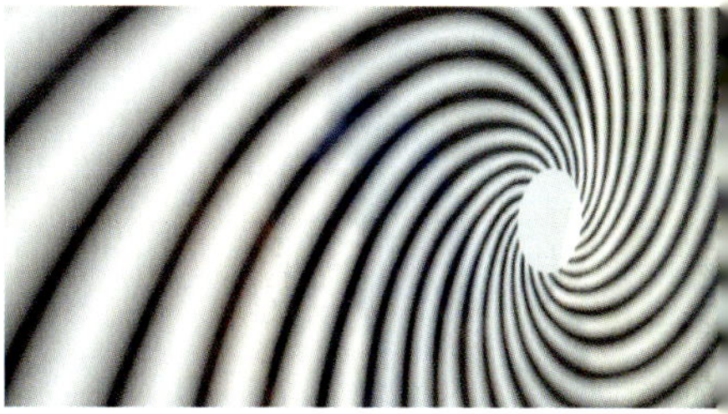

Rad als Zwischenschnitt, Experiment wird weiter im O-Ton erklärt

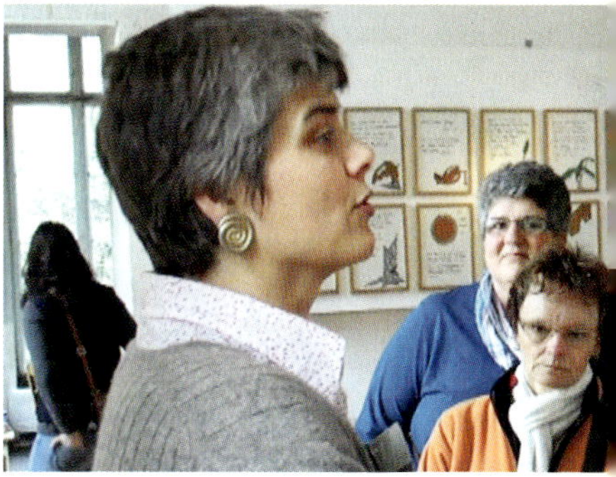

O-Ton läuft weiter, wird aber „unter dem Zwischenschnitt" gekürzt

Warum muss überhaupt geschnitten werden? Aus demselben Grund, aus dem O-Töne gekürzt werden: die Dinge, die wir alle im täglichen Leben tun, dauern zu lang an, sie sprengen die uns zur Verfügung stehende Filmzeit. Wir warten beispielsweise beim Dreh auf einen Postboten und schauen ihm zu. Wir beobachten, wie er ankommt, er nestelt die Tasche auf, findet die Prospekte, sucht dann in den anderen Fächern nach Briefen, Päckchen, Einschreiben und befördert alles in den Briefkasten. Das dauert ungefähr drei Minuten. Diese drei Minuten sollen im Film aber nur 20 Sekunden lang sein – also muss gekürzt werden!

Originale – Töne

Häufig fragen wir uns beim Anschauen von Filmen, warum diese Aussage an genau dieser Stelle in den Beitrag geschnitten wurde – wir können die Absicht des Autors nicht erkennen.

Für Eindeutigkeit würden folgende O-Ton-Regeln sorgen:

Man sollte niemals, niemals, einen O-Ton für die Darstellung eines abstrakten oder deskriptiv darstellbaren Vorgangs benutzen. Das wird zwangsläufig schiefgehen, weil solche O-Töne nicht nur unverständlich, sondern auch langweilig sind – also 1A-Weg- oder Abschalter.

Checkliste

Für den Einsatz eines O-Tons in einem Film sollte es nur drei Begründungen geben:

- Der O-Ton beinhaltet eine Meinung oder Gegenmeinung zu einer vorher im Film vertretenen These. Er unterstützt damit die informative Aussageabsicht des Videos.
- Der O-Ton-Geber ist ein Augenzeuge. Er berichtet von etwas unmittelbar von ihm Gesehenem oder Erlebtem.
- Der O-Ton enthält eine emotionale Selbstaussage, die nur diese Person, niemand sonst, machen kann, vor allem nicht der Reporter.

Kennzeichnend für wirklich gute O-Töne ist, dass sie mit „Ich …" anfangen könnten – denn nur dann erzählt der Partner wirklich etwas von sich, etwas, das nur er und nur auf diese Weise vermitteln kann. So wird Ihr Video authentisch.

Alles sehen, hören, fühlen

Was heißt das nun konkret für das Verhalten am Drehort? Beobachten Sie sehr genau die Szene, die Sie aufnehmen. Wenn Sie das Gefühl haben, schon einige gute O-Töne eingefangen zu haben, und zudem sicher sind, dass die Szene noch etwas andauern wird, versuchen Sie, sich davon zu lösen, etwa ein Stück zurückzugehen, Totalen und Seiteneinstellungen einzufangen. Verlieren Sie aber die Handlung/die Handelnden nicht aus dem Bild.

Wenn Sie mit Kameras drehen, die auf Karte oder Festplatte aufzeichnen, können Sie dabei die Aufzeichnung abbrechen und an der neuen Position sofort wieder mit der neuen Einstellung beginnen. Bei dem Dreh mit Mini-DV-Cassetten kann der Beginn der neuen Aufzeichnung etwas dauern, denn das Band muss erst wieder starten. Vielleicht lassen Sie dann die Kamera lieber laufen. Auch wenn der O-Ton wichtig ist, lassen Sie die Kamera weiterlaufen und suchen derweil eine neue Position. Wir nennen das auch einen „Arbeitsschwenk“. Sie können wichtige Aussagen nachträglich „unterschneiden“ (siehe oben: Zwischenschnitte). Bei dem Beispiel des Zwischenschnitts hatte der Kameramann sogar noch zusätzlich die Seite gewechselt.

Sollte es möglich sein, auch eine „over-the-shoulder“ von der sprechenden Person drehen? Dann müssen Sie wieder zur Szene hingehen, und zwar hinter den/die Sprechende(n), um zuhörende Köpfe zu filmen. Die dürfen wirklich nur zuhören!

Stumme, zuhörende Köpfe – Sie werden sich wundern, wie häufig Sie von ihnen während des Schnitts Gebrauch machen können. Aber natürlich haben Sie immer Augen und Ohren offen für die Entwicklung der Situation, sollten sich da neue, interessante Dinge tun. Drehen Sie sie.

Ist jetzt noch Zeit, nehmen wir Details des Raumes auf, in dem wir uns befinden. Die können als Zwischenschnitt dienen, aber auch die Orientierung für den Zuschauer erleichtern.

Liegen all diese Einstellungen vor, dann funktioniert der Schnitt fast ganz von selbst!

Das größte Problem bei jedem Dreh ist: nie verläuft er lehrbuchmäßig, immer entwickeln sich die Szenen anders, als man es vorhersehen kann, stets muss man Einstellungen nachdrehen, auf der Lauer liegen, dass man nichts verpasst. Aber so ist das Videoreporter-Leben – und mit wachsender Erfahrung lernt man herauszufinden, wie trotz aller Widrigkeiten eindrucksvolle Einstellungen und O-Töne gelingen können.

Am Ende ist es Ihr Film! Entscheiden Sie selbst zwischen Inhalt und Form, zwischen professionellem „Look“ und hipper Bewegung im Bild, zwischen hektischem oder entspanntem Dreh.

To flip or not to flip

Die Flip-Kamera macht diese oben beschriebene Sammelarbeit leicht. Ihr großer Vorteil ist die minimale Größe. Man kann sich fast unerkannt unter die Menschen mischen, die Kamera zusehen und -hören lassen, mit dem kleinen Zoom Gesichter oder Details isolieren, ohne die Szene im Ablauf zu stören. Wir schalten übrigens das rote Licht, das die Aufnahme signalisiert, ab! Es irritiert unsere Partner (auch bei vorheriger Information) meist mehr, als es uns hilft. Dabei berühren wir ethische Grenzen – niemand weiß ja, ob gefilmt wird oder nicht. Natürlich muss, wenn das Material veröffentlicht werden soll, die Zustimmung der gezeigten Protagonisten eingeholt werden. Im Fall unseres Drehs im Freudenberg-Schloss baten wir die Veranstalter, die Gruppe auf den Zweck des Filmens hinzuweisen und das Einverständnis der Betroffenen vorab einzuholen – was auch geschah. Zudem gaben wir an, wo der fertige Beitrag zu sehen sein wird. Das interessiert am allermeisten!

Es ist risikoreich, die Partner im Unklaren über den Zweck des Aufgenommenen zu lassen. Wer dazu neigt sich zu fürchten, liest besser jetzt schon das Kapitel „Videorecht".

Bei investigativen Reportagen für TV-Magazine besteht allerdings häufig die Notwendigkeit, „undercover" zu arbeiten, etwa um Betrügereien aufzudecken. Die Ergebnisse sind meist drastisch und ergeben eindrucksvolle Filme. Allerdings ist diese Art zu arbeiten immer mit einem beträchtlichen juristischen Risiko verbunden. Fernsehsender leisten sich Justiziariate, die den Reportern bei Rechtsfragen zur Seite stehen. Im Konfliktfall muss ein Gericht abwägen, ob das Interesse der Öffentlichkeit an den gezeigten Szenen größer war als die Schutzbedürftigkeit des Einzelnen.

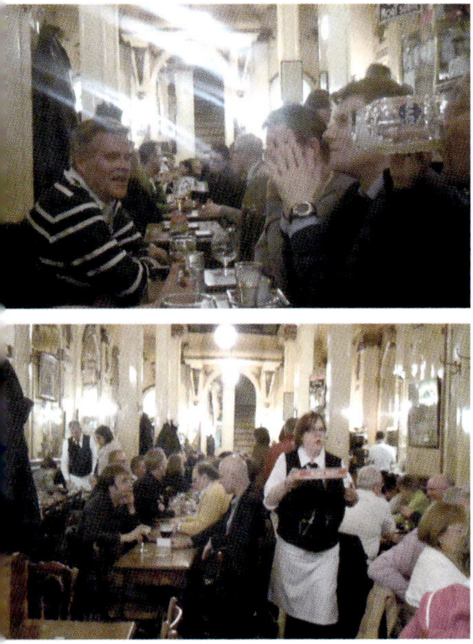

5.9 Fettfilter oder Fettfinger? Profis verreiben etwas reines Fett auf der (Vorsatz-) Linse, um surreale Lichteffekte zu erzeugen. Mit Fettfingern von belgischen Pommes geht's auch. Linse danach gut reinigen! Vorher (oben) – nachher (unten).

Fettfilter oder Fettfinger?

Eigentlich ist es ganz klar, dass ein Kamera-Objektiv sehr pfleglich behandelt werden muss. Staub- oder Wasserflecken führen zu ungewollten Reflexen. Oder sind sie erwünscht? Die Flip ist so klein, dass man häufiger unabsichtlich mit den Fingern das Objektiv berührt, z. B. wenn man sie aus dem Etui herausnimmt. Das passierte uns auch in einer Brüsseler Bierkneipe. Wir freuten uns gerade über die schönen Lichteffekte der Deckenlampen, als uns klar wurde: Die Linse müsste mal geputzt werden.

Aber entscheiden Sie selbst, welche Einstellung Sie verwenden würden ■ 5.9.

Damit kommen wir zu den *WOW*-Einstellungen (so nennen wir sie!)

Vorweg eine Bemerkung zum persönlichen Einsatz beim Dreh: Videoreporter müssen sich schnell in fremde Menschen hineinversetzen können. Sie müssen zuhören und zuschauen können, sie dürfen keine Scheu haben, auf Menschen zuzugehen und sie um etwas zu bitten. Sie müssen viel Charme entwickeln, sodass diese Menschen bereit sind, persönliche Dinge in die Kamera zu erzählen, und auch, sie gegebenenfalls noch einmal zu wiederholen, weil die Einstellung verpatzt wurde.

Wir möchten, dass die Protagonisten uns mitnehmen an Orte, die in ihrem Leben entscheidend waren, uns Einblicke in ihre Gefühlswelt gewähren. Erst wenn das gelingt, dann ergeben sich die sogenannten „WOW"-Einstellungen.

Übung

Sehen Sie sich um.
Gibt es eine Szene, die Sie jetzt drehen können? Freundin liest, Mutter kocht, Freunde spielen Doppelkopf? Erkennen Sie die Mini-Geschichten mit diesen Menschen!
Lösen Sie die Situation in die fünf Rosenblum-/Chun-Einstellungen auf, drehen Sie also die oben beschriebenen fünf Einstellungen.
Schneiden Sie später (nach dem Kapitel Schnittprogramme) daraus eine erste eigene Sequenz!

Das sind neue, ungewohnte Blickwinkel, packende Bilder oder O-Töne, die spannend, überraschend sind, die den Zuschauer emotional mitnehmen oder ihm einen Blick in eine Welt verschaffen, die er nicht kennt. Wir wissen, dass solche Einstellungen rar sind. Und sie sind flüchtig wie ein scheues Reh. Kaum gesehen, schon vorbei. Wer YouTube oder die Fotos und Videos der Bild-Leser-Reporter verfolgt, stellt fest, dass es manchmal nur eine einzige Einstellung ist, die diese Voraussetzungen erfüllt. Aber die ist dann dramatisch, so einprägsam, dass man sich noch lange Zeit daran erinnert.

Man kann diese Szenen bewusst suchen – und wird es lange vergeblich tun. Viel wahrscheinlicher ist, dass sie uns finden – wenn wir für sie bereit sind! Sagten wir schon, dass die Flip (oder jedes andere videotaugliche Teil) jetzt immer dabei sein sollte, wenn Sie aufwachen, frühstücken, aus dem Haus gehen, auf den Bus warten, aus dem Fenster sehen, sich langweilen … und … und … und?

Hier in der Checkliste noch einmal, kurz zusammengefasst, die wichtigsten Fragen, auf die ein guter Dreh Antworten geben muss.

Checkliste

- ☐ Was soll filmisch umgesetzt werden: eine besondere Situation, ein besonderes Geschehen, ein wichtiges Thema?
- ☐ Was passiert am Drehort und welche Bilder gibt es?
- ☐ Wer steht im Mittelpunkt?
- ☐ Was ist die Geschichte?

Was haben Sie …?

1. Jeder Film braucht eine Aussageabsicht und ein Konzept.
2. Einstellungsgrößen und Kameraperspektiven bewusst einsetzen.
3. Eher Kamerastände statt Schwenks
4. Laaaaaangsam schwenken und zoomen.
4. Wenn's fürs Web ist: Vorsicht bei Totalen!
5. Auf Verständlichkeit und „Ich-Aussage" der O-Töne achten.
6. Neutraler Anfang, neutrales Ende, Zwischenschnitte drehen.
7. Five shots und Ihre WOW-Einstellung.

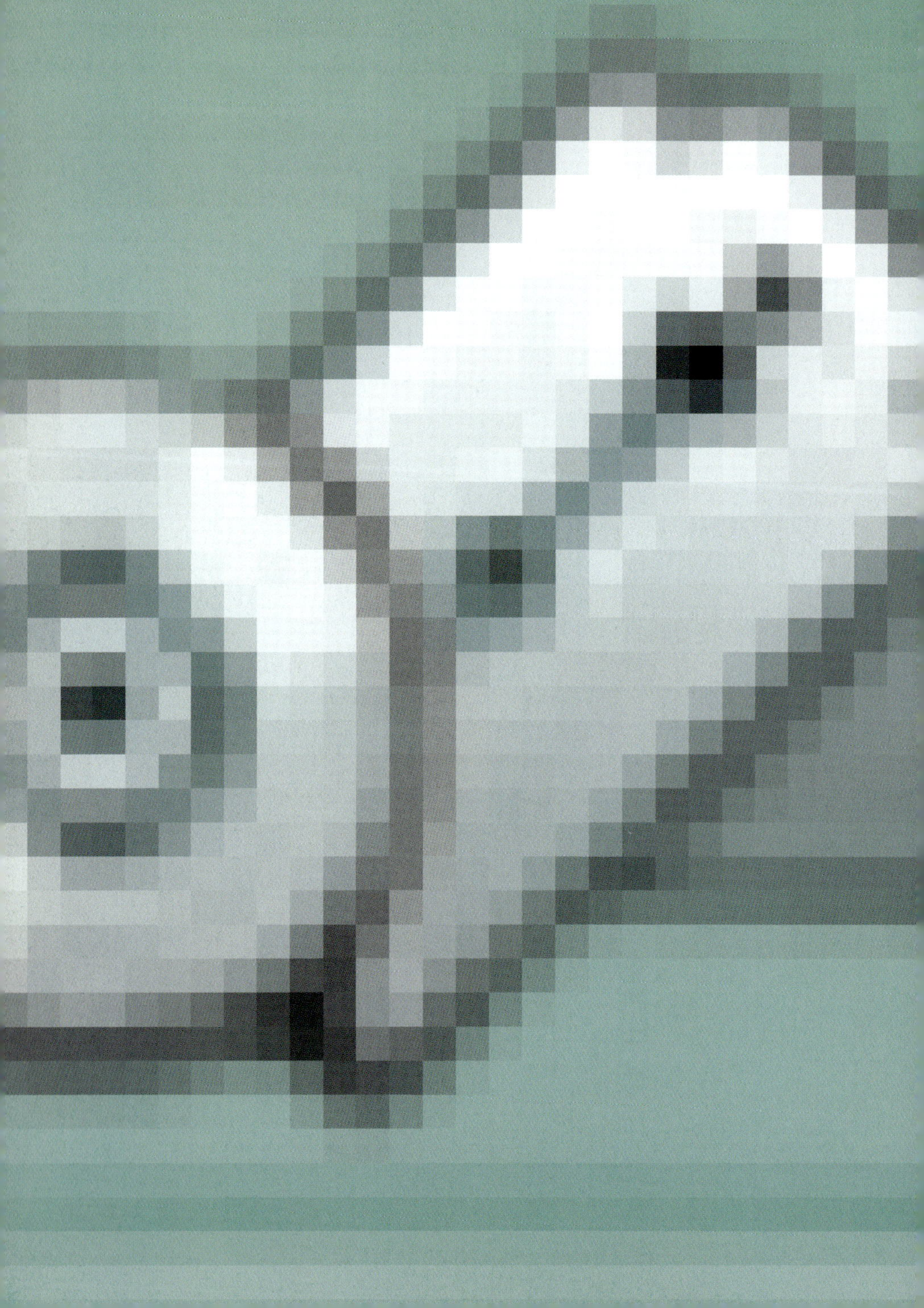

6. Schnittprogramm – aber welches?

Voraussetzungen

Zum Schnitt benötigen Sie einen PC oder einen Laptop. Laptops werden zwar immer schneller und haben auch immer leistungsfähigere Grafikkarten. Zum Videoschnitt sollten Sie aber den schnellsten Stand-PC wählen, der in Ihrem Haushalt vorhanden ist. Meist ist es der neueste PC, der gekauft wurde. Wenn Sie gerade einen PC-Kauf planen, sprechen Sie mit dem Verkäufer über schnelle Grafikkarten, Schnittstellen und Laufwerke. Und Sie brauchen viel, viel, viel Platz auf dem Schnittlaufwerk. Je besser die Bildqualität ist/sein soll, umso größer wird die Videodatei. Vergessen Sie auch die Sicherung auf einem externen Laufwerk nicht. Und sichern Sie alles – spätestens am Ende eines jeden Schnitt-Tages.

Wir arbeiten mit Windows-Rechnern. Die haben wir schon lange im Gebrauch – mit allen bekannten Vor- und Nachteilen. Sie profitieren also von unseren unmittelbaren Erfahrungen – den guten wie den schlechten. Was wir in diesem Buch beschreiben, haben wir nicht nur ausprobiert, sondern wir sind alle Schritte speziell für Sie gegangen. Die Programme können Sie sich für längere oder kürzere Zeit als Testversion herunterladen. Sie können damit alle Schritte nachvollziehen. Das dafür notwendige Material haben wir ebenfalls für dieses Buch produziert. Dabei ging es nicht darum, Sie mit hippen Videos einzuschüchtern. Uns liegt vielmehr daran, Ihnen Mut zu machen, dass Sie selbst alle Schritte zu einem, zu Ihrem ersten, anspruchsvolleren Video gehen können.

Windows-Rechner sind derzeit weiter verbreitet als Rechner mit anderen Betriebssystemen. Wer aber einen Apple sein Eigen nennt, ist technisch schon gut ausgestattet für den Schnitt. Apple liefert mit iLife 09 die Videobearbeitungssoftware iMovie09 aus. Das Apple-Schnittprogramm heißt Final Cut und kostet ab 80 Euro aufwärts.

Alle Schnittprogramme sind *prinzipiell gleich*: Sie können Videomaterial aus Kameras oder Dateien importieren, schneiden, montieren, mit Ton- und Videoeffekten versehen und als DVD, Band oder Datei zum Anschauen oder Veröffentlichen ausspielen. Insofern sind auch alle Tipps aus diesem Buch auf alle Schnittprogramme anwendbar, sobald sie über die Beschreibung der Programme hinausgehen.

Wie bei einem Kochbuch empfehlen wir, alle Schritte der Zubereitung unserer „Rezepte" beim ersten Mal exakt nachzugehen, bis Sie ein Gefühl für die Abläufe entwickelt haben,

Wir zeigen in diesem Kapitel am Beispiel von drei verschiedenen Programmen, wie Videoschnitt jeweils funktioniert und welche Ergebnisse in einem ersten Anlauf dabei herauskommen.

Dabei haben wir uns auf kommerzielle Programme beschränkt. Es gibt im Internet auch eine Menge Freeware. Eine aktuelle Link-Liste findet sich im Anhang bzw. auf unseren Webseiten zum Anklicken. Damit geht vieles. Wir haben uns am Ende für eine kommerzielle Software entschieden, weil sie uns einfacher und effektiver erschien.

Einspielen

Zum Bearbeiten der aufgenommenen Einstellungen werden diese zunächst von der Kamera in eine oder mehrere Dateien auf den PC überspielt. Wie geht das?

Nimmt Ihre Videokamera *Material auf Band* auf, wird es mit Hilfe eines besonderen Kabels (über die „Firewire"-Schnittstelle, auch IEEE 1394 oder i.Link genannt) auf den PC überspielt. Dazu muss an Kamera *und* PC eine Firewire-Schnittstelle vorhanden sein. Bei Laptops mit PCMCIA-Einschub-Schnittstelle kann man dazu eine spezielle Firewire-PCMCIA-Karte kaufen. Für PCs gibt es Firewire-Controllerkarten, die man nachträglich einbauen kann.

Die Kamera wird an den PC angeschlossen, die Schnittsoftware geöffnet – und das Material überspielt. Aus den Filmen auf dem Band werden so Dateien – in Echtzeit, also eins zu eins. Zehn Minuten Material vom Band benötigen zehn Minuten Zeit zum Einlesen.

Bleiben Sie beim Überspielen am PC. So können Sie schon einen ersten Eindruck von Ihrem Drehmaterial erhalten. Nicht benötigte Teile sollten auch gar nicht erst überspielt werden.

Kameras, die *auf Festplatte* oder DVD aufzeichnen, haben meist einen eingebauten USB-Anschluss und werden über ein USB-Kabel mit dem PC / Laptop verbunden. Die aufgenommenen Einstellungen sind schon im Dateiformat gespeichert. Deshalb werden sie als einzelne Dateien direkt auf den Schnitt-PC überspielt. Auch hier lohnt es sich, das Material vorher anzusehen und nicht be-

Tipp

Videomaterial gehört auf die schnellste Festplatte Ihres PC. Speichern Sie sie auf keinen Fall auf ein externes Laufwerk oder gar auf einen USB-Stick und arbeiten dann damit. Sie können es trotzdem probieren und werden (leider) mit Programmabstürzen bestraft. Dabei kann die Arbeit eines ganzen Tages verloren gehen. Programme und Daten sollten möglichst auf unterschiedlichen Laufwerken liegen. Belasten Sie das Laufwerk C wenn möglich also nicht mit den Videodateien. Am besten speichert man sie auf ein (sofern vorhanden) physikalisch zweites Laufwerk im PC, also auch nicht auf eine zweite Partition derselben Festplatte. Natürlich kann man auf und von einer einzigen Festplatte arbeiten, das erfordert aber – abhängig von der PC-Performance – Geduld.

Tipp

Film-Dateien sind sensible „digitale Wesen". Sie wollen gehätschelt werden und bedürfen besonderer Pflege. Was sie gar nicht mögen: Hektik. Beim Speichern der Projekt-Dateien zwischendurch und beim Schließen des Programms üben Sie sich also bitte in Geduld! Da Schnittprogramme mit großen Dateimengen Schwerstarbeit leisten, braucht auch das Speichern der Projekt-Datei Zeit. Beim Unterbrechen des Speichervorgangs kann das ganze Projekt und damit die Arbeit von Tagen und Wochen zerstört werden. Wir gehen hier deswegen so ausführlich darauf ein, weil wir leidgeprüft sind und niemals den Schmerz vergessen werden, als die erste schöne große Film-Datei im elektronischen Nirwana verschwand.

nötigte Szenen gar nicht erst zu überspielen. So vermeiden Sie Datenmüll auf dem PC.

Zeichnet die Kamera auf eine herausnehmbare *Speicherkarte* auf, wird diese einfach in das Kartenlesegerät des PC gesteckt. Aber Achtung: Ältere Kartenleser können die modernen Speicherkarten mit hoher Kapazität häufig nicht lesen. Dann empfiehlt sich ein zusätzlicher Cardreader.

Beim Videoschnitt wird eigentlich gar nichts „geschnitten". Der Begriff stammt vom Filmschnitt. Filmmaterial wird physisch auseinandergeschnitten und neu zusammengeklebt. Videomaterial dagegen wird von einer Datei in eine andere überspielt. Wobei das endgültige Zusammenstellen des fertig geschnittenen Materials erst beim Ausspielen auf Band / DVD / Datei geschieht. Bis dahin sammelt jedes Schnittprogramm die von Ihnen gewünschten Schnitte / Überblendungen / Effekte in Bild und Ton in einer speziellen Projekt-Datei und bietet das Ergebnis schon während des Bearbeitens in Vorschauqualität an.

Bei der von uns ausführlich beschriebenen Software „Pinnacle Studio Ultimate 14" gibt es ein paar Tricks, um Zwischenstände zu sichern. Das wird weiter unten ausführlich beschrieben. Außerdem bringt das Programm die Option einer automatischen Speicherung mit.

Nach diesen Hinweisen können wir nun die von uns aufgenommenen Szenen von der Kamera auf den PC überspielen, um sie dort zu bearbeiten.

Zum Schnitt benötigt man spezielle Software. Microsoft bietet ein kostenloses Schnitt-Programm „Movie Maker" zum Download an. Leider bietet der Movie Maker nur wenige Möglichkeiten und spielt am Ende grundsätzlich nur (große) Dateien für den Windows-Media-Player aus. Die von Flip mitgelieferte Software haben wir zuvor schon erwähnt. Sie eignet sich vor allem zum schnellen Ausspielen, schnellen Schneiden und zum Speichern auf einem Cisco-Weblaufwerk. Von dort können die Flipvideos „worldwide" abgerufen werden. Auf die Vorstellung von Adobe Premiere Elements haben wir verzichtet, weil uns die Software komplexer erscheint als die hier vorgestellten Programme. Außerdem markiert die Freie Download-Test-Version von Premiere Elements das Bildmaterial durchgängig und deutlich mit dem Testversions-Vermerk. Fanden wir kleinkariert. Premiere Elements kostet als Upgrade rund 81 Euro, als Vollversion rund 99 Euro.

Zunächst ein Überblick über die drei semi-professionellen Schnittprogramme, die wir erläutern werden:

- Avid Free DV Version 1.6.1
- Pinnacle Studio Ultimate Version 14
- Magix Video deluxe Plus

Avid gibt es kostenlos – man muss nur wissen wo! Pinnacle Studio und Magix Video deluxe kann man kostenlos downloaden und kurze Zeit testen. Wer sich zum Kauf entschließt, zahlt zum Zeitpunkt der Drucklegung dieses Buches für eine Homevideo-Schnittsoftware zwischen 59 Euro (als update) und 130 Euro (als Vollversion). Nicht alle Testversionen enthalten alle Tools, Sie können aber einen ersten Eindruck davon gewinnen, wie der jeweilige Schnitt funktioniert. Wir schneiden mit Pinnacle Studio und stellen die Arbeit damit ausführlich vor. Der Grund: nach Versuchen mit mehreren Programmen haben wir Pinnacle Studio seit Jahren im Einsatz und können damit gut und einfach arbeiten. Und: Schon die Testversion enthält alle Funktionen.

Zusätzlich möchten wir die im November 2009 von der Zeitschrift „CHIP" als Testsieger und Preistipp bewertete Schnittsoftware „Magix Video deluxe 15 Plus" vorstellen, hier in der Version 16.

Alle in den Beispielen gezeigten Einstellungen finden Sie direkt auf der Seite www.jeder-kann-video.de unter „Schnittstoff" als Dateien zum Download. Unsere Arbeitsergebnisse werden wir bei YouTube im Channel „Jederkannvideo" vorstellen. Wir möchten sie mit Ihnen auch gerne auf Facebook diskutieren. Sie finden die Seite direkt über www.jeder-kann-video.de.

Viele Schnittprogramme scheinen einfach zu handhaben sein, sind es aber nicht. Wir wollen Ihnen aber Mut machen, sich ein wenig damit zu beschäftigen, so wie mit einem leckeren Rezept, das man nach der ersten Mühe immer wieder mag und gerne nachkocht, aber auch variiert. Also: Bitte etwas Geduld. Es lohnt sich auch, die Grundzüge mit einer zeitweise nutzbaren Testversion der Programme auszuprobieren, am besten Schritt für Schritt mit uns! Deshalb illustrieren wir unsere Tipps mit vielen „Screenshots". So kompliziert ist es dann hoffentlich nicht. Wir vertrauen auch darauf, dass Videofilmer computeraffine Zeitgenossen sind, die sich nicht vor der Maus erschrecken.

Noch eine Bemerkung vorweg: Nicht alle „Screenshots" können hier detailgetreu alle Einzelheiten wiedergeben. Wer also Schritt für Schritt mitgehen möchte, sollte sich das gewünschte Programm herunterladen und parallel zum Lesen nutzen.

Überblick

Avid Free DV

Avid Free DV ist ein kostenfreies, abgespecktes Schnittprogramm und war lange die „kleine Schwester" des in vielen Fernsehsendern üblichen PC-Schnittprogramms Avid Xpress Pro. Avid funktioniert in den Grundzügen ähnlich wie die Avid-Schnittplätze in den professionellen Schnitträumen.

Avid Free DV hat nur zwei Video- und Tonspuren und ist insgesamt ein Schnittprogramm „netto" und dennoch im Vergleich zu anderen noch relativ komplex. Avid Free DV gibt es nicht mehr offiziell von den Avid-Internetseiten. Aber über Suchprogramme findet man noch Download-Server. Zum Installieren nach dem Download werden eine Seriennummer und ein „Authorization Code" verlangt. Diese muss man im Netz zu suchen. Die Vollversion für PCs (heißt jetzt Avid Media Composer 4) kostet derzeit als Download 1.945 Euro. Für Studenten gibt es eine Version, „Avid Media Composer 4.x Education", englischsprachig, für 259 Euro.

Wenn Avid als Schnittsoftware nicht infrage kommt, weil Sie mit Consumer-Software schneiden wollen, können Sie das Vorstellungs-Kapitel über Avid überschlagen.

Pinnacle Studio

Pinnacle Studio gehört seit 2005 zur Avid-Familie. Ist es ein Zufall, dass Avid Free DV seit 2007 nicht mehr von Avid angeboten wird? Pinnacle Studio ist ein Schnitt-Programm, das auch im ersten Anlauf recht intuitiv zu bedienen ist. Mit immer neuen Versionen (z. Zt. 14) kommen auch immer neue Features aus der Avid-Familie dazu. Pinnacle Studio HD kostet als „nackte" Basis-Version ab 59,90 Euro (setzt eine Vorgänger-Version voraus), als komplett neues Programm mit zahlreichen Features (Pinnacle Studio Ultimate Collection) rund 130 Euro. Über die Programmpakete hinaus wird viel optisches Schnittzubehör angeboten: Videoeffekte und Hollywood-FX-Übergänge. Eine Gratis-zwei-Wochen-Testversion von Pinnacle Studio 14 mit allen Funktionen (ggf. kostenlose Aktivierung erforderlich) gibt es als Download (siehe: Quellen). Die Installation erfordert etwas Geduld, weil während des Prozesses nicht immer zu erkennen ist, was sich gerade tut.

Magix Video deluxe

Magix Video deluxe 16 ist ein Schnittprogramm mit vielen Möglichkeiten und wird gerne im Bundle mit einem PC-Tuner zum Aufzeichnen von Fernsehsendungen verkauft. Das kann sinnvoll sein, muss aber nicht. Die Zusatzfunktionen reichen von 2000 Spezialeffekten bis zur Reiserouten-Animation. Die Software wird in drei Variationen angeboten, Video deluxe, Plus und Premium, und kostet zwischen 70 und 120 Euro bei Magix Video deluxe, im Netz ist sie eventuell günstiger. Die Testversion kann nach einer Registrierung 30 Tage lang genutzt werden. In unserer Testversion waren z. B. mpeg4-Dateien noch nicht bearbeitbar.

Kurz vor Redaktionsschluss dieses Buches brachte Magix das Programm „Video easy" für HD-Filme auf den Markt, nach Unternehmensangaben das „wahrscheinlich einfachste Videoschnittprogramm der Welt". Tatsächlich wirkt die Arbeits-Oberfläche aufgeräumt. Die (Un-)Menge der möglichen Video-Effekte ist auf den ersten Blick stark reduziert, aber weiterhin vorhanden. Fotos und Musik können eingefügt werden. Allerdings gibt es nur eine Bild- und zwei Tonspuren. Das kann für „Anfänger" jedoch eher hilfreich sein.

Vorstellung

Avid Free DV (Avid)

Zunächst legen Sie auf Ihrem PC einen Ordner an, in dem Avid seine Dateien sammelt. Nach dem Download aus dem Netz, Installation und Aktivierung der Software fragt das Programm nach diesem Ordnernamen und nach einem Namen für Ihr neues Projekt. Überhaupt empfiehlt es sich bei jedem Schnitt, vorab eine Ordnerstruktur für Rohmaterial, Fotos, Geräusche und Musik anzulegen.

Für den Anfang ist alles einfach und abgespeckt. Videomaterial aus der Kamera kann nur über die Firewire-Schnittstelle eingespielt werden. Avid Free DV importiert Filme aus Dateien im QuickTime- oder Avi-Format. Ausgespielt werden später nur QuickTime-Filme.

Soll Filmmaterial von der Kamera eingespielt werden, **muss** die Kamera **vor dem Starten von Avid** angeschlossen und eingeschaltet sein. Auch Lautsprecher, Bildschirme, Laufwerke sollten aktiv sein.

So ■ 6.1 sieht das Programm nach dem Öffnen aus:

Tipp

Manche Kameras vertragen es nicht, wenn sie schon beim Start des PCs angeschaltet sind. Reihenfolge also: PC hochfahren, Kamera anschließen, Kamera anmachen, Avid starten.

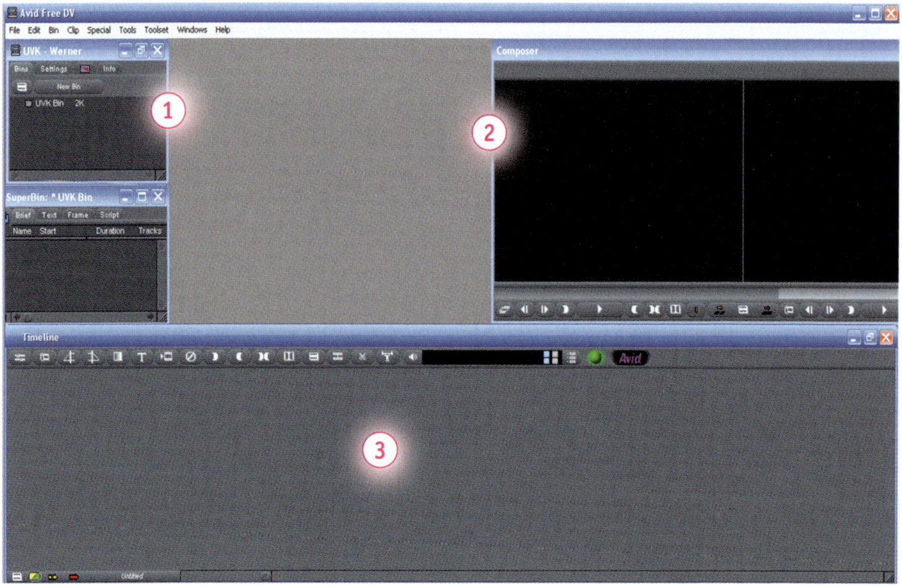

6.1 Aufgeräumt: Avid startet übersichtlich: Material-Bins, Composer-Fenster, Timeline.

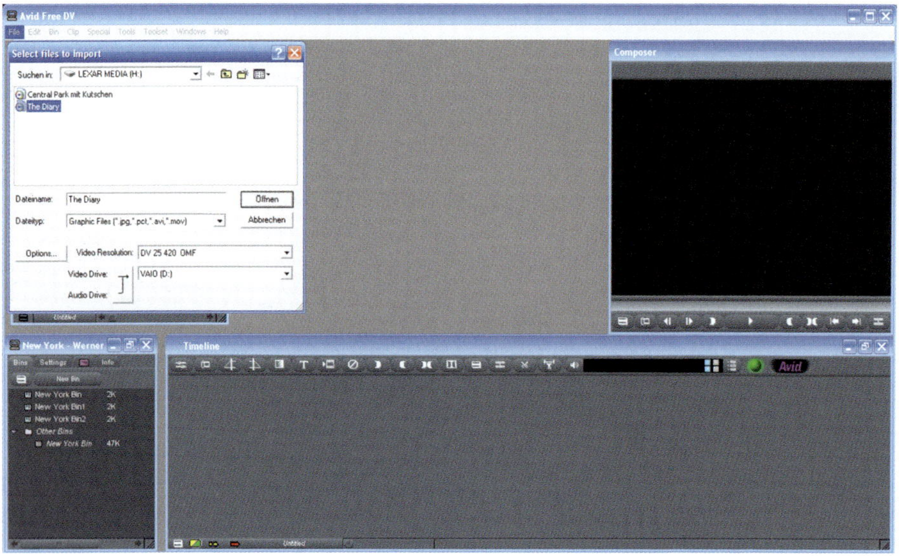

6.2 Es hat ge-clipt. So öffnen Sie vorhandene Videodateien für die Bearbeitung in Avid

Links (1) die Avid-eigene Ordnerstruktur, (2) rechts ein (hier noch leeres) Bildfenster für den geschnittenen Film und (3) unten Platz für die Timeline, also die Zeitleiste, auf der der fertige Film entsteht.

Übung

Wenn Sie Avid ausprobieren wollen, dann verwenden Sie bitte nun die von uns im Internet bereitgestellten Dateien (Schnee im Centralpark.mov und The Diary.Avi), um damit diese Schritte nachzuvollziehen.
Sie finden sie auf der Seite www.jeder-kann-video.de unter „Schnittstoff".

Nun können Sie die von unseren Webseiten geholten Szenen importieren. Dazu klicken Sie ■ 6.2 einmal auf das Fenster mit dem Titel „Bin" (1) (oben) und dann in der Menüleiste File → Import.

Wie Sie sehen, sind als Videodateien Avi und mov importierbar (jpg und pct beziehen sich auf den Import von Fotos). Sie suchen das Verzeichnis, in dem die zu importierenden Dateien liegen und klicken hier auf „The Diary", eine Sequenz, die als Avi-Datei vorliegt ■ 6.3. Auf der linken Seite liegt ein Fenster mit dem Namen „Bin". „Bin" heißt auf Deutsch so viel wie „Tonne" oder „Vorratsbehälter". In dieser Bin sammeln wir die Einstellungen für unsere nächsten Arbeitsschritte.

Mit dem Import ist die Datei als Clip in unserer Bin-Liste (1) abgelegt. Ein Doppelklick auf diesen Clip, und schon erscheint die gedrehte Sequenz in einem neuen Fenster (2).

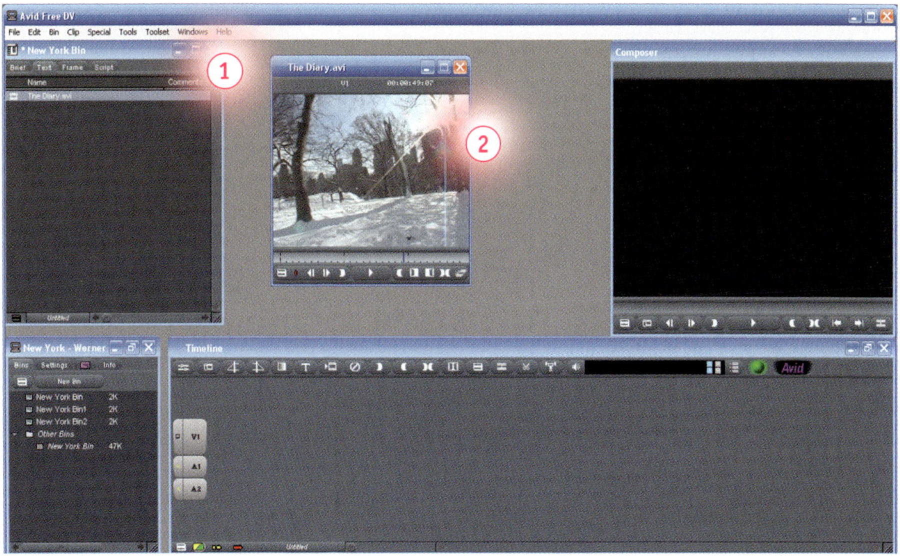

6.3 Import: So kommen die Videodateien vom „Bin" auf den Arbeitsplatz

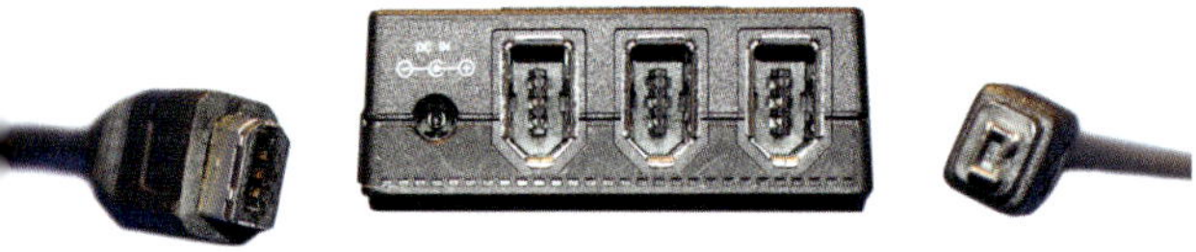

6.4 Zweimal Feuerdraht: Am PC braucht man meist den großen Firewire-Stecker (links), an der Kamera meist den kleinen (rechts). Mit einer PCMCIA-Firewire-Karte lassen sich Laptops nachträglich aufrüsten (Mitte).

Wir können aber auch Originalmaterial aus einer Kamera mit Hilfe eines Firewire-Kabels importieren, vorausgesetzt, Kamera und PC verfügen über diesen Anschluss, notfalls über eine PCMCIA-Karte für einen Laptop. So sehen die Anschlüsse aus: ■ 6.4

Links ein Firewire-Kabel mit großem Schuh, rechts eines mit kleinem (bitte überprüfen Sie an Kamera und PC, was Sie brauchen), in der Mitte eine handelsübliche PCMCIA-Karte für einen Laptop mit mehreren (großen!) Firewire-Eingängen.

Zum Einlesen der Videodateien aus der Kamera starten wir in der Menüleiste Tools→ Capture.

Daraufhin öffnet sich ein Fenster, in dem wir die Einstellungen für das Überspielen der Videoszenen von der Kamera auf den PC festlegen. ■ 6.5

Zunächst wählen wir (1) bei Video und Audio OHCI (open host controller interface), mit dem Avid die Firewire-Schnittstelle ansteuert. Dann (2) aktivieren wir mit Klick auf die Taste V den Videoimport und mit A1, A2 die beiden Audio-Spuren, ggf. auch den Timecode (TC). Wir legen damit fest, welche Elemente und Informationen überspielt werden sollen. Mit einem möglichst aussagekräftigen Text benennen wir im Feld „Name" (3)

6.5 Die Kamera im Blick: Über das Avid-Capturefenster kann die angeschlossene Kamera gesteuert und das Material auf den PC überspielt werden.

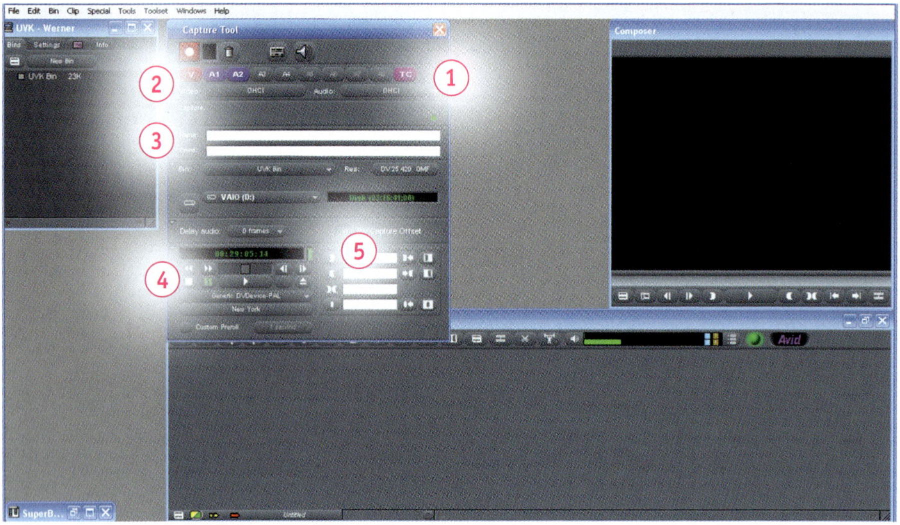

die Videosequenz, die als nächstes auf den PC überspielt werden soll. Ein Kommentar im Feld „Cmnt" hilft, besonders wichtige Clips schnell wiederzufinden. Mit den Steuerungstasten (4) können wir Szenen auf dem Band ansteuern. Avid funktioniert jetzt wie eine Fernsteuerung. Allerdings verschwindet im schnellen Vorlauf das Vorschaubild. Einfacher lässt sich eine bestimmte Einstellung direkt am Vorschaumonitor der Kamera mit schnellem Bild-Vorlauf ansteuern.

Man kann auch während des Anschauens auf den roten Aufnahmeknopf links oben (2) drücken, dann wird sofort alles vom Band auf den PC überspielt. Die „Aufnahmelampe" daneben blinkt. Ein weiterer Klick auf den „Aufnahmeknopf" stoppt die Überspielung.

In den Feldern (4) für Anfang (in) und Ende (out) kann man auch die exakten Zeiten der zu überspielenden Szene eintragen. Mit den Tasten „Mark in" und „Mark out" (5) links neben den Timecode-Feldern kann man bei laufendem Band Ein- und Ausstiegspunkte setzen. Probieren Sie aus, was Ihnen am leichtesten fällt!

Nach und nach hat sich nun unser Speicher mit überspielten Dateien (Clips) gefüllt (1) ■ 6.6. Sie arbeiten nun mit der Datei Schnee im Centralpark.mov.

Nun können Sie wählen, wie Sie die Bin (die Tonne) darstellen: Als reine Liste oder vielleicht mit dem Anfangsbild und weiterem Kommentar? Klicken Sie einfach mal durch die Leiste (2), was Ihnen am besten gefällt. Für den Anfang ist vielleicht die Einstellung „Script" besonders anschaulich, zumal man

6.6 Aus der Tonne: Die ersten Einstellungen können bearbeitet werden.

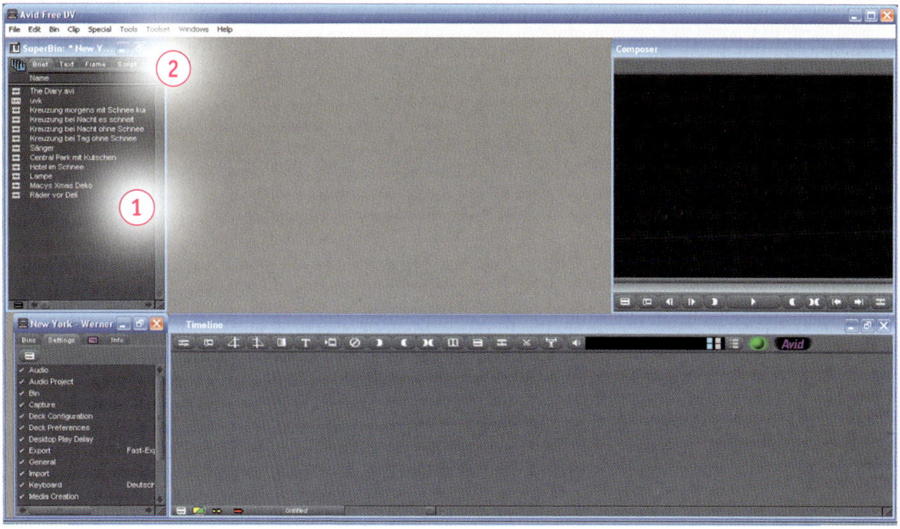

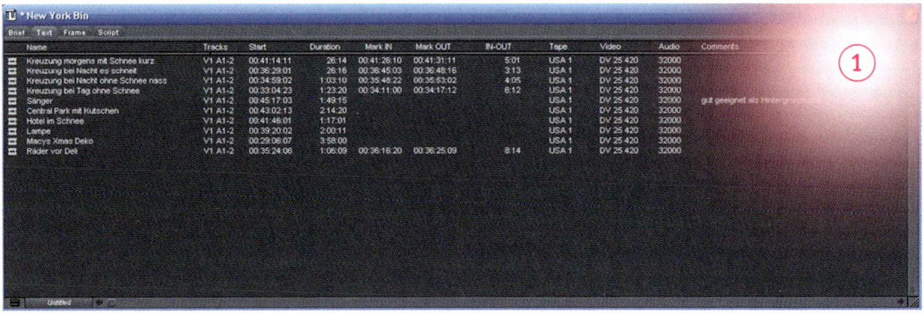

6.7 Ordnung in der Tonne: In der Bin-Liste sind viele Informationen enthalten – aber nicht immer werden sie benötigt

nun noch nachträglich Kommentare zu den einzelnen Clips hinzufügen kann. Bei einer größeren Anzahl von Clips ist die „Text"-Ansicht übersichtlicher.

Wenn Sie den Rand dieses Fensters nach rechts verschieben, ■ 6.7 wird eine Fülle von zusätzlichen Informationen sichtbar, zum Beispiel ganz rechts auch die Spalte „Comments" **(1)**.

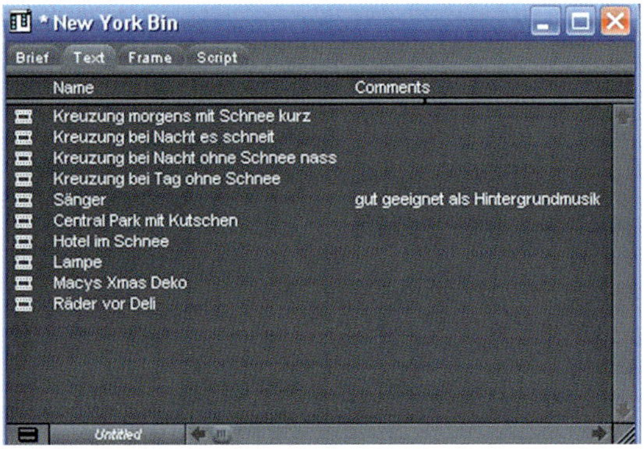

6.8 Abgespeckt: Meist braucht man nur die Comments-Spalte

Zu einem Clip „Sänger" hatten wir uns notiert, dass sein Gesang auch eine schöne Hintergrundmusik sein könnte.

Mit „drag and drop" können Sie diese Spalte „Comments" auch nach links verschieben. Dann sieht unsere Übersicht so aus ■ 6.8:

Haben Sie viel Material? Von vielen Drehorten oder Sujets? Dann können Sie weitere Bins anlegen (Datei → Bin). Auf diese Weise bleibt Ihr Material übersichtlich angeordnet.

Mit einem Doppelklick auf einen Clip in der Bin-Liste öffnet sich nun ein Fenster mit dem angewählten Clip. Da wir großzügig überspielt haben, benötigen Sie nicht den gesamten Clip. Mit dem Cursor ■ 6.9 gehen Sie auf die Leiste unter dem (linken)

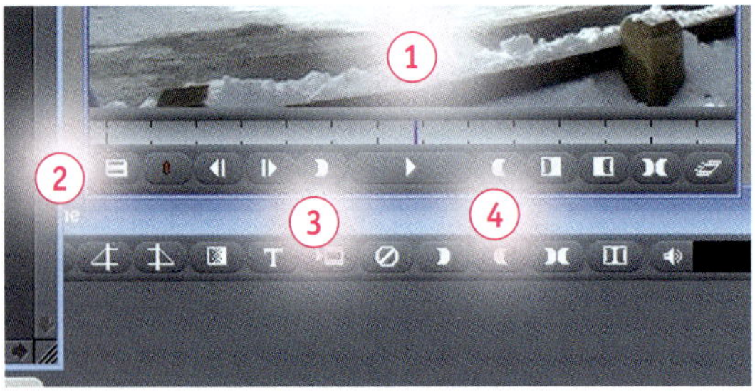

6.9 Werkzeugkiste: Unter dem (linken) Clip-Fenster befinden sich die wichtigsten Tools zum Einspielen des Materials.

Clip-Fenster und markieren (Klick mit linker Maustaste) einen möglichen Anfangspunkt (1). Ein blauer senkrechter Strich entsteht. Ziehen Sie diesen blauen Strich (mit gedrückter linker Maustaste) auf der Zeitleiste flott nach links oder rechts: Sie sehen den Clip im Schnellauf – vorwärts oder rückwärts. Wenn Sie Ihren Einstiegspunkt gefunden haben, klicken Sie auf der Symbolleiste unter dem Clip-Fenster auf dieses (3) Symbol: Mark IN. 

Das Ende der Szene legen Sie durch Klick auf das Symbol (4) Mark OUT fest: 

Nun haben Sie Ihre erste Szene markiert. Mit einem Klick auf „Fast Menü" (2) öffnen Sie ein weiteres Menü (sagten wir schon, dass Avid komplex und auch kompliziert ist?) und mit einem Klick auf das Symbol „Splice-in"... 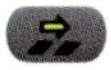

...fügen Ihre erste Szene in den Film ein.

Nun hat sich auch das rechte Fenster mit dem Namen „Composer" gefüllt ■ 6.10.

In diesem Composer-Fenster sehen Sie jetzt Ihre erste Sequenz. Gleichzeitig ist diese Sequenz im Bin-Fenster als „untitled sequence" verzeichnet. Wir benennen sie nach einem Click in den Text um in „uvk". Nun füllen wir nach und nach die Sequenz mit weiteren Ausschnitten.

Ein erstes Erfolgserlebnis! Im Composer-Fenster läuft ein Film!

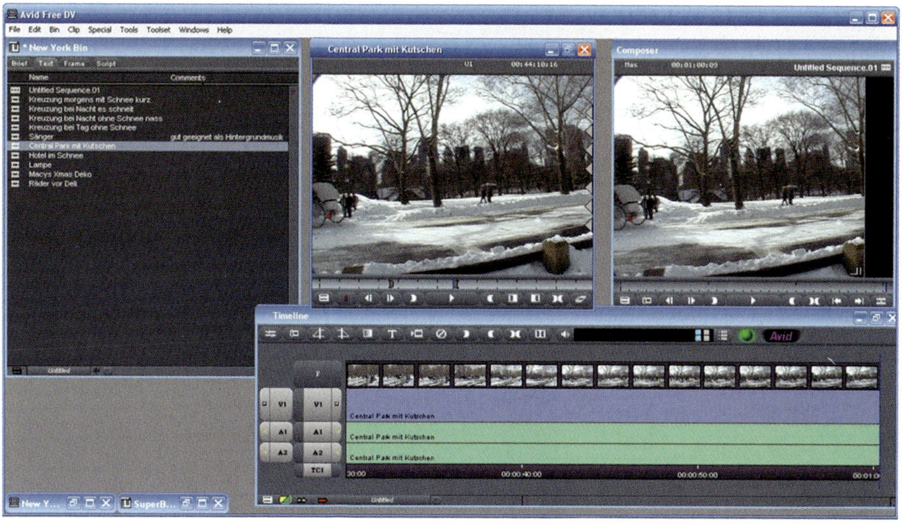

6.10 Doppelt: Links das Fenster mit dem zu bearbeitenden Clip. Rechts das Composer-Fenster für die „komponierte" Montage. Praktisch: In der Timeline zeigt Avid auch innerhalb einer Einstellung mehrere „Thumbnails" als Vorschau auf Teile des Clips.

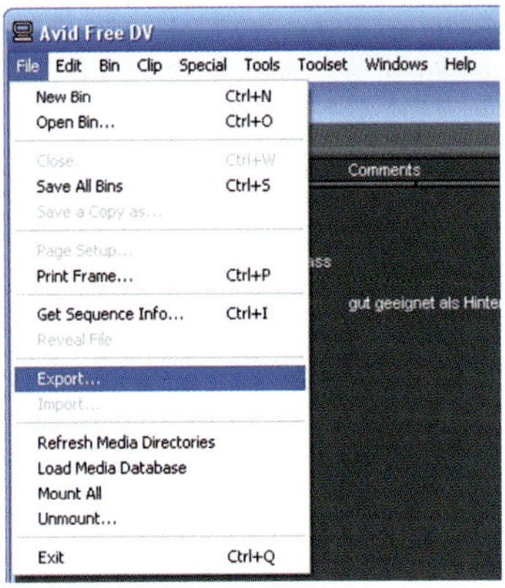

6.11 Export: So entsteht später die Videodatei.

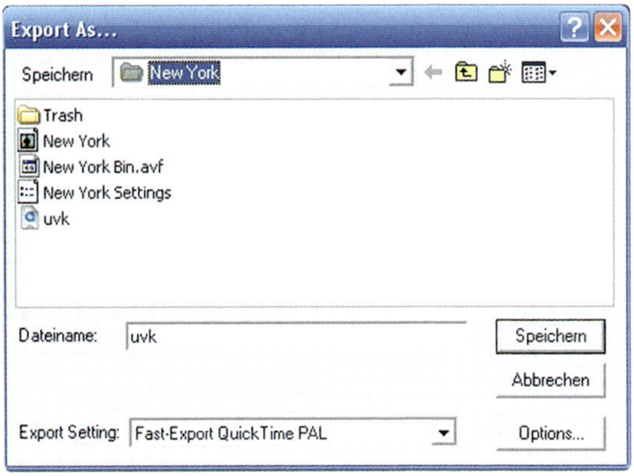

6.12 Quick! Avid spielt Dateien (zumindest in der Free-Version) nur im QuickTime-Format aus. Merken Sie sich das Ausspiel-Verzeichnis.

Nun wollen wir den Erstling ausspielen ■ 6.11: Wir markieren dazu das Composer-Fenster und wählen im Menü File → Export.

Im nächsten Fenster ■ 6.12 wählen wir in den Export-Settings „Fast-Export QuickTime PAL". Dazu im Feld „Name" eine selbsterklärende Bezeichnung, z. B. uvk.

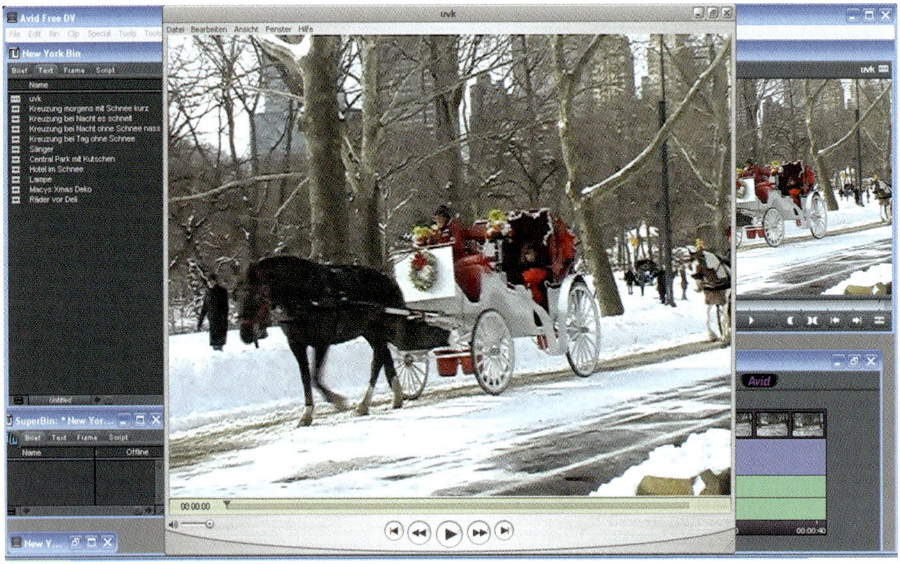

6.13 Glückwunsch: Das erste Avid-bearbeitete Video kann als Quick-Time-Movie gezeigt werden

Und wo ist der Film jetzt? In dem Unterverzeichnis, das Sie zu Beginn bereits angegeben haben. Vergessen? Nicht gefunden? Passiert uns auch häufiger. Dann exportieren wir einfach noch einmal und schauen diesmal nach, wohin der Film gespielt wird.

Zum Anschauen des Films sollte das Programm QuickTime von Apple installiert sein: (http://www.apple.com/de/quicktime/download/)

Ein Doppelklick auf die Datei öffnet den Film … *Ihren* mit Avid geschnittenen Film im QuickTime-Fenster ■ 6.13. Glückwunsch!

Beim ersten Betrachten stellen Sie vielleicht fest, dass Sie doch noch etwas ändern möchten. Kein Problem, das Projekt ist ja noch in Avid vorhanden.

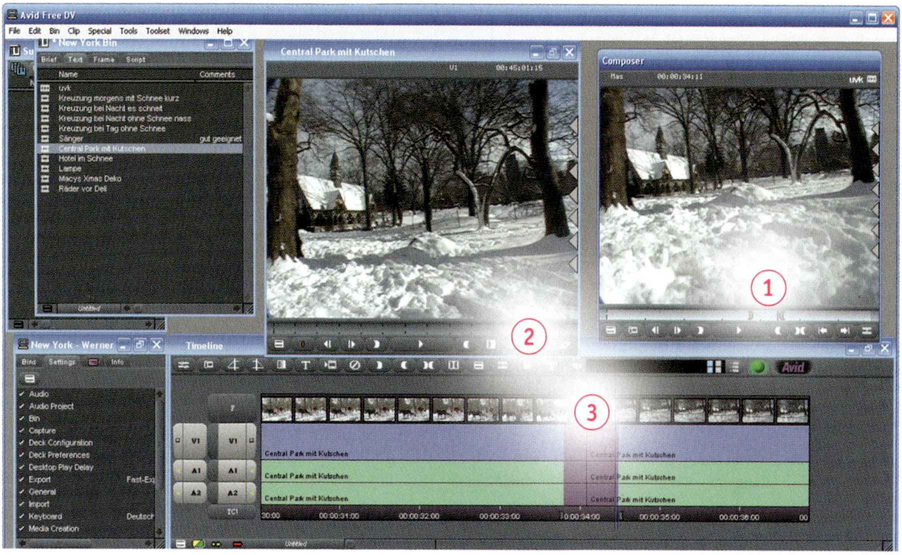

6.14 Erster Schnitt: Zum Bearbeiten des Timeline-Materials (3) verwendet man die Werkzeuge unter dem Composer-Fenster (2).

Zum Beispiel möchten Sie eine Szene kürzen. Dazu markieren Sie mit „In" und „Out" die herauszunehmende Sequenz im Composer-Fenster (1) ■ 6.14.

In der Timeline ist der zum Schnitt markierte Bereich jetzt lila gekennzeichnet (3).

Jetzt müssen Sie das markierte Stück nur noch herausnehmen. Dazu klicken Sie in der Timeline (3) auf den Button „Extrakt" ■ 6.15 im Fenster Timeline (siehe auch Foto).

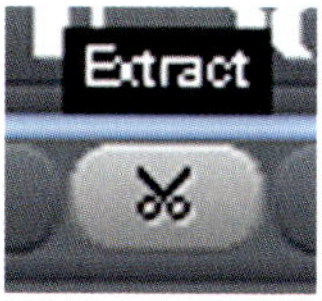

6.15

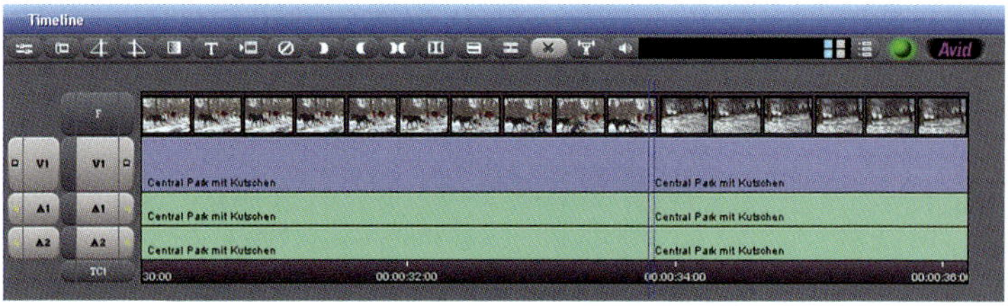

6.16 Gekürzt: Auf der Timeline ist zu erkennen, dass das Material jetzt kürzer ist.

Und schon ist der herausgeschnittene Bereich verschwunden ■ 6.16.

Der Film ist jetzt ein wenig kürzer: Mit File → Save Bin sichern Sie noch einmal Ihre Arbeit und verlassen das Programm dann mit File → Exit.

Es ist ein reiner Hartschnitt, wir haben den Ton nicht bearbeitet, keine Titel eingefügt..., aber wir wollten Ihnen ja auch nur einen ersten Eindruck vermitteln.

Pinnacle Studio

Da wir später noch ausführlich auf den Schnitt mit diesem Programm eingehen werden, lesen Sie hier nur einen ganz knappen Überblick. Wir haben die Version Pinnacle Studio Ultimate 14 gewählt – wir kennen das Programm seit der Version 9 und fanden Pinnacle Studio immer intuitiv und schnell bedienbar. Avid hat uns freundlicherweise die Version 14 Ultimate Collection zur Verfügung gestellt, die über weitere besondere Tools verfügt. In den wesentlichen wichtigen Schnittfunktionen unterscheiden sich die Studio-Versionen 10 – 14 nicht gravierend. Wer also eine frühere Version hat, wird hier auch Wege, Anregungen und Hinweise finden können.

Dieses Buch ist natürlich kein Benutzerhandbuch. Die wahre Bandbreite und die große Detailvielfalt des Programms erfahren Sie erst in dem beim Karton-Kauf mitgelieferten Studio-Benutzerhandbuch. Auf 411 Seiten enthält es viele Details und auch ein 16 Seiten starkes Schlagwortverzeichnis. Deshalb empfiehlt sich für den ersten Einstieg in die „Pinnacle Studio-Schnitt-Familie“ eine ganz normale Kaufversion aus dem Laden mit Buch. Sie haben das Programm nur heruntergeladen? Dann downloaden Sie auch die Gebrauchsanweisung und drucken Sie sich die von Ihnen benötigten Abschnitte aus. So können Sie auf dem Monitor das Pinnacle-Fenster stets geöffnet lassen und haben den Text danebenliegen. Es gibt auch einige (englischsprachige) Online-Demos bei www.pinnaclesys.com. Unter der Hilfefunktion finden Sie ein bescheidenes Tutorial.

Pinnacle-Studio-Lernkurse haben wir in vielen Großstädten gefunden – meist von professionellen Bildungsanbietern veranstaltet – für teures Geld. Achten Sie darauf, dass Sie im Kurs auch an einem PC sitzen und tatsächlich alles, sozusagen „hands on“, ausprobieren können.

Die Testversion beinhaltet eine vollwertige Pinnacle-14-Version – limitiert auf 14 Tage. Infos zu den unterstützten Dateien finden Sie hier: http://avid.custkb.com/avid/app/selfservice/search.jsp?DocId=287199. Gegebenenfalls ist eine kostenlose Aktivierung erforderlich.

Als Highlights des Programms in seiner aktuellen Version 14 sehen wir die Bildstabilisatoren, die Montagethemen und die schicken Titel.

Nun zum Programm:

Es startet im Bearbeitungsmodus ■ 6.17.

Wir erkennen drei „Reiter“: Importieren (1), Bearbeiten (2), Film erstellen (3).

Mit Klick auf das Dateisymbol (4) können Sie die zu verarbeitenden Dateien auswählen.

In dem hier noch leeren Listenfeld (5), bei Pinnacle Studio „Album“ genannt, wird später die Liste der verfügbaren Videoaufnahmen erscheinen.

Links (6) sehen Sie Symbole für besondere Bearbeitungsschritte: Blenden, Titel, Menüs, Soundeffekte und Musik.

Doch zunächst zu unserem Videomaterial: Die Pinnacle-Studio-Vollversion kann die gängigen Videoformate öffnen, z. B. auch Dateien von Handy-Videos. Diese Dateien sollten Sie zunächst auf eine möglichst schnelle Festplatte des PC überspielen. Danach können sie direkt über das Dateisymbol (4) angewählt werden.

Pinnacle Studio erkennt auch externe Bildquellen, wenn diese mit dem PC verbunden und dann angeschaltet werden.

Zeichnete die Kamera auf Festplatte oder Speicherkarten auf, sollten die Dateien zunächst auf den PC überspielt werden.

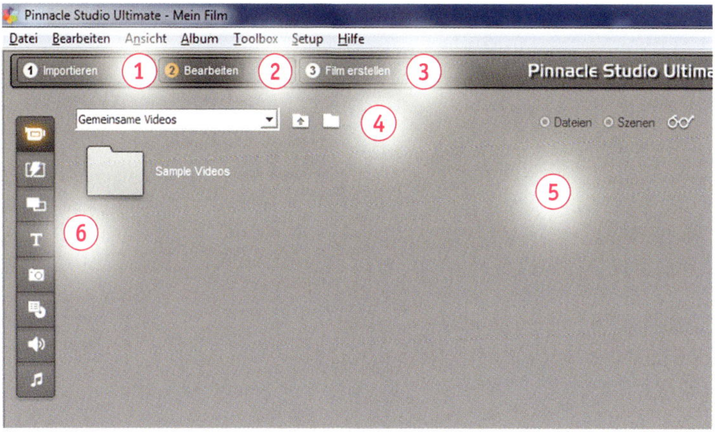

6.17 Gewusst wo: So startet Pinnacle Studio. Wir erklären die wichtigsten Schaltflächen (1) bis (6).

Wurde auf Band aufgezeichnet, muss das Material erst überspielt, „importiert" werden. Da noch viele Band-Videokameras genutzt werden, hier ein kleiner Blick auf den Einspielweg: Dazu klicken Sie auf den Reiter „Importieren". Dabei offenbart Pinnacle Studio 14 eine kleine Schwäche: es dauert. Das neue Tool „Import" ist noch nicht so geschmeidig in der Pinnacle-Studio-Programm-Architektur angekommen. Geduld! Warten lohnt. Pinnacle Studio arbeitet daran und teilte uns mit: „Das Import-Tool wird eine Überarbeitung erfahren, um zukünftig verbesserte Funktionen zu bieten." Wie schön! Manche Kameras müssen vor dem Start des Programms schon angeschlossen und eingeschaltet sein.

Steht das Import-Fenster stabil zur Verfügung, können Sie von externen Quellen (Kamera, DVD-Laufwerk) Material einspielen.

So sieht das Fenster aus: 6.18

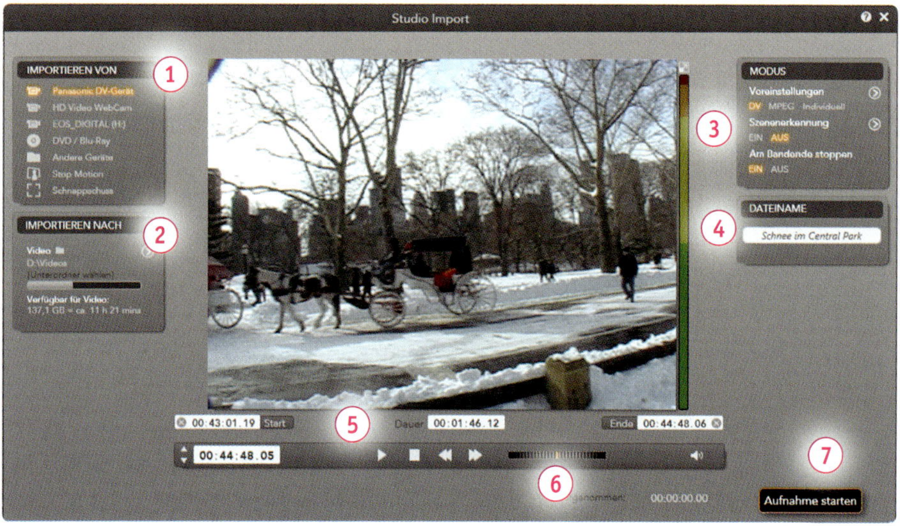

6.18 Die goldene Sieben: Beim Import von Kamera-Material in Pinnacle Studio gibt es sieben wichtige Schaltflächen.

Zunächst wählen Sie (1) die Importquelle aus, hier wird eine Panasonic-Kamera (4:3 Bildformat, VGA) angezeigt. Falls Ihre Kamera nicht gleich in der Liste auftaucht, hilft es, das Programm zu schließen und die Kamera anzuschließen, bevor das Programm gestartet wird (kennen Sie schon von Avid, nicht wahr?). Legen Sie dann unter „Importieren nach" (2) fest, in welches Verzeichnis die Datei importiert werden soll. Wenn möglich, sollte das nicht das Laufwerk C sein. Denn das ist schon mit dem Programm beschäftigt. Sie zeichnen in hoher Qualität auf, also Modus DVD (3). Wählen Sie bei überschaubarer Bandlänge lieber „keine Szenenerkennung" und lassen vorsichtshalber die Aufzeichnung am Band-Ende stoppen. Vielleicht werden

Sie durch ein langes Telefonat unterbrochen, dann würde Pinnacle Studio bis über das Band-Ende hinaus aufzeichnen. Datenmüll! Schließlich vergeben Sie eine selbsterklärende Bezeichnung für die erste Datei, die Sie importieren (4).Mit den Steuertasten (5) wählen Sie die Stelle auf dem Band an, die überspielt werden soll und mit einem Klick auf „Start“ und „Ende“ bestimmen Sie den zu überspielenden Ausschnitt. Dann ist da noch so eine Art „Scroll-Rad“ (6), mit dem Sie die zu überspielenden Clips noch genauer definieren können. Wir empfehlen allerdings eher ein großzügiges Überspielen. Sie steuern nämlich gerade die Kamera über den PC, und die Kamera reagiert nicht so exakt, als wenn wir die Tasten an der Kamera selbst bedienen. Es empfiehlt sich auch, auf das erste Bild des zu überspielenden Clips zu achten. Daran wird man später im Übersichtsfenster schnell die Clips erkennen. Mit einem Klick auf „Aufnahme starten“ (7) fährt die Software die Kamera an den Startpunkt der Aufnahme und importiert den gewünschten Clip.

Übung

Sie können sich die hier verwendeten beiden Einstellungen (Central Park mit Kutschen.Avi und The Diary.Avi) von unserer Website herunterladen. Spielen Sie sie in das von Ihnen vorgesehene Verzeichnis für Videomaterial.

Aktivieren Sie nun den Reiter „Bearbeiten“ in Pinnacle Studio. Vielleicht müssen Sie über die Datei-Symbole [oberhalb von (1)] noch zu Ihrem Videoverzeichnis navigieren ■ 6.19.

Dort finden wir die überspielten Clips vor. Sie erkennen auch gleich, in welchem Format die Dateien aufgezeichnet wurden. Wählen Sie dann im Setup die passenden Projektvoreinstellungen für die Projekte. Die Projektdateien (1) haben das Format 720 × 560 mit 25 „frames per second“ (fps) und

6.19 Einfach: In Pinnacle Studio gibt es nur ein Fenster, in dem sowohl das Roh-Material aus dem Album als auch der geschnittene Film laufen.

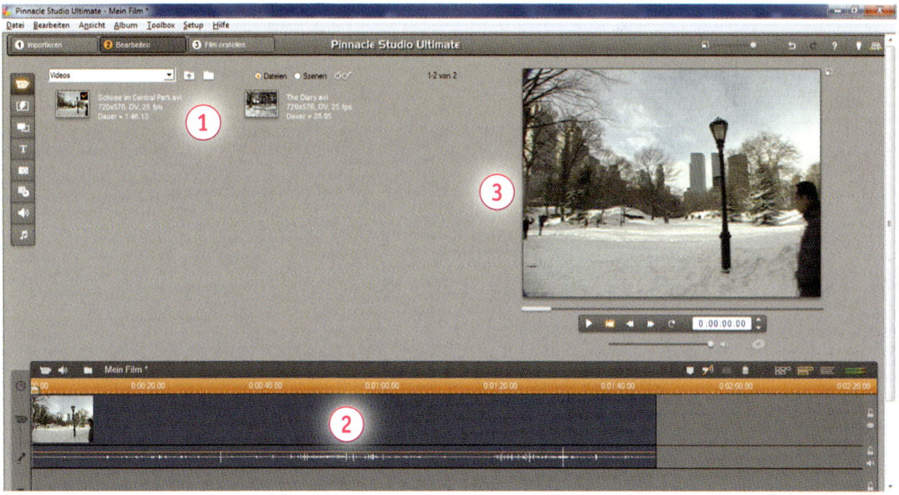

werden in Pinnacle als „Pal-Standard" bezeichnet. Wenn Sie die falschen Projektvoreinstellungen / ein falsches Videoformat wählen, muss das Programm dauern umrechnen. Das ist nutzlos und kostet Zeit und Geduld. In den Projektvoreinstellungen können Sie aber auch bestimmen, dass der erste auf die Timeline gezogene Videoclip das Format Ihres Projektes festlegt. Das ist einfacher.

Die Dateien bzw. Szenen sind in diesem „Album" schon sowohl mit ihrem Namen als auch mit ihrem ersten Bild zu sehen. Das ist viel einfacher, als sich die Namen der Dateien merken zu müssen (1). Zum Bearbeiten ziehen Sie den gewünschten Clip auf die Timeline (2). Sofort taucht das Anfangsbild im Vorschaumonitor (3) auf.

Spätestens jetzt ist es höchste Zeit, Ihre bisherige Arbeit zu sichern. Wählen Sie in der Menüleiste Datei → Projekt speichern unter ... und wählen Sie einen möglichst aussagekräftigen Namen. Falls das Programm zwischendurch abstürzen sollte, haben Sie Ihre Arbeit wenigstens gesichert. Sie brauchen nach dem Neustart nur noch in der Menüleiste Datei → Projekt öffnen wählen. Lassen Sie Pinnacle Studio die Projekte in dem vorgeschlagenen Pfad (Desktop\Eigene Dateien\Pinnacle Studio\My Projects oder: C:\Dokumente und Einstellungen\Besitzer\Eigene Dateien\Pinnacle Studio\My Projects) speichern. Dort finden Sie alles wieder. Falls Sie einen neuen PC kaufen und „umziehen" müssen, sollten Sie diese Projektdateien (und Ihr Originalmaterial) „mitnehmen". In den Projektvoreinstellungen können Sie das automatische Speichern ebenfalls aktivieren. Das gibt Sicherheit. Falls Sie aber zwischendurch „nur mal so" etwas ändern und ausprobieren wollen, wird auch das immer gespeichert und ihr ursprüngliches Projekt wird geändert! Wenn Sie Ihr ursprüngliches Projekt dann erhalten wollen, müssen Sie das „nur-so-Projekt" neu abspeichern. Nachdem ein Pinnacle-Projekt einmal geschlossen war, können Sie frühere Änderungen nicht mehr mit Strg+z rückgängig machen.

6.20 Zeitreise: So fahren Sie schnell durch Ihren Film. Mit dem Cursor über (1) klicken.

In der orangefarbenen Timeline oberhalb von (1) klicken Sie jetzt auf eine Zeit im Film (der unten in der Timeline etwas dunkler dargestellt ist). ■ 6.20 Der Cursor verwandelt sich erst in eine kleine Uhr und dann in ein länglich-ovales Symbol. Halten Sie das Oval fest, und Sie können nun durch Ihren Clip fahren.

Das kleine Rasierklingen-Symbol ■ 6.21 zerschneidet den Clip an der von Ihnen gewünschten Stelle, mit der PC-Taste „entfernen" oder dem Symbol „Mülltonne" neben der Rasierklinge entfernen Sie einen Clipteil.

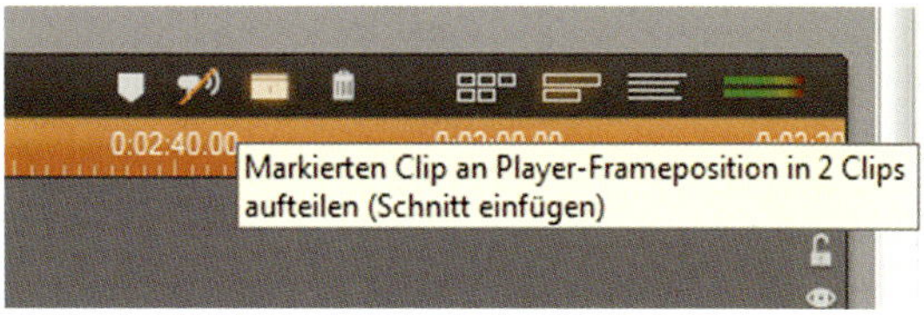

6.21 Rasiert: Das Schnittsymbol ist eine Rasierklinge. Ein Klick darauf teilt die markierte Einstellung in zwei Teile.

Nun hängen Sie Einstellungen hintereinander, kürzen Sie ein und fertigen so einen ersten Hartschnitt-Film (weitere Einzelheiten im Kapitel Schnitt).

Wenn der Film fertig ist, kann er ausgespielt werden ■ 6.22. Dazu öffnen Sie den Reiter „Film erstellen" **(1)**. Das Programm bietet vier Ausspielwege an **(2)**, von oben:

- als DVD (mit opulenten Menüs)
- in eine Datei (große Auswahl)
- auf Band (zurück auf die Kamera)
- für das Internet – hier zum Beispiel für die Plattform YouTube. Sie werden dann aufgefordert, Titel, Beschreibung und Kategorie anzugeben und müssen sich dann mit Ihrem Account bei YouTube anmelden.

YouTube stellt für Videos ein 16:9-„Breitbild-Format" bereit. Unser oben genutztes Video im Format 4:3 hätte online rechts und links schwarze Streifen. In YouTube können Sie maximal 15 Minuten lange Videos einstellen.

6.22 So wird ein Film draus: Egal ob Disc, Datei, Band oder Web: Pinnacle hilft beim Erstellen eines Films.

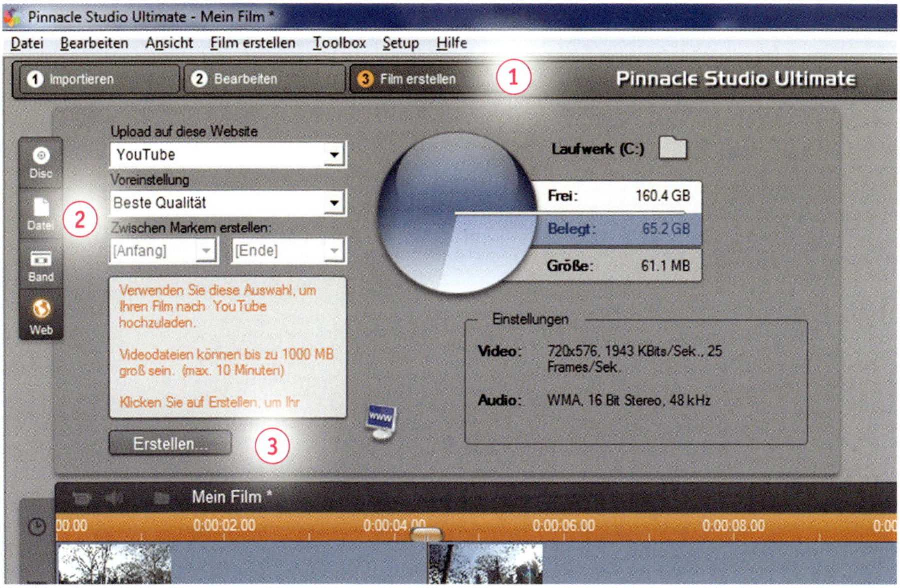

Für das Öffnen von HD-Videos der von uns verwendeten HD-Kameras Flip und Panasonic braucht Pinnacle Studio teilweise noch viel Zeit. Pinnacle ist dabei dies zu überarbeiten. Sobald das Material eingelesen ist, geht der Schnitt aber flott. Komplexe Tricks brauchen natürlich länger. Man kann auch über die Audio- und Videoeinstellungen das Rendern vorübergehend ausschalten – dann ruckelt es manchmal nach den Videoeffekten. Kurz anhalten und weiterlaufen lassen. Da ist Geduld erforderlich.

Versuchen Sie Ihre ersten Schritte nicht mit HD, sondern – wie wir bisher – mit VGA-Material zu gehen.

Tipp

Hin und wieder passiert es, dass das Programm abstürzt und einen Neustart verweigert mit der Fehlermeldung „Bitte schließen Sie Pinnacle Studio und versuchen Sie, Studio noch einmal zu starten", aber das Programm ist in der Programmleiste scheinbar gar nicht mehr geöffnet. Da hilft nur der Klammergriff: Tasten „Strg, Alt und Entf" nacheinander drücken, der Windows Task-Manager erscheint. Im Reiter „Prozesse" suchen Sie das Programm „studio.exe", markieren es, klicken auf „Prozess beenden", ignorieren die folgende Warnmeldung und können dann Pinnacle Studio wieder starten.

Magix Video deluxe

„Für Hobby-Filmer gibt es nichts besseres als Video deluxe" schrieb ein „Chip"-Autor bei Erscheinen der Magix Video deluxe-Version 15. Seit Herbst 2009 ist die Version 16 der deutschen Softwareschmiede auf dem Markt und hat ein paar außergewöhnliche Tools in die Premium-Version gepackt: automatische Bildstabilisierung, HD-Effekte und kreative Nachvertonungstools. Magix hat uns diese Version freundlicherweise zur Verfügung gestellt.

Unter der Hilfe-Funktion gibt es knappe aber einleuchtende Einführungsvideos zu „Aufnahme", „Bearbeitung" und „Brennen".

Doch beginnen wir mit dem Einladen unseres aufgenommenen Videoband-Materials. Wenn Ihre Kamera bereits digital auf Festplatte, DVD, Karte (oder Handy!) aufzeichnet, können Sie diesen Punkt natürlich überspringen und die Dateien von Ihrem Datenträger in das Verzeichnis zur Bearbeitung überspielen. Man kann Kamera-Material auch über ein rot-weiß-gelbes Composite-Kabel einspielen, doch erscheint uns das umständlicher als die vertraute Datei-Kopie via Explorer. Sie können sich, wie schon beschrieben, die hier verwendeten beiden Einstellungen (*Central Park mit Kutschen.Avi* und *The Diary.Avi*) von unserer Website herunterladen und Schritt

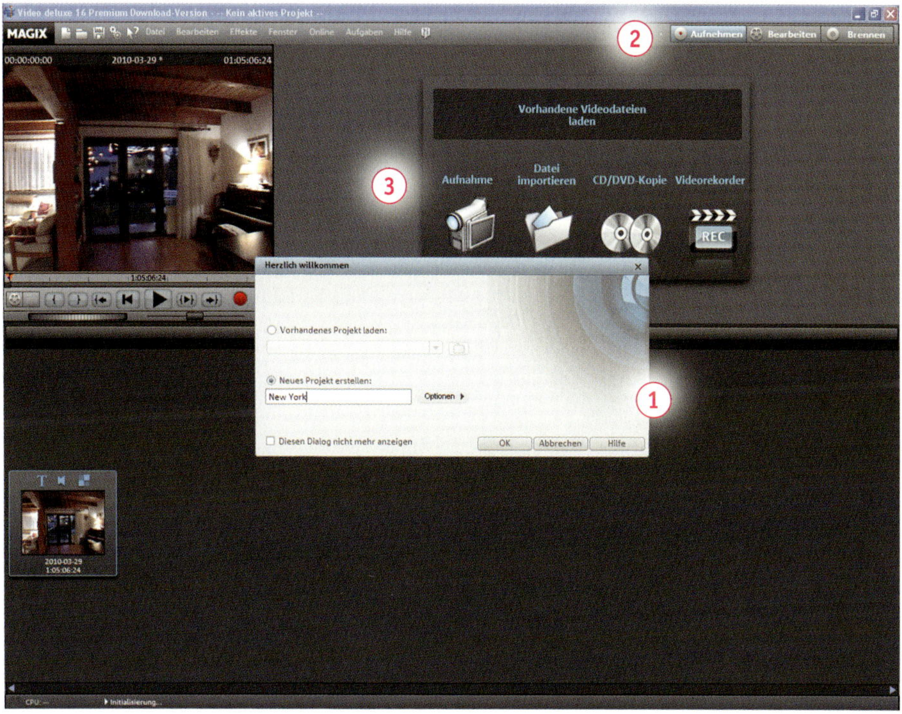

6.23 Jetzt links: Das Betrachtungs-Fenster bei Magix Video deluxe liegt links. Nun sind wieder selbsterklärende Projektnamen gefragt.

für Schritt mit uns vorangehen. Dazu können Sie den Punkt „Aufnehmen" natürlich überspringen.

Da noch viele Band-Kameras im Umlauf sind, wollen wir zunächst auf das direkte Einspielen von Kamera-Material eingehen. Wir verwenden zur Demonstration wieder die mit unserer Band-Kamera gedrehten Einstellungen aus dem Central-Park. Schon beim Installieren sollten Sie für die Videodateien Ihre schnellste Festplatte auswählen.

Beim Start ■ 6.23 fragt das Programm gleich nach einem Projekt-Namen (1). Wir haben vorab den Band-Camcorder bereits mit dem PC verbunden. Magix Video deluxe erkennt Kameras sofort, oft sogar beim nachträglichen Anschließen. Wir wollen das Projekt New York anlegen und bestätigen dann mit OK.

Rechts oben (2) sehen Sie schon drei Reiter: „Aufnehmen, Bearbeiten, Brennen". Das Programm startet im Modus „Aufnehmen" und beim Klick auf die Aufnahmequelle (hier: Kamera) (3) öffnet sich ein neuer Dialog ■ 6.24.

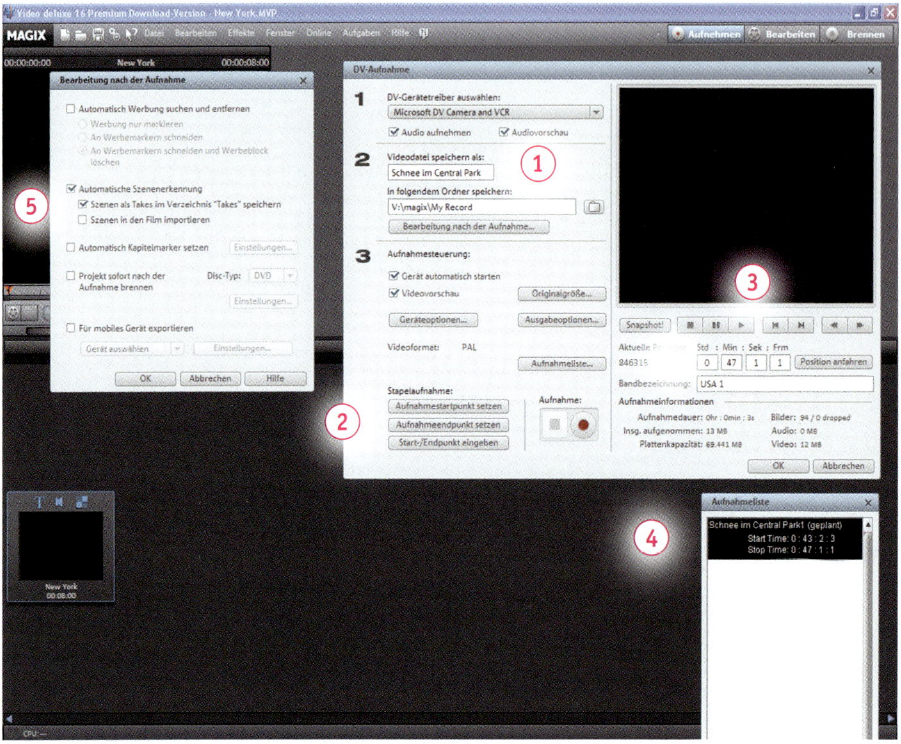

6.24 Magic! So spielt das Programm Band-Material ein. Sie können gleich eine ganze Liste (4) anlegen.

Darin können wir dem ersten Clip einen Namen (1) geben (hier: Schnee im Central Park) und genaue Timecodes (2) aus dem Originalband zum Überspielen eingeben. Über die Pfeiltasten (3) können wir die Einstellung auf dem Band auch anfahren und dann mit einem Klick auf die Tasten Start- und Endpunkt (2) festlegen, die dann in der Aufnahmeliste (4) erscheinen. Wir können mehrere Start- und Endpunkte setzen, Magix Video deluxe übernimmt selbstständig das Überspielen. In den Voreinstellungen (5) können wir festlegen, dass das Programm die Einstellungen gleich als einzelne Takes überspielt, die sich dann im Unterverzeichnis Takes wiederfinden. Uns erscheint das unübersichtlich, weshalb wir hier die „Einfach Kürzen"-Methode beschreiben.

Nach dem Wechsel in den Reiter „Bearbeiten" ist der Reiter Import aktiv und man kann die importierten Clips im Windows-Verzeichnisbaum (hier: Media-Pool genannt) suchen. ■ 6.25

Sie befinden sich im Unterverzeichnis „My Record" des Verzeichnisses, das wir bei der Installation angelegt haben. Hier ist es V:\Magix\My Record (1). Bitte laden Sie sich nun die Datei Central Park mit Kutschen.Avi herunter. Durch einen Doppelklick auf diese Datei öffnet sich das Anfangsbild im Betrachterfenster (2) und der Clip wird in die Timeline gespielt (3), oben (Spur 1) das Bild, unten (Spur 2) der Ton. Dabei überprüft Magix das Format Ihrer Videodateien und bietet die korrekten Projekteinstellungen an. Sehr hilfreich! Nun entdecken Sie eine große Stärke von Magix: Sie können mehr Tonspuren belegen als in Avid Free DV (zwei) oder Pinnacle Studio (drei). Die Spuren sind auch typenoffen, d. h. Sie entscheiden, in welche Spur Sie welchen Inhalt legen wollen. In der Bildspur sehen Sie nicht nur das Anfangsbild Ihrer gewählten Einstellung, sondern in regelmäßigen Abständen (abhängig von der Videolänge bzw. dem Maßstab) mehrere Einzelbilder Ihres Videos.

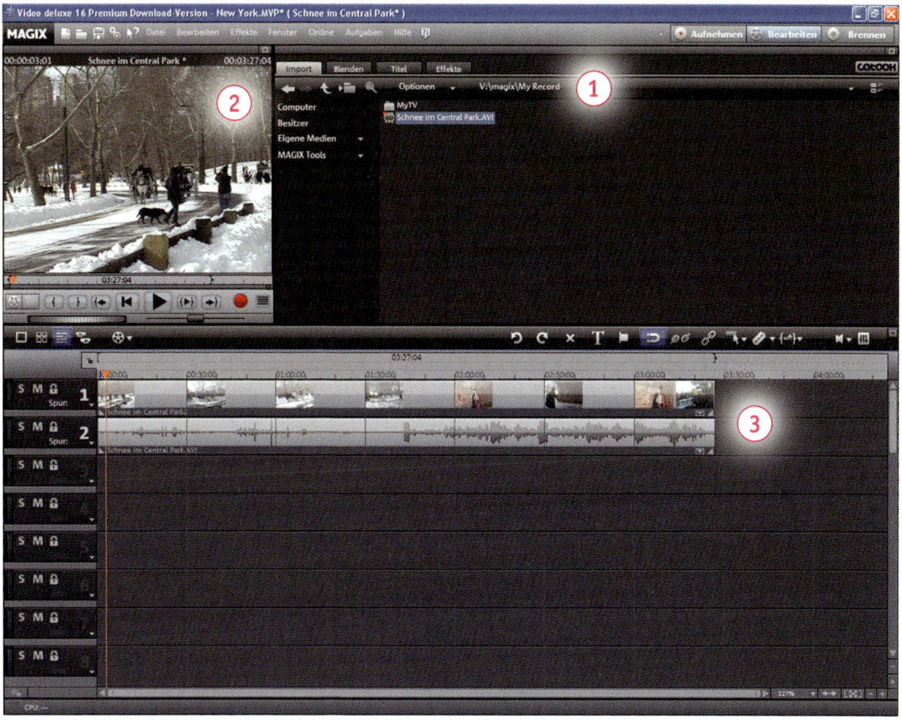

6.25 Fundstelle: Über den Verzeichnisbaum (1) steuert man den Speicherort des importierten Materials an.

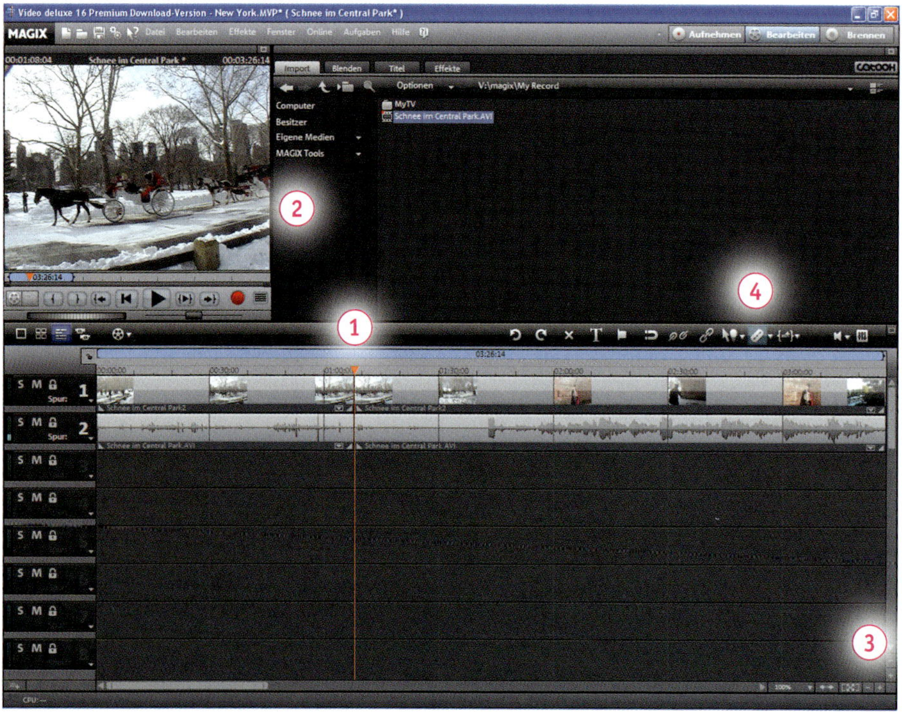

6.26 Werkzeuge: Das Bewegungs-Dreieck (1), das Fenster (2), der Maßstab (3) und die Rasierklinge (4). Für den ersten Hartschnitt ausreichend.

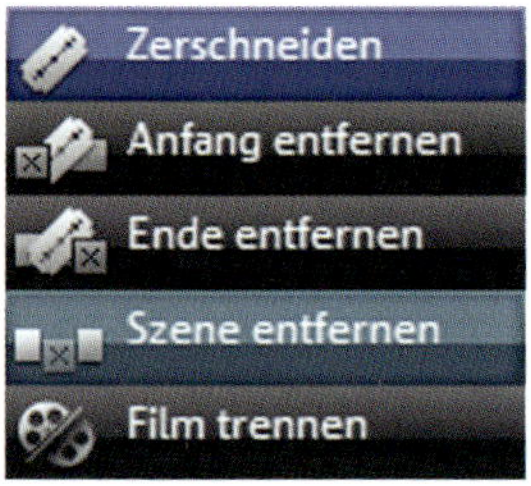

6.27 Rasier-Werkzeuge: Das Programm bietet viele Alternativen für den Hartschnitt.

Nun geht es an den Schnitt ■ 6.26. Mit der linken Maustaste ergreifen Sie den orangefarbenen Marker (1) und schieben ihn auf der Timeline hin und her, dabei läuft parallel der Clip im Betrachterfenster (2). Oder Sie setzen den Marker gleich an die Stelle, an der Sie schneiden wollen. Vielleicht ist Ihnen der Maßstab zu klein, dann können Sie ihn hier (3) mit + vergrößern. Nun können Sie mit einem Klick auf das Symbol Rasierklinge (4) den ersten Schnitt setzen. ■ 6.27

Dann markieren Sie das Material, das entfernt werden soll, mit einem Mausklick darauf und öffnen neben der Rasierklinge mit einem Klick auf das Dreieck das Kontextmenü: Wir wollen das Material erst ab diesem Schnitt verwenden, also wird das Material davor entfernt, mit „Szene entfernen“. Weitere Szenen können so eingefügt und bearbeitet werden. Wir belassen es bei zwei Szenen, die wir mit Hartschnitt hintereinander hängen. Das sieht dann auf der Timeline so ■ 6.28 aus:

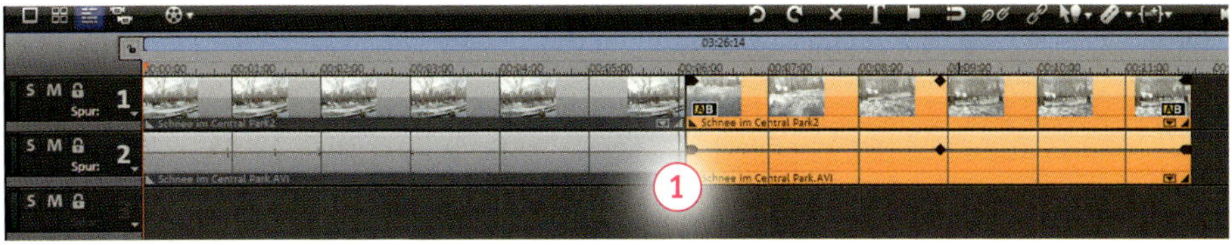

6.28 Hartschnitt: Der Schnitt ist in der Timeline zu erkennen. Innerhalb der Einstellung ändert sich auch die „Thumbnail"-Darstellung – das erleichtert die Orientierung.

Der Schnitt ist deutlich zu erkennen (1). Lassen Sie diese Sequenz einmal abspielen. Vielleicht gefällt Ihnen der Übergang nicht? Ein beliebtes Mittel, Übergänge weicher zu gestalten, ist die Blende. Das geht in Magix Video deluxe sehr einfach. Sie wählen einfach den rechten Clip mit der linken Maustaste an, halten die Maustaste weiter gedrückt und schieben den Clip nach links. Dabei entsteht eine Überblendung und Ihre Timeline sieht folgerichtig so ■ 6.29 aus:

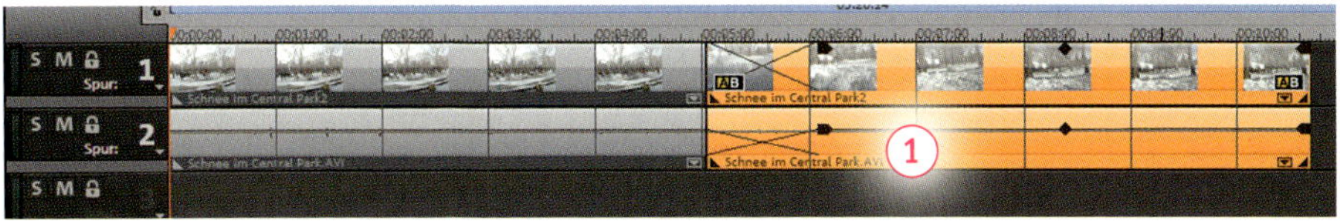

6.29 Kein Zauberwerk: Eine Überblendung als Kreuz-Blende ist schnell gemacht. Schieben Sie einfach die zweite Einstellung vorsichtig über die erste.

Links von (1) sehen Sie jetzt die Überblendung, auch Kreuzblende genannt, symbolisch als Kreuz. Das Bild- und Tonsignal der ersten Einstellung wird langsam immer schwächer, während Bild- und Tonsignal der zweiten Einstellung stärker in den Vordergrund treten. Wenn Sie neben dem Reiter „Import" auf den Reiter „Blenden" wechseln, werden Sie sehen, welche wunderschönen weiteren Blenden vorhanden sind. Bitte probieren Sie ein paar davon aus. Sie werden schnell entdecken, dass das super aussieht. Ist ja auch ein toller Augenkitzel. Aber nach der fünften Zappelblende werden Ihre Augen überfordert und müde. Blenden sollten Sie deshalb sparsam und mit eindeutig inhaltlichem Bezug verwenden. Der Blättereffekt ist so einer, der eine inhaltlich-optische Aussage anbietet: Ein neues Kapitel beginnt…

Natürlich können Sie Bild- und Tonspur auch unterschiedlich bearbeiten, sie voneinander trennen, neue, andere Inhalte hinzufügen, auf weiteren Tonspuren Musik und Geräusche hinzufügen. Auf der Magix Video deluxe-Homepage gibt es ein paar Videos, Geräusche und Musiken als Gratis-Down-

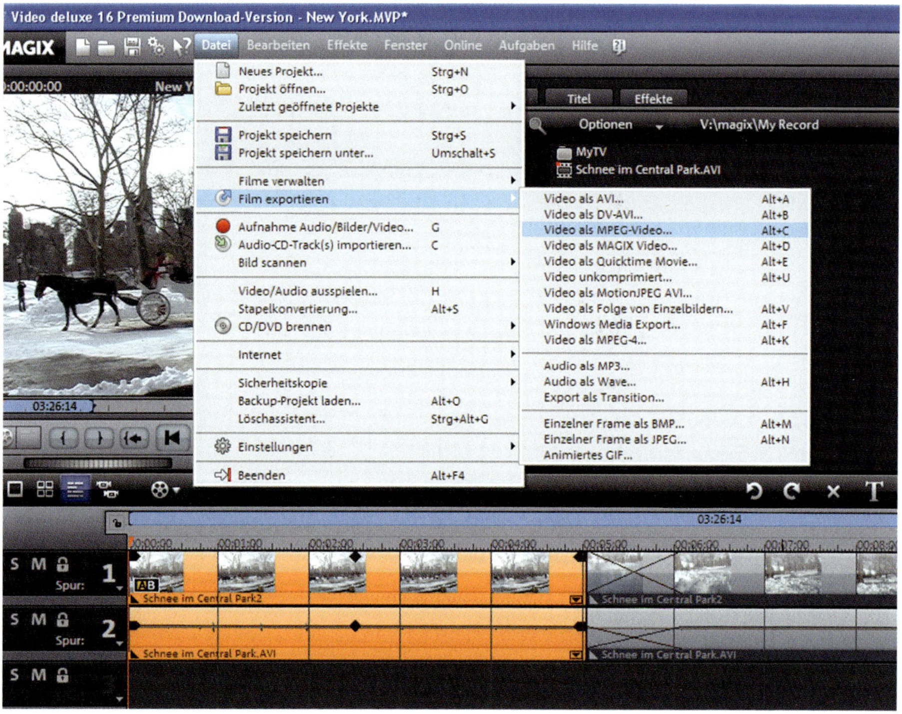

6.30 Große Auswahl: Das fertig geschnittene Video kann in viele verschiedene Formate ausgespielt werden.

load, sozusagen ein Appetizer! Magix bietet ja viele weitere Ton- und Bildspuren an. Vor allem beim Ton spart man so weitere Zwischenausspielungen, wie sie bei Pinnacle Studio (nur zwei zusätzliche Tonspuren zum Kamera-Ton) oder Avid (nur eine zusätzliche Tonspur zum Kamera-Ton) nötig sind.

Was noch alles geht:

Stellen wir uns vor, unser Film sei nun fertig. Nun geht's ans Ausspielen ■ 6.30. Magix Video deluxe bietet zahlreiche Varianten an, den Film als Datei auszuspielen/zu exportieren.

Auch der Weg zu YouTube ist ganz einfach ■ 6.31:

Sie sollten vorher ein Konto bei www.youtube.de erstellt haben. Im nächsten Fenster ■ 6.32 machen Sie ein paar Angaben zu Ihrem Film und schon kann ihn alle Welt sehen!

Vielleicht wollen Sie ja Ihr Werk nur einem kleinen, feinen Kreis an einem ordentlich großen Flachbildschirm vorführen. Dann hilft Magix Video deluxe beim Ausspielen auf eine DVD. Längere Filme können mit Kapitel-

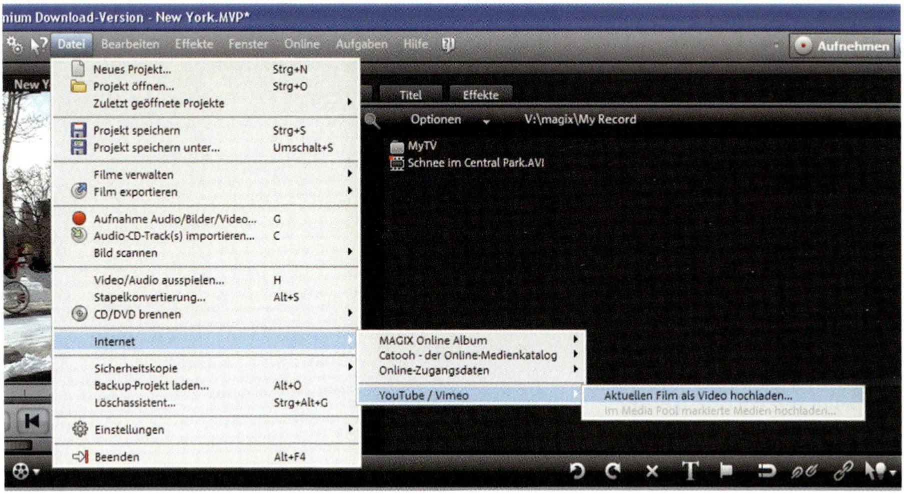

6.31 An alle! So geht's zu YouTube.

Markern ■ 6.33 unterteilt werden, wobei das Programm hilft:

Und es gibt auch schicke Vorlagen für opulente DVD-Menüs ■ 6.34, sodass die Zuschauer auch einzelne Unterkapitel des Films direkt ansteuern können – wie bei den Profis eben …

Auf sieben Seiten haben Sie hier einen ganz kleinen Ausschnitt aus den Möglichkeiten des Programms erhalten. Magix Video deluxe bietet überall in Deutschland Kurse an, in denen – als Präsentation oder als „hands-on"-Workshop –

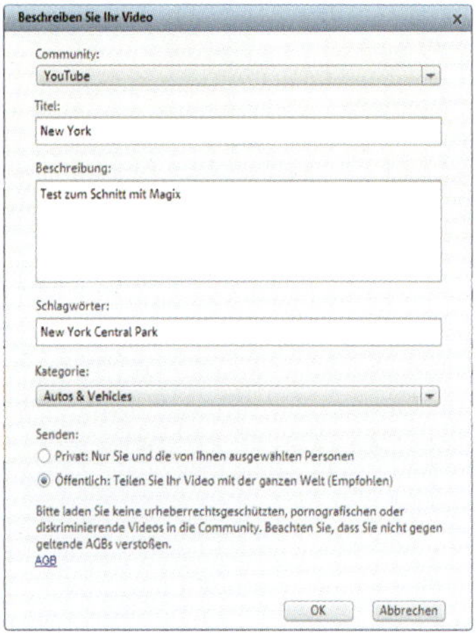

6.32 Schriftverkehr: Ergänzende Angaben für Ihr YouTube-Video können Sie in Magix Video gleich mit eingeben.

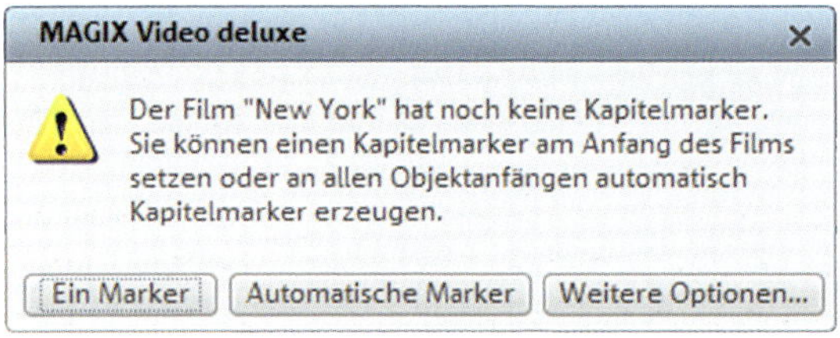

6.33 Großes Kino: Magix Video hilft bei der DVD-Produktion.

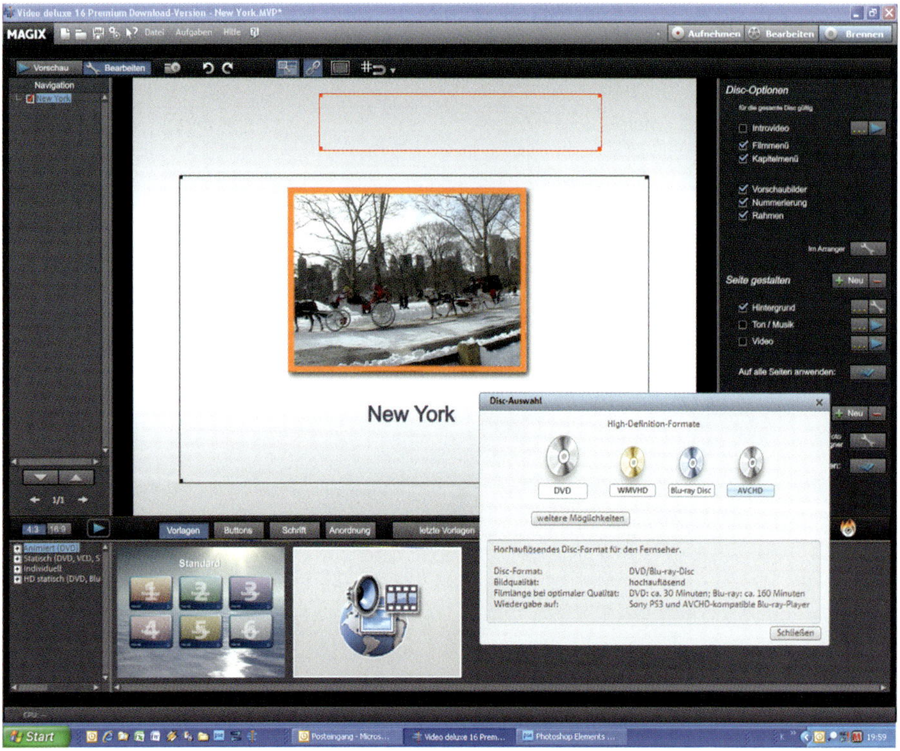

6.34 Im Rahmen bleiben: eines der Standard-DVD-Menüs für das New York-Video und die DVD-Optionen.

die wichtigsten Schritte erläutert werden. Leider haben wir kein Handbuch bei Magix Video deluxe online gefunden. Es gibt ein Markt- und-Technik-Buch, Magix Video deluxe bietet ein Lernkurs-Video an, die eingebaute Hilfe ist zwar etwas abstrakt, aber die frei verfügbaren Videos geben einen guten ersten Einblick. Zudem stellt Magix Video deluxe auf seinen Seiten eine Multimedia-Plattform zur Verfügung, auf der man seine Filme zur Kritik und Diskussion veröffentlichen kann: Nach unserer Beobachtung sehr sinnvoll und konstruktiv!

Magix Video deluxe scheint uns ein leicht erlernbares Videoschnitt-Programm zu sein. In der Vollver-

Was haben Sie gelernt?

1. Avid Free DV ist die schmale Version des professionellen Schnitts. Es lohnt sich, das mal auszuprobieren, aber für ein schickeres Video bietet die Gratisversion dann doch zu wenig Tools.
2. Es gibt viel Freeware zum Ausprobieren.
3. Pinnacle und Magix bieten ausgereifte, leicht lernbare und auch schon intuitiv nutzbare Schnittprogramme für den „Consumer"-Bereich an.

sion kann es auch schon HD-Videos problemlos bearbeiten. Gleich beim ersten Importieren von mpeg4-HD-Videos der Flip-Kamera schlägt Magix Video deluxe das korrekte Format vor. Das Bearbeiten eines Videos mit hoher Auflösung könne zu Performance-Problemen führen, warnt das Programm. Dafür wird ein besonderer Bearbeitungsmodus mit halber Auflösung angeboten, den Sie annehmen oder ablehnen können. Sie sollten annehmen. Sonst dauert das Laden sehr lange.

„Butter-und-Brot"-Filme kann man in Magix Video deluxe schnell schneiden, der Charme des Programms liegt aber in den vielen Möglichkeiten. Die auszuprobieren erfordert Spielfreude und Zeit. Aber es lohnt sich!

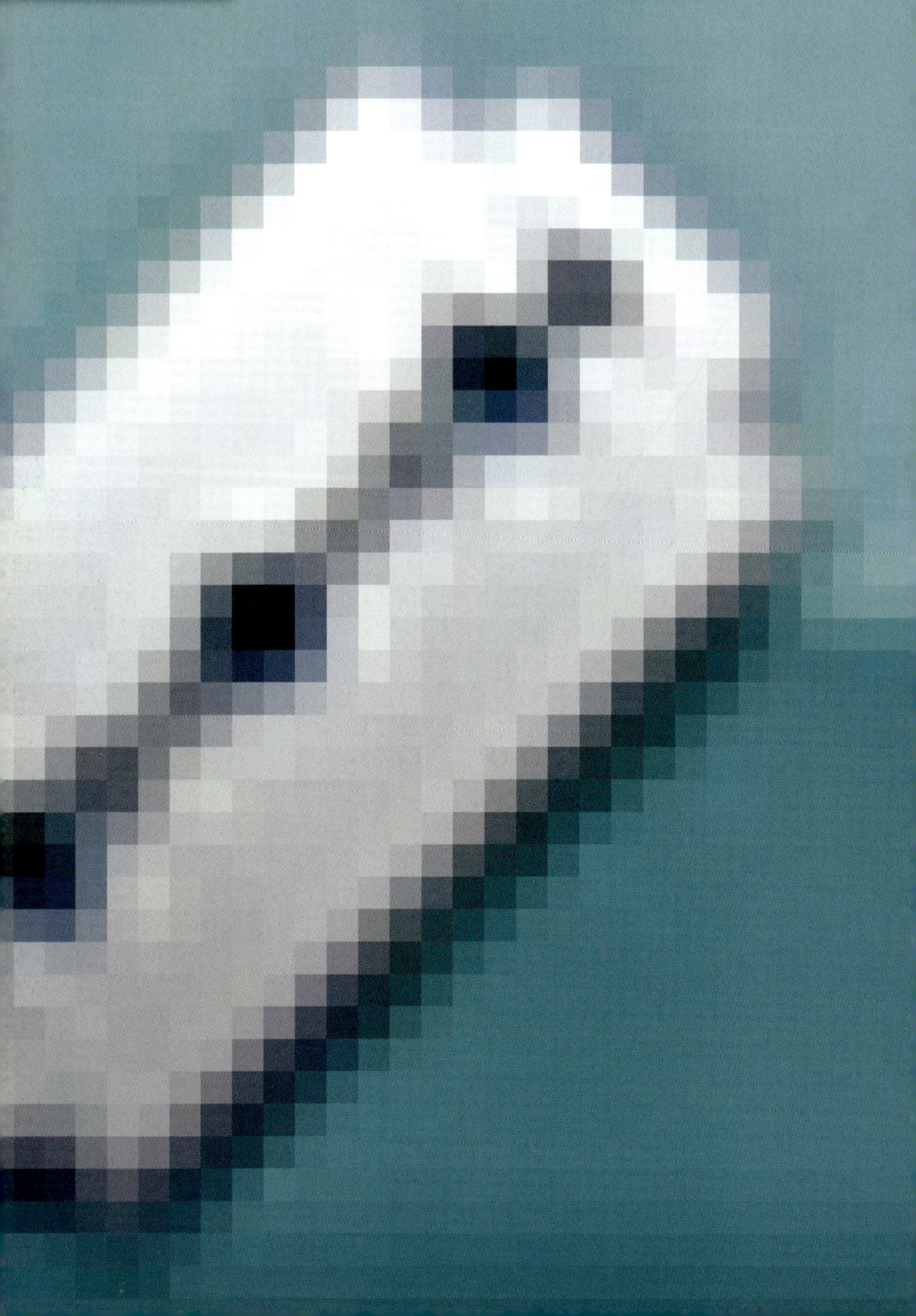

7. Schnitt – mit Gefühl

Vorbemerkungen

In diesem Kapitel gibt es zunächst ein paar grundsätzliche Tipps und Anmerkungen zum Videoschnitt. Damit können Sie auch etwas anfangen, wenn Sie nicht mit Pinnacle Studio schneiden wollen.

Wir haben von den vielen Schnittprogrammen, die es mittlerweile auf dem Markt gibt, Pinnacle Studio (in der Version Ultimate Collection) für die Beschreibung von Videoschnitt ausgewählt – warum?

Der wesentliche Grund: Wir arbeiten schon lange damit und haben im Großen und Ganzen gute Erfahrungen gemacht. Außerdem bietet Pinnacle Studio viele Effekte, die jeden Film professionell aussehen lassen.

Aber wir sind auch schon an der Lösung mancher Probleme gescheitert. Wir versuchen deshalb, Sie an diesen Klippen vorbeizulotsen.

Um dieses Kapitel in den späteren Einzelschritten richtig nachvollziehen zu können, sollten Sie mindestens Pinnacle Studio ab Version 10 besitzen oder sich die aktuelle Version 14 Ultimate zu Testzwecken (kostenlos) herunterladen. Im Anhang finden Sie den Link dazu, auf unseren Homepages sind Sie mit einem Klick direkt am Ziel. Sie können die Test-Version Pinnacle Studio Ultimate Version 14 kostenlos 14 Tage lang nutzen. Pinnacle Studio hat uns für dieses Buch freundlicherweise „Ultimate Collection“ zur Verfügung gestellt.

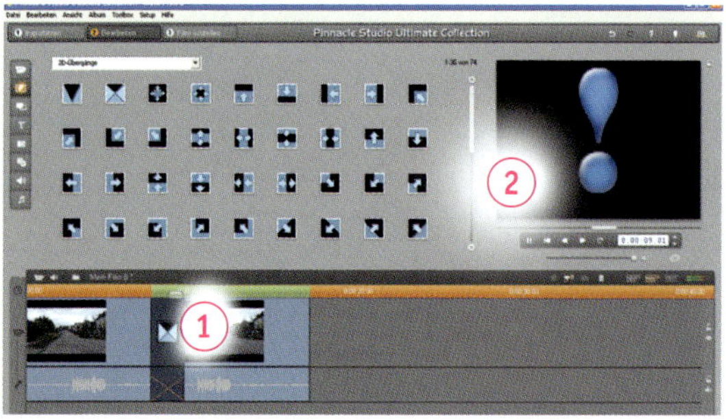

7.1

Dann haben wir uns auf Neuland gewagt: Zum Bearbeiten wählten wir HD-Material, aufgenommen von der Flip-Kamera. Dabei stellten wir fest: Wir sind unserer Zeit ein wenig voraus. Pinnacle Studio braucht nämlich – so wie Magix Video – beim Import / Öffnen des HD-Materials einige Zeit. Auch bei komplexeren Videoeffekten (Zeitraffer, Pan und Zoom) in HD macht sich die große Datenfülle bemerkbar. Sie können es daran erkennen, dass sich die Farbe des Timeline-Balkens am oberen Rand nur sehr langsam verändert. Bei fertigem Material ist sie orangefarben. Liest man HD-Material ein, ist der Balken lange, lange grün und wird dann erst orange.

Besonders bei rechenintensiven Videoeffekten braucht das Programm also Zeit ■ 7.1. Manchmal erscheint aus diesem Grund beim Einfügen einer Blende (1) auf dem Vorschaubild nur ein blaues Ausrufezeichen (2) statt der erwarteten Szene.

Da hilft nur eine Tugend, die nicht gerade die größte Stärke all jener ist, die mit Computern arbeiten: Geduld! Warten! Und den Rechner derweil auch nicht mit weiteren Aufgaben („schnell mal Mails gucken“) belasten.

Wir haben allerdings herausgefunden, dass der Schnitt von HD-Material viel schneller geht, wenn man in Setup → Video- und Audiovoreinstellungen die Markierung bei „Hintergrundrendern aktivieren“ herausnimmt. Das kann dazu führen, dass bei der Vorschau (während des Schnitts) nicht alle Effekte ruckelfrei laufen. Dann stoppen Sie die Vorschau kurz und setzen nach dem Videoeffekt neu an. Die nächste Kaffeepause können Sie zum vorübergehenden Aktvieren des Hintergrundrenderns nutzen. Bis Sie wieder am Platz sind, ist der Film neu gerechnet. Anschließend deaktivieren Sie das Hintergrundrendern. Das HD-Material kann so sehr viel zügiger eingelesen und bearbeitet werden. Der Schnitt von HD-Material verschiedener Kameratypen ist sicher eine lohnenswerte Herausforderung für die Programmierer von Studio 15, Studio 16 usw.

HD-Material ist bestechend klar. Wer es sich ungeschnitten, also direkt von der Kamera abgespielt, auf dem HD-Flachbild-Fernsehschirm ansieht, wird begeistert sein. Und will man es in voller Schönheit vorführen, sollte das Material am besten als Blue Ray-DVD ausgespielt werden (wie das geht: siehe weiter unten). Kann Ihr PC das? Ansonsten ist die Ausgabe im Disc-Typ AVCHD (Advanced Video Codec High Definition) auch schon sehr schön. Doch nicht alle PCs/DVD-Player können eine AVCHD-DVD auch lesen. Blue-Ray-Geräte geben die Daten wieder und neuere Windows7-Rechner auch. XP-PCs und ältere DVD-Player streiken bei der Wiedergabe.

Vor dem Schnitt sollten Sie alle anderen Programme schließen. Pinnacle Studio empfiehlt sogar, vor dem Beginn die Festplatten zu defragmentieren (das kann Stunden dauern, lohnt sich aber ohnehin) und sogar die Verbindung zum Internet zu kappen (Netzwerkkabel ziehen/WLAN deaktivieren) und den Virenscanner zu deaktivieren. Warum? Bildbearbeitung braucht alle Ressourcen, die der PC erübrigen kann. Wenn Sie aber mit etwas weniger Performance leben können, brauchen Sie den mit Virenscanner geschützten Weg ins Web nicht zu kappen.

Warum überhaupt schneiden? Wollen Sie nur ein paar Einstellungen aneinanderhängen und „aufhübschen“? Dann lesen Sie am besten gleich im Unterkapitel „Die Situation – Jetzt geht's los“ weiter, in dem wir erklären, wie das Schneiden mit dem Programm rein handwerklich abläuft.

Wollen Sie nur eine einzige Einstellung ungeschnitten zu YouTube hochladen, brauchen Sie dafür überhaupt kein Schnittprogramm. Das funktioniert direkt auf der YouTube-Seite.

In diesem Kapitel geben wir Ihnen Hilfestellung für drei verschiedene Typen einer Videoproduktion:

- *Die Situation:* Sie haben etwas Interessantes (ein Naturphänomen, ein persönliches Missgeschick, eine Kuriosität) gedreht, aber die Einstellung ist alleine noch nicht so aussagekräftig. Sie wollen das Drehergebnis durch Schnittbearbeitung für eine Veröffentlichung auf einer Videoplattform/in Ihrem Blog/auf Ihrer Site interessanter machen.
- *Das Ereignis:* Sie wollen – meist für private Zwecke – eine Party, einen Urlaub, ein Familienfest dokumentieren.
- *Die Geschichte:* Sie wollen eine Reportage oder ein Porträt mit Text produzieren und veröffentlichen, z. B. auf YouTube oder für den Internetauftritt eines Auftraggebers.

So verschieden die Ausgangssituationen sind, so unterschiedlich sind auch die Anforderungen an Verarbeitung, Werkzeuge und Veröffentlichungswege.

1. Am Ende dieses Kapitels werden Sie gelernt haben, einen „schön" geschnittenen (auch vertonten) Film als Datei oder auf eine DVD auszuspielen.
2. Oder Sie können einen Videoclip optisch „aufmotzen" und auf die YouTube-Plattform hochladen. Wir geben Ihnen Tipps, wie Sie aus Ihrem gedrehten Material Clips selektieren, sie kürzen, neu zusammensetzen, mit Effekten bearbeiten und in einen interessanten und originellen Zusammenhang bringen.

Tipp

Schnitt ist aufwendig! Schnitt ist Versuch und Irrtum. Im Schnitt kann man stundenlang Einstellungen neu hintereinander setzen, einkürzen, umstellen, blenden, nicht blenden, alles wieder wegwerfen, kurzum: den Überblick verlieren. Setzen Sie sich deshalb selbst ein Zeitlimit für den allerersten Schnitt (der ist – wie das erste Wort auf der noch leeren Anfangsseite des Textes – immer besonders schwer): vielleicht zu Beginn eine Stunde?

Wir sind keine Cutter, wir sehen den Schnitt eher als Mittel zum Zweck, er soll natürlich die Aussageabsicht des Films unterstützen. Im professionellen Umfeld ist Schnitt eine anspruchsvolle, hochwertige gestalterische Aufgabe, die eine profunde Ausbildung voraussetzt.

Wir machen hier „Schnitt light". Wenn Sie Appetit auf mehr bekommen – umso besser: Vieles ist durch Schnitt möglich. Zum Einlesen ein Buchtipp: Beller, Hans (Hrsg.): Handbuch der Filmmontage. Konstanz, 2005. Viele Volkshochschulen bieten Videoschnittkurse an. Vielleicht gibt es einen in Ihrer Nähe (http://www.emagister.de/volkshochschule/vhs_videoschnitt-ek1882.htm)?

Profis bearbeiten eine Minute aktuelles sendefertiges Material in etwa einer Stunde. Allerdings: Dokumentarfilmer schneiden oft tagelang allein an der ersten Minute. Cutter, die aktuell arbeiten, müssen natürlich schneller

FILM HOCHZWEI Sindelfingen 2008

sein. Natürlich ist auch die Länge des gedrehten Materials entscheidend. Je mehr gedreht wurde, umso mehr müssen Sie sich ansehen, entscheiden, was davon gut ist. Für Sie vorab eine Faustregel: Drehen Sie nicht mehr als zehn Minuten Material für eine Minute fertigen Film. Das erleichtert den Schnitt ungemein.

Haben Sie vor dem Dreh schon über das Endprodukt nachgedacht? Haben Sie beim Dreh schon Ihren Schnitt berücksichtigt? Dann ist vieles jetzt einfacher.

Wenn nämlich beim Dreh an Zwischenschnitte gedacht wurde, an neutrale Einstellungen, an gute Töne, dann sind schon einmal wesentliche Voraussetzungen für einen reibungslosen Schnitt gegeben. Wenn nicht – muss man basteln!

Schnitt macht aus dem Erlebten und Aufgezeichneten eine Geschichte. Keiner würde seinem Nachbarn von einem Fußballspiel 90 Minuten lang erzählen. Lieber wird man die Highlights herausnehmen und detaillierter, pointierter, mit Wiederholung, Zusammenfassung, persönlicher Wertung berichten.

Genau dies machen Sie auch beim Schnitt: Schnitt ist Zusammenfassung, denn das aufgenommene Material wird ja nicht komplett verwendet. Schnitt heißt, Einstellungen aneinanderzuhängen, die dem Erzählen einen Rhythmus geben, langsam, schnell, steigernd, bremsend. Digitaler Schnitt kann aber noch viel mehr und wird heute nicht umsonst „Postproduction" genannt: Be- und Entschleunigung, Einfügen von Standfotos, Blenden, Texten, Fotos, Musik, Verfärbungen, Geräuschen ... technisch geht alles.

Was also auswählen? Darauf gibt es nur eine Antwort: *Das was sinnvoll ist!*

Übung

Schnitt-Übung:
Bevor Sie das erste Mal selbst gedrehtes oder von unseren Websites heruntergeladenes Material schneiden, sollten Sie schicke Werbeclips oder als gut empfundene Filmsequenzen bewusst analysieren. Wie viele Einstellungen sind in dem Clip enthalten? Wer ist Protagonist und wie erfahren wir das? Mit welchen Mitteln wird die „Botschaft" vermittelt? Können Sie den Clip auf dem PC aufzeichnen und in Pinnacle Studio importieren (s. o. Kapitel Schnittprogramme)?
Dann sollten Sie anschließend die einzelnen Einstellungen nach Ihren Vorstellungen hintereinander schneiden. Versuchen Sie im nächsten Schritt herauszufinden, warum der Clip genau so geschnitten wurde.

Tipp

Noch ein Tipp:
Kreativität fängt beim Ideen-Mopsen an. Wenn Sie in anderen Filmen gute Schnitte/Einstiege/Blenden/Effekte sehen, dann versuchen Sie sie nachzumachen. Probieren Sie, was gut aussieht und sinnvoll ist. So findet man zu eigenen kreativen Schnitten.

Wie bei einem Rezept können die Zutaten in unendlich vielen Variationen neu zusammengestellt werden – aber nicht immer gibt es ein leckeres Mahl – oder einen guten Film.

Regeln – und was sie bedeuten

Die „eisernen" Schnittregeln, an denen viele Cutter im Fernseh-Geschäft noch festhalten *(Kein Schnitt über ähnliche Einstellungsgrößen, neutrale Übergänge, kein Sprung über die Blickachse zwischen zwei Protagonisten u. v. a.)*, stammen aus der „Spiel-Filmsprache". Sie dienen als dramaturgisches Mittel, das den Zuschauern dabei hilft, sich in Raum und Zeit des Spielfilms zurechtzufinden.

Die Schnittregeln haben also etwas mit unserer Wahrnehmung, mit unseren Sehgewohnheiten zu tun.

Zuschauer versuchen immer, Bilder zu „verstehen", einen Sinn zu erkennen. So setzen sie die Filmsequenzen in ihrem Kopf zu einem Eindruck, zu ihrem ganz eigenen persönlichen Film zusammen. Vor allem suchen sie räumliche und personale Orientierung:

Was sehe ich da, wo spielt das, wer sind die handelnden Personen und was passiert da?

Sobald Ihre Sequenz diese Fragen beantwortet hat, können Sie im Schnitt mit weiteren Erzählsträngen beginnen, die nicht immer auf dieselbe Art und Weise anfangen müssen. Spannung entsteht aus dem Spiel von Bekanntem und Unbekanntem, Überraschendem und Vertrauten. Deshalb kann im Video eine Sequenz mit einem neuen Ort, mit einem neuen Tag, mit einer Irritation beginnen. Doch wenn es verwirrend bleibt, werden Zuschauer wegschalten, wegklicken.

Das zwanghafte Regeln-Befolgen kann langweilig wirken. Videos bieten die Chance zu unendlichem Augenkitzel, egal ob auf dem Fernseher oder

Tipp

Pinnacle Studio bietet übrigens als besonderes „Spielzeug" einen automatischen Schnitt (smart movie) an. Das sollten Sie unbedingt ausprobieren. Es kommt ganz großartig an, wenn Sie auf einer Party ein paar Einstellungen gedreht haben und wenige Minuten später schon einen „Film" vorführen können. Aber: Der automatische Schnitt kürzt gnadenlos und blendet in allen Variationen. Wer's mag, ist schnell fertig.

im Web. MTV hat eine neue Bildsprache geschaffen, Werbeclips, Spielfilme und Videospiele haben unsere Sehgewohnheiten verändert. Versuchen Sie herauszufinden, wie die „Bourne"-Spielfilme gedreht und geschnitten wurden. Es sieht aus wie permanente Wackelkamera – ist aber alles andere als das!

Man kann auch zwischen unsichtbarem und sichtbarem Schnitt unterscheiden. Während der unsichtbare Schnitt unsere Sehgewohnheiten nutzt und damit als „Schnitt" kaum erkennbar in den Hintergrund tritt, verletzt der sichtbare Schnitt bewusst die Regeln, um unsere Aufmerksamkeit zu wecken, um einen ständigen Augenreiz auszuüben, um scheinbare Authentizität zu vermitteln. Werbe-Filmemacher imitieren gerne eine hektisch schwenkende und wackelnde Anfänger-Kamera. Gemein – aber gut!

Welche Mittel setzt der Schnitt ein?

Unendlich viele. Beschränken wir uns also auf ein paar Basics: Da ist zunächst der *Hartschnitt*. Einstellung für Einstellung wird aneinandergereiht. Eine Sequenz entsteht durch das Aneinanderfügen von mehreren Einstellungen in wechselnden Einstellungsgrößen und -perspektiven vom gleichen Sujet. Eine Reihe, eine Erzählung, eine Sammlung entsteht. Schnitt-technisch eine einfache Variante, erfordert der Hartschnitt aber eine Nachbearbeitung beim Ton.

Die gerne verwendete Verbindung zwischen zwei Einstellungen ist die *Blende*. Sie symbolisiert häufig einen allmählichen Übergang von einer Handlung, einem Handlungsstrang oder -raum, zum nächsten. Blenden werden aber in der Videowirklichkeit häufig auch als „Notreparatur" eingesetzt, wenn zwei Einstellungen mit Hartschnitt nicht hintereinander passen würden (siehe unten: Neutraler Übergang).

- *Aufblende:* Etwas (Neues) beginnt:
  Neuer Tag, neuer Abschnitt, neuer Ort
- *Abblende*: Etwas endet: Ein Tag, ein „Kapitel", ein Film
- *Überblendung* am gleichen Dreh-Ort: zeitlicher Handlungssprung
- *Schiebe-/Blätterblende*: Ein neues „Handlungs-Kapitel" beginnt
- *Wischblende*: ein Auto fährt bildfüllend durchs Bild, das Einstellungsende wirkt dann „neutral": Wir verlieren einen Protagonisten aus dem Auge
- *Reißschwenk:* zwei Protagonisten werden mit Reißblenden (die Kamera wird schnell vom Protagonisten wegbewegt, die Umgebung ist nicht zu erkennen) miteinander verknüpft, beide rennen dem Bus hinterher, beide steigen aus dem Aufzug, beide fahren Auto.

Mit Schnitt kürzen wir eine längere Handlung. Beim Drehen machen Anfänger häufig den Fehler, ständig ihrem Protagonisten hinterherzuschwenken. Lassen Sie ihn aus dem Bild gehen. Dann ist ein Zeit- und Ortsprung möglich: Er (sie) kann an anderem Ort und zu anderer Zeit wieder auftauchen/ins Bild kommen. Das nennt man beim Schnitt den *Neutralen Übergang* (in Bezug auf handelnde Personen: Person geht aus dem Bild; s. dazu auch Kapitel 5: Dreh).

Schnitt in die Bewegung (im Schwenk/Zoom) ist klassisch eher unüblich, wird nur ganz bewusst eingesetzt: Als Verfolgung – zwei Protagonisten laufen beide von links nach rechts durchs Bild, die Kamera schwenkt beide Male mit, und in den Schwenk kann man schneiden, wenn die folgende Einstellung mit einer ähnlich schnellen Kamera-Bewegung beginnt. Oder die Gegenbewegung: zwei Protagonisten nähern sich einander. Die Kamera *schwenkt* einmal von links nach rechts in der Bewegung mit, und noch einmal von rechts nach links. Die Protagonisten laufen sozusagen aufeinander zu in Richtung Bildmitte. Egal wie weit die Protagonisten räumlich wirklich voneinander entfernt sein mögen, der Schnitt kann im Kopf der Betrachter ein „Aufeinander Zugehen" entstehen lassen. Laufen die Protagonisten aus der Bildmitte weg, entfernen sie sich voneinander. Diese Technik funktioniert natürlich auch mit Kamera-*Ständen*: Dann bewegt sich nicht die Kamera, sondern die Protagonisten laufen durch das Bild!

Blitzer: „Ein Foto entsteht". Zwischen zwei Einstellungen wird eine kurze Einstellung mit ein paar Frames Weißfelder gesetzt.

Wird auch gerne eingesetzt, um O-Töne zu kürzen (s. dazu Kapitel Dreh: Zwischenschnitt). Weil der Kopf „springen" würde, wenn nur nach Ton geschnitten würde, setzt man im Bild einen kurzen Lichtblitzer an die Stelle der Kürzung. Merkt (fast) kein Zuschauer!

Beim Dreh an den Schnitt denken!

Die Montage, die Länge und Reihenfolge der verwendeten Clips, bestimmt die Dramaturgie des Films. Doch wäre es zu spät, sich darüber erst beim Schnitt Gedanken zu machen. Wir gehen also davon aus, dass Sie schon vor dem Drehen nachgedacht haben über:

- Warum drehe ich eigentlich?
- Wem will ich was zeigen?
- Will ich erklären oder erzählen?
- Wie will ich erzählen?
- Was ist mein Tempo in welcher Passage?

Nach diesen Antworten richtet sich der Schnitt!

Wer es noch ausführlicher wissen möchte, sei auf den lohnenswerten Aufsatz „Schnitt" (Deißler, Dietmar: Schnitt, in: Ordolff, Martin: Fernsehjournalismus, Konstanz, 2005) verwiesen.

Viele nützliche Hinweise enthält das Buch von Peter Kerstan. (Kerstan, Peter: Der journalistische Film. Jetzt aber richtig. Frankfurt, 2000).

Die Situation – jetzt geht's los

Nehmen wir ein konkretes Beispiel. Sie haben eine Einstellung gedreht, die Sie gerne bei YouTube zeigen wollen. Vielleicht fehlt der Anfang, vielleicht das Ende der Aktion, vielleicht ist das Wichtigste nur ganz klein zu sehen? Eine Schnittsoftware kann dabei helfen, aus einer „scheinbar unscheinbaren" Einstellung ein spannendes kurzes Video zu machen!

Diese Schritte sind übrigens auch die Basics für die weiteren Produktionsabläufe – also bitte nicht überblättern!

Wir benutzen das Material des Beispielfilms, gedreht mit der Flip-Kamera im „Erfahrungsfeld der Sinne und des Denkens" in Wiesbaden. Wir haben das Material über die Kamera-eigene USB-Schnittstelle auf den PC überspielt.

Übung

Sie finden unsere ganz unspektakulären Übungs-Einstellungen, die wir zur Illustration für dieses Buch hergestellt haben, auf unseren Homepages zum Downloaden und Ausprobieren (sprudel.mp4). So können Sie, wenn Sie wollen, mit denselben Einstellungen jeden Schritt, so wie hier beschrieben, nachvollziehen.

Sie speichern die Datei beim Download – Sie erinnern sich? – am besten **nicht** auf dem Laufwerk, auf dem die Schnittsoftware liegt. Wir starten (in Pinnacle Studio) ein neues Projekt und wählen im Setup (Menüleiste) in den Projektvoreinstellungen „HD 1280 × 720/30p" als Format des Flip-Materials. Denken Sie daran, im Setup das automatische Hintergrundrendern herauszunehmen.

In dem Material, gedreht im Schloss Freudenberg, gibt es zum Beispiel eine Szene mit einem Wasserbecken. Reibt man die seitlich angebrachten Henkel „intensiv, aber gefühlvoll", wie die Führerin erklärt, wird das Becken in Schwingungen versetzt, ein Ton erzeugt, und das Wasser beginnt zu sprudeln. Die Einstellung, die diese Aktion zeigt, wollen wir jetzt in die Timeline spielen und dort bearbeiten. Im Drehmaterial fanden wir dazu diese Datei/Einstellung von 53 Sekunden Länge, in der eine Probandin zu reiben beginnt, dann schon enttäuscht aufgeben will, es am Ende aber doch schafft: Die Schale klingt und das Wasser sprudelt. Eine schöne Mini-Story über die Wunder dieser Welt!

Öffnen Sie die Datei ■ 7.2 im Bearbeiten-Modus (zweiter Reiter links oben).

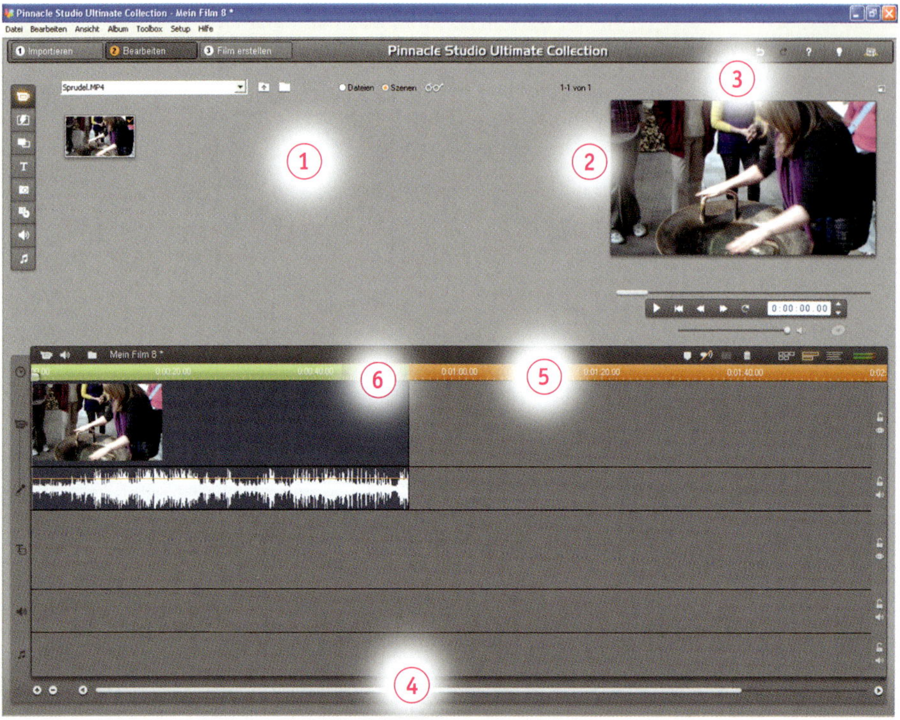

7.2 Arbeitsplatz aufgeräumt: Hier (1) sind die Dateien/Szenen, dort (2) sehen Sie sie, hier (4) können Sie schnell durch das Material scrollen, das (5) ist Ihre Zeitleiste/Timeline

Das (1) ist unser Arbeitsplatz mit der Datei für unseren Film. Wenn Sie oberhalb von (1) auf das Knöpfchen „Szenen" klicken, teilt Pinnacle Studio die Dateien in Szenen auf. Damit wird bei analogem Material Ihre Materialmenge mit Hunderten von Szenen leicht unüberschaubar. Bei digitalem Material ist eine Szene/eine Einstellung ohnehin zugleich eine Datei.

Pinnacle Studio nennt diesen Bereich „Album". Über die Schaltflächen mit den Dateisymbolen können Sie zum Laufwerk und dem Unterverzeichnis navigieren, auf dem Ihr Material liegt. Der linke Button führt Sie jeweils eine Ebene höher, der rechte öffnet eine Exploreransicht. Jetzt ziehen Sie die benötigte Einstellung/Datei auf die Bild- und Tonspur unter der Timeline (5).

Im rechten Vorschau-Fenster (2) sehen Sie nun den Beginn der ausgewählten und auf die Timeline gezogenen Szene. Das Fenster lässt sich (großes Mysterium: nur in manchen Programm-Versionen) mit einem Schieber (3) vergrößern. Aber Vorsicht! Wenn Sie das Vorschau-Fenster zu sehr vergrößern, verschwindet die Schiebeleiste (4), mit der das Material sehr schnell hin und her bewegt werden kann.

Mit einem Klick auf die Zeitleiste (5) oder in die darunterliegende Bild- und Tonspur können wir uns das Material an jeder beliebigen Stelle ansehen und auch hin- und herspringen. Wenn Sie mit der Maus auf die orangefarbene Leiste klicken und die linke Maustaste gedrückt halten, verschiebt sich der Maßstab, in dem Sie Ihr Material sehen. Das ist sehr praktisch, weil Sie einerseits sekunden- oder framegenau schneiden wollen (jedes Bild in diesem Material hat 30 Frames), andererseits schnell mal einen Überblick über alles gewinnen wollen. Spielen Sie jetzt mit diesem Maßstab, gewinnen Sie Handling-Sicherheit, das zahlt sich später aus.

Inzwischen dürfte die HD-Datei vollständig in Pinnacle eingespielt sein. Die Timeline über der Videospur ist nicht mehr grün (6), sondern orange.

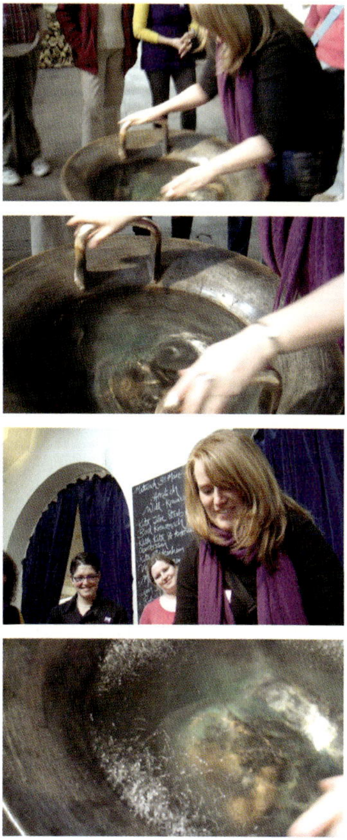

7.3 Meine Story:
Erzählung mit Screenshots (von oben):
Situation – Tun – Protagonistin – Detail

Storyboard

Wo beginnen? Womit enden? Das Material muss zu uns „sprechen". Schauen wir uns die gedrehte Szene mehrfach an ■ 7.3. Für den Anfang schreiben wir dann – auch hier zur Verdeutlichung – ein Storyboard. Schreiben Sie sich auf, welche Geschichte Sie erzählen wollen, z. B.:

Die Protagonistin reibt angestrengt an der Schüssel, aber es klappt nicht,

...dann kommen die ersten Wasserhüpfer,

...die Protagonistin ist ganz froh,

...dann spritzt das Wasser deutlich erkennbar.

Wir werden unsere 53-Sekunden-Einstellung grob in die obigen Teile trennen. Schneiden Sie nicht zu knapp. Sie brauchen vorne und hinten etwas Reserve.

Nun stellen Sie fest, dass die Einstellungen noch in der gedrehten, aber leider falschen Reihenfolge auf der Timeline liegen. Die sich freuende Protagonistin wurde nämlich schon vor dem tatsächlichen groß und deutlich zu sehenden Erfolgserlebnis gedreht. Da wir aber ein wenig Spannung aufbauen wollen (anfangs ein Mini-Scheitern, dann die Frage: „schafft sie es?", dann das Happy End), schieben wir die gedrehte Einstellung „Kopf groß" einfach ein Stück nach hinten.

Skandal? Manipulation? Nein: erlaubt! Denn die Protagonistin hat sich ja tatsächlich am Ende gefreut, die Kamera war nur in dieser Sekunde nicht auf ihrem Gesicht, sondern zeigte das sprudelnde Wasser. Letztlich erzeugt der Schnitt die Illusion, wir hätten mit mehreren Kameras gleichzeitig gearbeitet.

Jetzt haben wir also einen richtigen kleinen Spannungsbogen in unserer Geschichte!

Nun wollen wir „nur noch" die Einstellungen, auf die richtige Länge eingekürzt, hintereinanderreihen.

Erste Schnitte

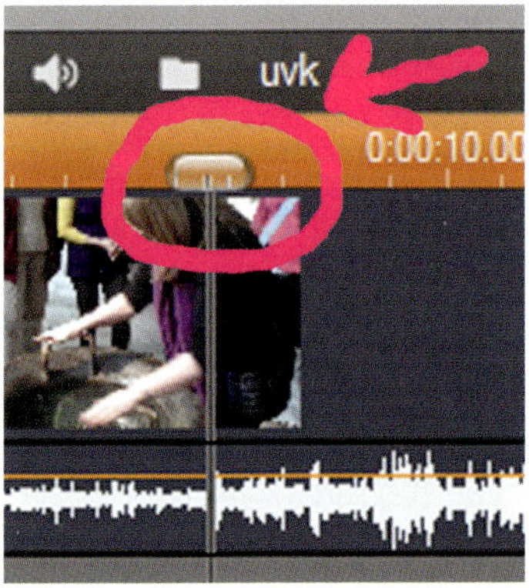

7.4 Mini-Maus: Mit dem ovalen Zeiger wandern Sie durch Ihr Material

Im Schnitt folgen wir jetzt unserem Storyboard. Dazu setzen wir die Maus auf der Zeitleiste an die Stelle, an der die erste Sequenz beginnen soll. Dabei verwandelt sich die Maus ■ 7.4 in ein transparentes Oval (Pfeil auf Kreis):

Anschließend klicken wir mit der Maus auf das Symbol Rasierklinge, ■ 7.5 dabei erscheint am Schnittpunkt ein senkrechter Schnitt und der rechte Teil des Materials ist dunkelblau markiert.

Jetzt klicken Sie einfach auf den Papierkorb neben der Rasierklinge oder auf die „Entf"-Taste der PC-Tastatur – und schon ist der eben noch blau markierte Teil des Films verschwunden. Der erste Hartschnitt!

Sie wissen bereits, dass das „gelöschte" Material nicht wirklich gelöscht ist, sondern nur aus der Timeline entfernt wurde. Nach wie vor finden Sie alle Originaleinstellungen unverändert in Ihrem Album. Deshalb ist es wichtig, dass Sie diese Dateien während des gesamten Schnitts bis hin zum Ausspielen immer am gleichen Speicherort auf Ihrem PC lassen.

Wir nehmen nun die weiteren Schnitte vor und entfernen dabei die nicht benötigten Film-Teile. Probieren Sie Ihren eigenen Schnitt aus!

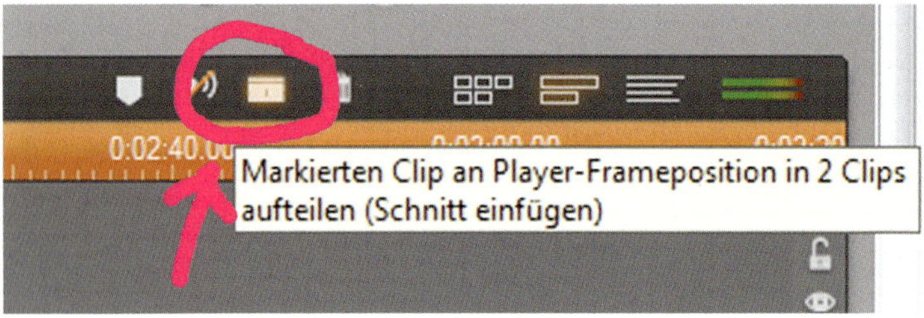

7.5 Geschnitten: Die Rasierklinge teilt die Einstellungen

So sieht unsere erste Version aus: Vier Teile, drei Schnitte. Hinten lassen wir noch Luft zum Kürzen. Dann hängen Sie die Szene mit der sich freuenden Protagonisten von der zweiten an die dritte Stelle:

Schieberei

Haben Sie schon bemerkt, dass sich auf der Bildleiste der Cursor in ein kleines „Händchen" verwandelt, wenn Sie eine Einstellung markiert haben? Wenn Sie nun die linke Maustaste gedrückt halten, können Sie diese Einstellung (mit dem dazugehörigen Ton) an jede (sinnvolle) Stelle des Films verschieben – drag and drop sei Dank. Wenn Sie während des Markierens auf Ihrer PC-Tastatur die „Großbuchstabentaste" gedrückt halten, können Sie mehrere Einstellungen markieren und in einem Rutsch an eine andere Stelle verschieben. Die von Ihnen gewählten Einstellungen färben sich dabei dunkler ein. Das geht übrigens nur mit Einstellungen, bei denen Bild und Ton noch synchron/gleichlang sind.

Von der 53-Sekunden-Einstellung ist eine Version von 21 Sekunden übrig geblieben. Spannung schaffen durch Kürzen! Fertig ist der Rohschnitt! ■ 7.6

Jetzt spätestens ist es Zeit, das Projekt erneut abzuspeichern (ShortCut: Strg + s)!

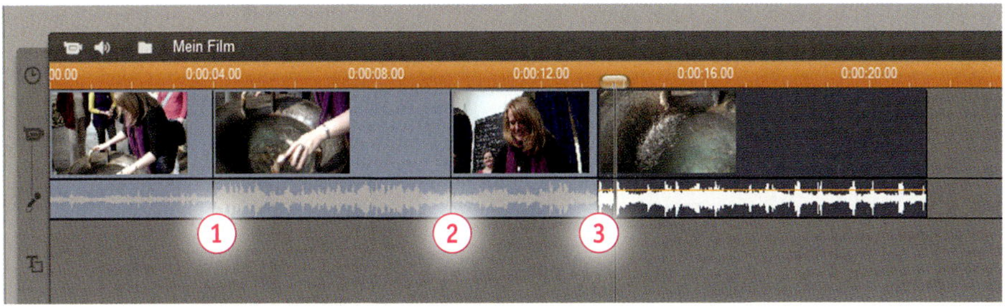

7.6 Eins-zwei-drei: Deutlich sind die Kürzungsschnitte zu erkennen. Leider bietet Pinnacle innerhalb einer Einstellung keine „Thumbnails" an so wie Avid und Magix.

Beim Betrachten stellen Sie jedoch fest: so richtig klar wird das mit dem sprudelnden Wasser nicht. „Was hat der Kameramann denn da nur gedreht ...?", klagt dann der Cutter gerne. Funktioniert hier nicht so richtig, denn wir waren es ja selbst. Also müssen wir jetzt in die Trickkiste greifen und nachträglich, durch einen Trick im Schnitt, auf das sprudelnde Wasser zoomen, um es besser erkennbar zu machen.

Nachträgliches Zoomen in der Einstellung

Zurück zu unserer Manipulation „springendes Wasser".

Markieren Sie die Einstellung, in die Sie hineinzoomen wollen. So ■ 7.7 sieht die „Toolbox" von Pinnacle Studio aus:

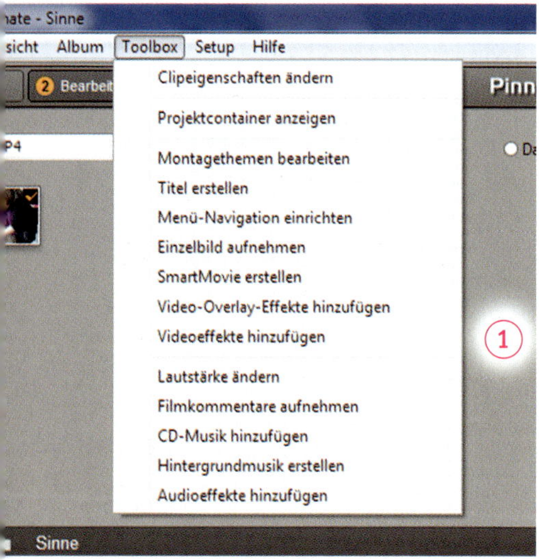

7.7 **Trickkiste:** Vom Zeitraffer bis zur Musik-Untermalung. Viele sinnvolle Tools helfen.

Sie können zum Beispiel über das Menü „Toolbox" außerdem Montagethemen herstellen (nur ab Pinnacle Studio 14), Titel und Untertitel entwerfen, eine Menü-Navigation für eine DVD-Ausspielung einrichten, Einzelbilder aus dem Film aufnehmen, bearbeiten und als animierte Fotos erneut einspielen.

Beschäftigen wir uns aber zunächst mit „Videoeffekte hinzufügen" (1).

Ein kleiner Ausschnitt aus der Auswahl der Effekte ■ 7.8: Das sind alles interessante Features, die in mancher Notsituation noch etwas retten können, z. B. zur Bildstabilisierung, oder wenn sich die Kamera / der Kameramann bei der Aufnahme in der Farbtemperatur verwählt hat.

Natürlich macht es Spaß, so viel wie möglich auszuprobieren. Tun Sie's! Sie werden aber bald merken, dass weniger mehr ist! Und dass solche Effekte nur passen, wenn sie inhaltlich sinnvoll eingesetzt werden können. Sonst wirkt es eher wie eine nette Spielerei, nach dem Motto: Hier ist die Lösung, was war eigentlich das Problem?

Wir haben einen inhaltlichen Grund, das Wasser soll möglichst eindrucksvoll sprudeln – und zwar mit Hilfe der Kategorie „Studio HD RTFx" und dem Effekt: „Pan und Zoom" (Verschieben und Zufahren) ■ 7.9.

Sie können damit experimentieren, wie nah Sie an das Wasser heran zoomen wollen, und ob der Ausschnitt dann eventuell noch horizontal oder vertikal verschoben werden muss ■ 7.10. Auf jeden Fall „Flimmern reduzieren" anklicken.

Statt der etwas laschen Halbtotalen erzeugen wir so einen interessanteren Schwenk vom sprudelnden Wasser zur reibenden Hand.

Wenn Sie nicht selbst alle Einstellungen festlegen möchten, dann wählen Sie einfach aus den Voreinstellungen ■ 7.11:

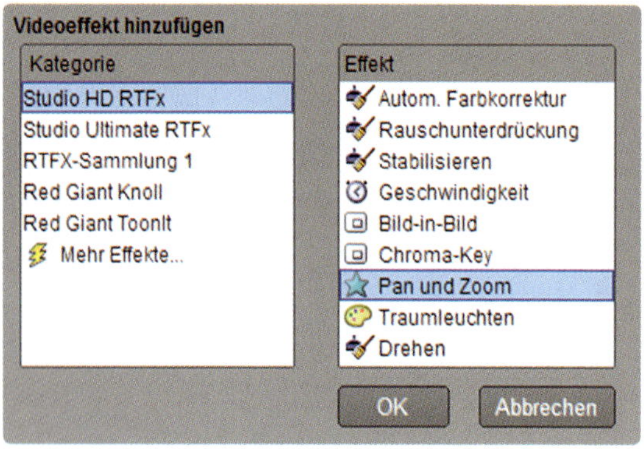

7.8 Effektvoll: Damit rettet man so manche misslungene Einstellung. Vor allem Farbkorrektur und Stabilisieren sind beliebt. Mit „Pan und Zoom" können wir noch nachträglich den Bildausschnitt verändert.

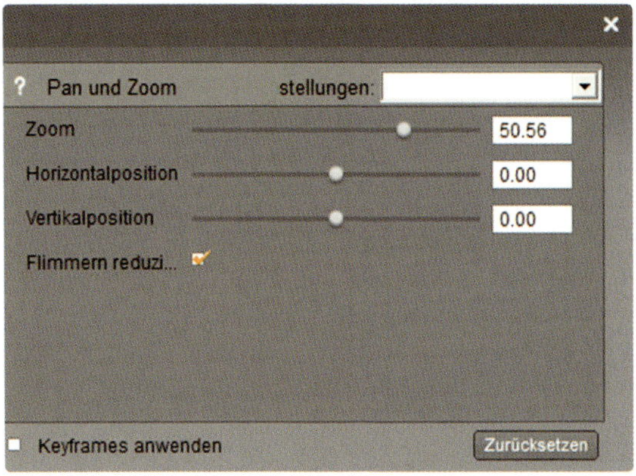

7.9 Im Bilde: So können Sie noch nachträglich in Ihren Einstellungen zoomen.

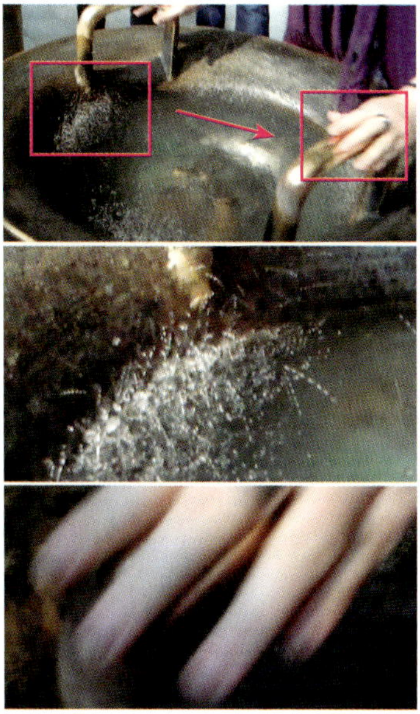

7.10 Animierter Stand: Die obere Einstellung wurde als Stand gedreht. Wir schwenken stattdessen in einer Detail-Einstellung vom Wasser (Mitte) auf die Hände (unten).

Die Einstellung „Pan (nach unten)“ zoomt heran und verändert dabei die horizontale und vertikale Position kaum.

Und dann geht's ans Rechnen, die Grafikkarte läuft zu Höchstform auf: Sie muss ja 25 bis 30 Bilder pro Sekunde völlig neu berechnen ■ 7.12.

Das kann eine Weile dauern. Vielleicht erscheint wieder ein blaues Ausrufezeichen. Keine Sorge, Sie haben nichts falsch gemacht, das Bild ist nicht „weg“, Sie müssen nur warten, bis das Berechnen der neuen Szene abgeschlossen ist. Und bitte nicht unterbrechen!

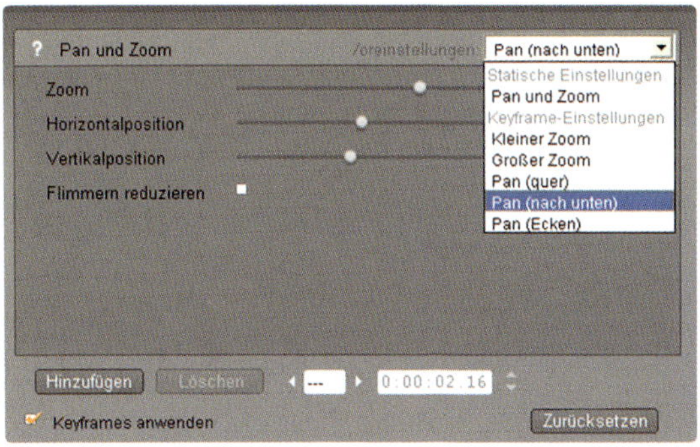

7.11 Aufgeklappt: Die Voreinstellungen bieten schon eine kleine Auswahl für die Nachbearbeitung an.

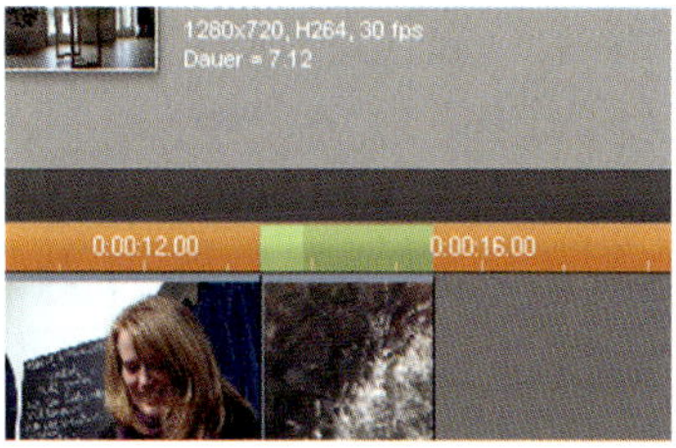

7.12 Kaffeepause: Bei HD-Material leistet das Programm bei der nachträglichen Animation Schwerstarbeit, falls Sie das Hintergrundrendern nicht deaktiviert haben. Am grünen Balken können Sie den Fortschritt erkennen. Geduld!

Projekte speichern rettet!

Und wieder das Projekt speichern. Mit jedem Speichern aber überschreiben Sie die vorangegangene Version. Wir haben sehr gute Erfahrungen damit gemacht, von einem Projekt mehrere Zwischenstände in unterschiedlichen Projektdateien zu speichern. Hin und wieder kann es nämlich vorkommen, dass das Programm „einfriert“ und nur noch über den Windows-Task-Manager zu beenden ist. Das passiert vor allem gerne dann, wenn das Videomaterial auf dem gleichen Laufwerk wie das Programm liegt – oder wenn mit einem externen Laufwerk gearbeitet wird. Und die einzige Datei, in der man vielleicht alles gespeichert hatte, lässt sich nicht mehr öffnen! Spätestens dann ist man froh, auf eine Version zurückgreifen zu können, die einen früheren Zwischenstand festgehalten hat.

In den Projektvoreinstellungen können Sie zusätzlich ein Häkchen bei „Projekte automatisch speichern und laden“ setzen, dann speichert das Programm regelmäßig automatische Zwischenstände des Projektes und es findet nach einem Absturz automatisch zu Ihrem Projekt zurück und es ist viel, vielleicht sogar alles gerettet.

Wenn Sie allerdings an Ihren Projekten herumexperimentieren, sollten Sie das automatische Speichern ausstellen, damit Sie entscheiden, wann welcher Zwischenstand gespeichert wird. Dann müssens Sie aber zwischendurch selbst speichern.

Sie benennen die Projekte am besten alphanumerisch, sodass immer klar ist, welches die aktuellste Version ist. Dieses Projekt Projekt heisst „Sinne“, und wird fortlaufend Sinne 2, Sinne 3 etc... numeriert.

Film wird Foto wird Film

Das Schöne am Video ist, dass die Bilder „laufen“. Leider wissen wir aber beim Dreh noch nicht, welches Detail später wichtig sein wird. Häufigster „Fehler“: Es wird dauernd und schnell mit den sich bewegenden Personen oder mit dem Geschehen mit geschwenkt. Aber im Schnitt stellen wir voller Schrecken fest, dass wir ein Standbild benötigen, um Details erklären zu können, das Bild zu beruhigen, Zeit zum Texten zu haben... es gibt viele gute Gründe für ein Standbild.

Wie macht man aus einem Filmbild ein Standbild, quasi ein Foto und dann wieder eine Filmszene?

Dazu markieren Sie die Stelle in Ihrem Video, die Sie „einfrieren“ wollen und öffnen dann in der Menüleiste die Toolbox ■ 7.13. Sie wählen „Einzelbild aufnehmen“:

Dann klicken Sie auf „Aufnahme“. Pinnacle Studio fotografiert sozusagen das Bild ab, an dem der Cursor steht. Nun können Sie das aufgenommene Bild speichern oder es nach dem aktuellen Schnitt einfügen. Wir hängen es mal

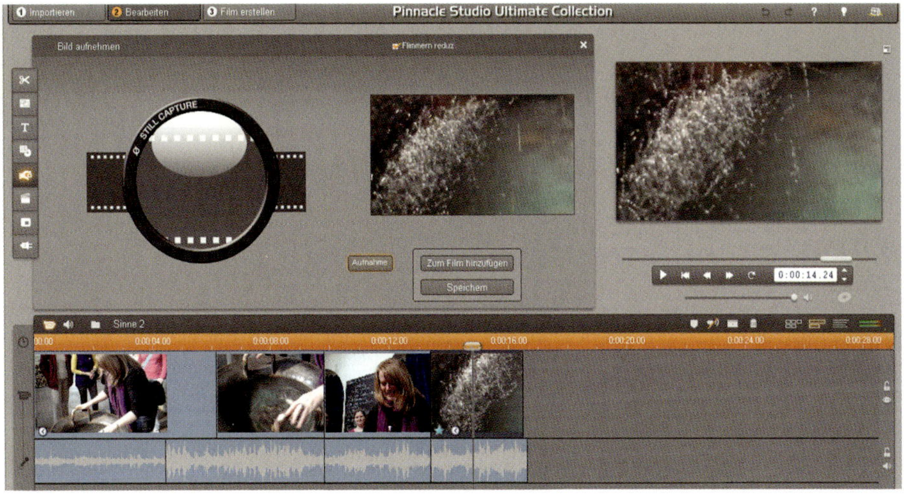

7.13 Geknipst: So wird aus einem Videoframe ein Standbild, das dann nach Ihren Vorstellungen wieder animiert werden kann.

hinten dran, durch einen Klick auf „Zum Film hinzufügen". Damit wird das Bild automatisch hinter der gerade markierten Einstellung eingefügt. Durch einen Klick auf das Windows-Kreuz rechts oben beenden Sie dieses Menü.

Natürlich können Sie dieses Standbild wiederum „animieren". Durch einen Doppelklick darauf öffnet sich ein selbsterklärendes Animations-Fenster, in dem Anfangs- und Endbild des Zooms/Schwenks im Standbild festgelegt werden.

Manchmal ist es sinnvoll, etwa vor einen schnellen Zoom/Schwenk in einem animierten Bild, erst noch ein (kurzes: das heißt ein bis zwei Sekunden) Standbild zu setzen. Gehen Sie dazu auf das erste Bild des Zooms/Schwenks, also auf dasjenige, das Sie gerne als Standbild festhalten würden. Häufig geht das mit dem Hin- und Herschieben des Cursors aber nicht so präzise wie gewünscht. Hier noch eine andere, exaktere Methode, ein bestimmtes Bild zu markieren: unter dem Vorschaufenster ■ 7.14 können Sie in der Zeitangabe die gewünschte Position bild- (frame)genau ansteuern.

Markieren Sie mit einem Doppelklick die letzten Ziffern der Zeitangabe (das sind die Frames) und klicken Sie dann daneben auf die Pfeile nach oben/unten in die gewünschte Richtung. Der Film bewegt sich jetzt jeweils

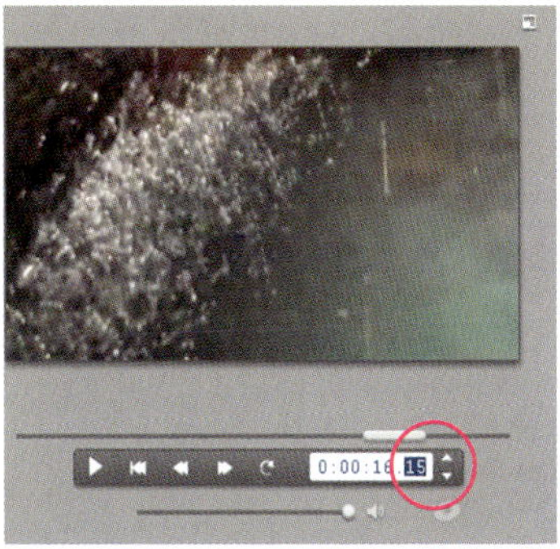

7.14 Ganz exakt: Mit den Pfeil-Tasten können Sie ein einzelnes Bild framegenau ansteuern. Das braucht man für nachträgliche Stände vor und nach animierten Screenshots.

um einen Frame, also um ein Fünfundzwanzigstel oder Dreißigstel einer Sekunde, vor- oder rückwärts.

Wenn Sie an dem gewünschten Standbild angekommen sind, machen Sie davon eine „Aufnahme" und fügen sie an der gewünschten Stelle ein.

In den Voreinstellungen von Pinnacle Studio ist eine Standard-Effekt-Dauer von vier Sekunden eingestellt, die man aber verändern kann.

Tonschnitte

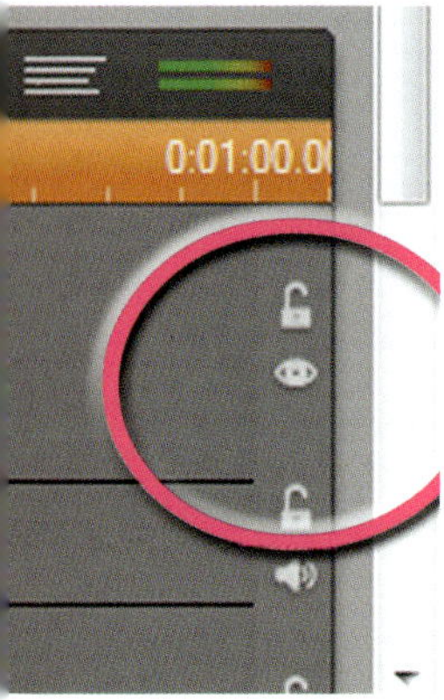

7.15 Keine Bewegung! Mit einem Klick auf das Schlosssymbol sperren Sie jede Spur.

Bisher haben wir immer nur die Bildebene bearbeitet. Aber was ist eigentlich mit dem Ton?

Auch damit lässt sich eine ganze Menge anstellen.

Dazu blockieren wir erst einmal die Bildspur ■ 7.15, denn daran wollen wir ja nichts ändern, durch einen Klick auf das kleine Schlosssymbol am Ende der Spur.

Ist die Spur abgeschlossen, wird aus dem grauen, offenen Schloss ein gelbes, geschlossenes.

Das heißt: Die Bildspur bleibt unverändert, während wir in der Tonspur arbeiten können.

Unser Ziel: wir wollen mit dem Ton einer folgenden Einstellung schon früher, also noch vor dem Bild, beginnen.

Dazu markieren Sie die Tonspur dieser zweiten Einstellung, die nach vorne verlängert werden soll. Dann streichen Sie mit der Maus auf der Tonspur nach links, bis aus dem Maus-Cursor auf dem jetzigen Schnitt ein Doppelpfeil wird. Linke Maustaste gedrückt halten. Nun können Sie die Tonspur der zweiten Einstellung einfach ein Stück nach links ziehen. Der Ton ist vorgelagert, also schon zu hören, obwohl das dazugehörige Bild erst kurz danach auftaucht. So sieht Ergebnis in der Timeline aus ■ 7.16:

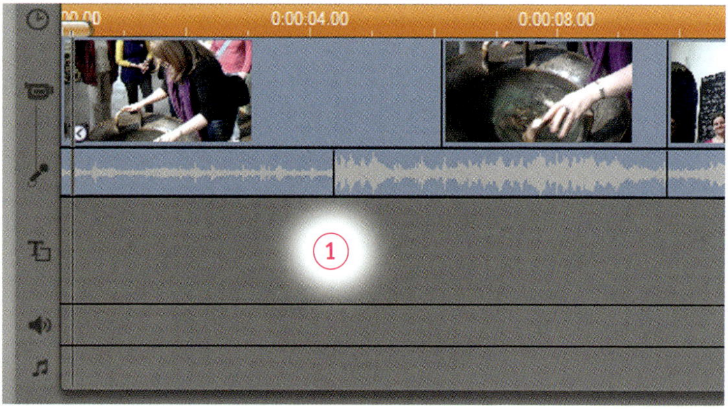

7.16 Verzogener Ton: So einfach können Sie den Ton vorziehen: Bild sperren, Tonspur am Schnittpunkt markieren und nach links schieben. Ein J-Schnitt entsteht.

Direkt über der Markierung (1) erkennen wir deutlich den Tonschnitt, während der Bildschnitt ein kleines Stück weiter rechts sitzt.

In der Videoreporter-Branche nennt man das einen J-Schnitt, weil Ton und Bild dem Buchstaben „J" ähneln.

Ein L-Schnitt wäre genau andersherum, dabei würde der Ton der ersten Einstellung in die zweite hinein verlängert. Um es vollständig zu machen: Mit U-Schnitt bezeichnet man eine Einstellung, die Bild/Tonsynchron beginnt und endet, aber in der Mitte einen Zwischenschnitt aus einer anderen Einstellung enthält. Soweit die Theorie.

Tipp

Harte Schnitte mögen im Bild passen, im Ton klingen sie selten gut. Meist sind nämlich bei der Aufnahme zweier Einstellungen auch zwei sehr unterschiedliche Lautstärken zu hören. Diese hintereinander zu schneiden, würde einen auffallenden und auch ablenkenden Tonsprung bewirken. Deshalb empfehlen wir – mit wenigen Ausnahmen – grundsätzlich Tonblenden zwischen den Einstellungen. Die machen einen Film harmonischer.

Tonblenden

Wenn wir nur den Ton blenden wollen, müssen wir zuvor die Bild-Ebene abschließen. Dann öffnen wir die Schaltfläche „Übergangseffekte anzeigen" (der kleine Blitz oben links) und wählen das Symbol „weiches Überblenden", auch Kreuzblende genannt. Dabei wird, wie bei einer Bildüberblendung, der vorige Ton nach und nach ausgeblendet, während der nachfolgende Ton schon früher eingeblendet wird.

Geräusche gesucht

Was aber machen wir mit Einstellungen, deren Ton nicht verwendbar ist (z. B. lautes „Plopp, Plopp" bei starken Windgeräuschen) oder die gar keinen Ton mitgebracht haben (Einzelbildaufnahmen)?

Die einfachste Möglichkeit ist, im Material Ihres aktuellen Projekts nach einem geeigneten Geräusch zu suchen. Vielleicht bietet die vorangegangene Einstellung den passsenden Ton? In unserem Beispiel des „sprudelnden Wassers" haben wir ja viele Reib- und Plitschgeräusche.

Wir schließen also erneut die Bildspur. Dann klicken wir mit der Maus auf den vorangehenden Ton. Wenn Sie mit der Maus über das Ende streichen, verwandelt sich der Mauszeiger in einen Pfeil ↔. Jetzt mit Klick auf die linke Maustaste den Ton festhalten, nach rechts ziehen und über den Bildschnitt hinaus verlängern. Das kennen wir ja schon aus dem Kapitel Tonblenden. Nochmal genau hinhören, ob alles passt.

Sie können dort jetzt nach Belieben auch einen Ton von einer ganz anderen Stelle einfügen: einfach den alten, unbrauchbaren Ton löschen mit „entfernen", einen neuen an einer anderen Stelle suchen, markieren, kopieren und an der alten Stelle, an der ja jetzt ein Tonloch klafft, einfügen: Die Copy-Paste-Methode ist ja vielen von uns ja noch aus zahlreichen Uni-Seminararbeiten bekannt.

Pinnacle Studio bietet beim Lausprecher-Symbol auf der linken Seite auch eine Reihe von eigenen, sehr nützlichen Geräuschen an. Für unsere Einstellung passt leider keiner der vier Wasser-Töne. Sie sind manchmal auch zu kurz, können aber verlängert werden: Auf den eingefügten Sound klicken, Strg-Taste drücken, den Sound nach rechts verschieben, schon ist er doppelt so lang.

Und wenn das alles nicht passt? Es gibt gute Geräusche-CDs zu kaufen.

Tipp

Von den „free-downloads“ im Internet halten wir nicht viel, es ist nicht erkennbar, wie sauber die Plattformen sind. Jedenfalls poppt sofort jede Menge Werbung hoch, und wenn ein Anbieter erst Ihr System scannen will, würden wir sofort die Finger davon lassen.

Der beste Geräusche-Produzent sind Sie selber! Wenn Sie schon beim Dreh daran denken, welche Geräusche Sie später beim Schnitt glasklar und rein benötigen, dann nehmen Sie diese Töne am Drehort separat auf.

Häufig fällt uns gar nicht auf, dass Protagonisten beim Dreh mit uns sprechen und dabei die schönen Geräusche „ruinieren“. Oder reden wir selbst zu viel? Suchen Sie sich also einen von Nebengeräuschen freien Ort, um eigene Geräusche aufnehmen zu können.

Drehen Sie auch zusätzliche Geräusche und archivieren Sie die Einstellungen mit selbsterklärenden Namen – Sie werden staunen, wie oft sie diese später noch verwenden können.

Dass der Ton nicht nur die Musik, sondern auch den guten Film macht, lässt sich leicht beweisen: In Pinnacle Studio können Sie dazu eine Tonspur „stumm“ schalten. Das kleine Lautsprechersymbol am Ende der Tonspur macht's möglich. Bemerken Sie, wie „kraftlos“ Ihr Film dann wirkt?

Bildblenden

Nach diesen ersten Schritten ist unsere Produktion fast fertig. Denken Sie noch einen Moment über Anfang und Ende nach! Auf jeden Fall sollten Sie den Anfangston einblenden: Bild abschließen, Anfangston markieren, in der linken Menüleiste die Übergangseffekte aufrufen, dann den Effekt mit der Maus auf die Tonspur ziehen ■ 7.17.

Sie können aber auch Bild *und* Ton einblenden. Dazu lassen Sie Bild- *und* Tonspur offen, während Sie den Effekt darüberziehen. Aber, wie gesagt, weniger ist mehr! Obwohl: uns hat es auch in den Fingern gejuckt ... und ... wir haben vor die gezoomte Sprudel-Einstellung eine sogenannte Alpha-Magic-Verdrehung gehängt ■ 7.18. Das passt einigermaßen, weil die Kreisblende den Betrachter auf das sprudelnde Wasser führt.

Blenden sollten sinnvoll eingesetzt werden. Sie sind immer auch ein Augenkitzel, ein „Hingucker", ein Reiz für unsere Sehnerven. Sie wecken Aufmerksamkeit. Sie sind ein Versprechen, und das sollten Sie nicht enttäuschen.

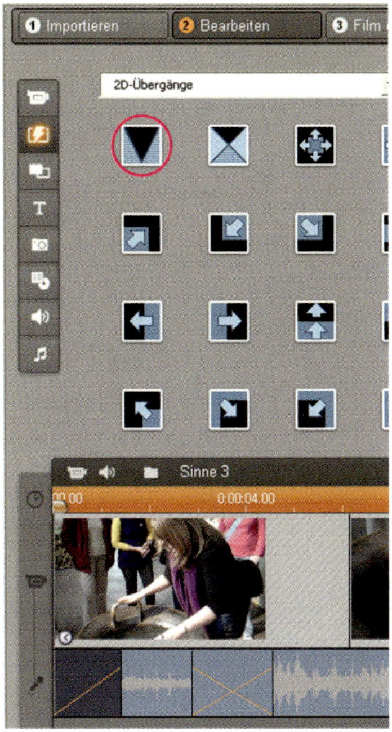

7.17 Geblendet: Das Programm bietet Dutzende verschiedener Blenden. Hier die wichtigste: die Auf- und Abblende.

Titel

Unter der Bild- und Tonspur liegt noch eine weitere Bildspur. Sie ist für zusätzliche Bild-Elemente gedacht. Wir wollen sie hier zur Einblendung eines Textes verwenden.

Dazu schließen Sie, wie gehabt, die obere Bildspur ab. In der linken Symbolleiste klicken Sie nun auf das große „T" (Titel anzeigen). Erneut öffnet sich eine Wundertüte mit vielen verlockenden Titeln. Wenn Sie sich einzelne Titel erst einmal anschauen wollen, markieren Sie sie und starten Sie sie dann im Vorschaufenster. Pinnacle Studio beginnt mit den „Standard-Motion-Titeln", bietet aber in der Ultimate-Version kostenfrei (mit Registrierung) auch ein „Title-Pack" (Titel-Auswahl) mit weiteren grafischen Titeln an. Da hilft nur: ausprobieren!

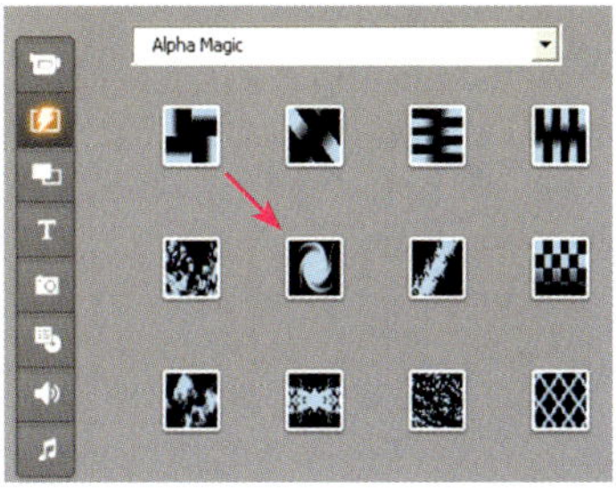

7.18 Verdreht: Wir wurden schwach und verwenden die Blende „Verdrehung". Sie macht Sinn. Oder?

Die Standard-Motion-Titel haben den Vorteil, dass sie bereits „animiert" sind. Sie werden automatisch ein- und ausgeblendet.

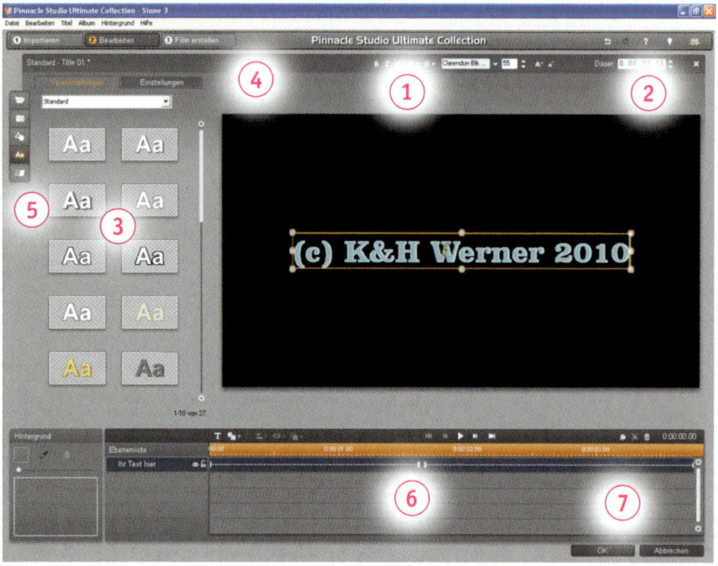

7.19 Titelei: Pinnacle Studio Ultimate Collection bietet eine ausgefeilte Titelgestaltung mit professioneller Animation

Nachdem Sie Ihren Titel auf die Titel-Spur gezogen haben, öffnen Sie mit einem Doppelklick ein Bearbeitungstool ■ 7.19:

Nach einem Klick auf das Textfeld können Sie Titel, Abspann, Untertitel etc. eingeben. Wollen Sie den Schrifttyp ändern, müssen Sie zuerst den Text doppelt anklicken bzw. markieren.

Oben (1) ändern Sie den Schrifttyp und die Größe. Die Dauer (2) kann man jetzt schon festlegen. Den Schrifttyp wählen Sie links (3). So geht es munter weiter: Unter den Voreinstellungen (4) können Sie Konturen und Schatten beliebig variieren, die Text-Oberflächen und Farben verändern. In der linken Leiste (5) fügen Sie Fotos und Objekte zu den Titeln hinzu und definieren die Bewegung des Titels. In der Titel-spezifischen Timeline geht es um Titel-Blenden und -Ebenen. Sie können mehrere Objekte/Fotos in den Titel einfügen. In der Leiste (5) wählen Sie Fotos bzw. Objekte aus, ziehen sie auf die Titelfläche und bearbeiten sie unten in der Zeitleiste. Das ist quasi ein neuer kleiner Film im Film.

Die Titelei müssen Sie unbedingt mit einem Klick auf OK (7) beenden. Bringen Sie Geduld mit, wenn Sie mehrere Ebenen gestaltet haben!

Zum Schluss beenden Sie Ihren Film mit einer schicken Abblende, wie im Spielfilm.

Eine sinnvolle Regel sollten Sie beachten: Keine Schriften (Texte, Untertitel, Titel) über Schnitte legen. Das Auge ist durch die neue Einstellung beansprucht und nimmt den Text nicht mehr wahr. Titel/optische Texte in

Filmen sind ohnehin (Geschmack-) Sache. Im Internet werden sie häufig verwendet, weil die Autoren sich das Texten und die Vertonung ihrer Videos schenken wollen. Ein schlechter Text kann ja auch einen schönen Film ruinieren. Deshalb verraten wir später ein paar Tipps für sinnvolle Texte!

Das erste Video ist fertig. In unserer Version sind es 30 Sekunden. Den Link zum Video finden Sie auf unseren Homepages.

Tipp

Der Kameramann ist der erste Zuschauer. Aber er ist natürlich ein Projektbeteiligter und weiß, was die Intention war. Erweitern Sie das Feld Ihrer Pilotzuschauer durch unvoreingenommene Freunde, Bekannte. Geben Sie ihnen eine kurze „Anmoderation" und finden Sie dabei heraus, welche Fragen offen bleiben und ob Sie diese Fragen durch eine erneute Postproduction beantworten können. Noch können Sie ändern!

Vorführen

Sofern Sie nicht selbst gedreht haben, sollten Sie das gute Stück jetzt Ihrer Kamerafrau/Ihrem Kameramann vorführen. Dazu klicken Sie auf den Pfeil rechts oberhalb Ihres Vorschaufensters. Nun sehen Sie den Film bildfüllend. Mit einem weiteren Klick startet er. Mit der Leertaste können Sie das Video zwischendurch jederzeit anhalten oder weiterlaufen lassen.

Auf Ihrem Computer-Monitor ist das noch Vorschau-Qualität. Erst nach dem Ausspielen, etwa auf DVD, können Sie die wahre Bildqualität genießen!

Die ganz Selbstbewussten unter uns Videoreportern brauchen ein ehrliches Feedback unserer Zuschauer. Mit „das ist aber hübsch geworden" lernen wir nichts. Mut zur Wahrheit – das gilt für alle Beteiligten. Auch wenn's weh tut!

Was haben Sie gelernt?

1. Material einspielen und auf Bild- und Tonspur legen
2. Den Betrachtungsmaßstab und das Vorschaufenster anpassen
3. Schnittpunkte ansteuern und bildgenau markieren
4. Kurzes Storyboard schreiben
5. Schneiden und nicht benötigtes Material „löschen"
6. Das Projekt in verschiedenen Stadien speichern
7. mp4-Material als Avi-Material ausspielen
7. Videoeffekte einfügen
8. Ein Einzelbild aufnehmen und in den Film einfügen
9. Ein Einzelbild animieren
10. Ton getrennt vom Bild schneiden
11. Überlappenden Ton herstellen
12. Ton blenden
13. Geräusche einfügen
14. Bildblenden auswählen und anwenden
15. Titel über die Bildspur legen
16. Das bearbeitete Material im Vollbildmodus vorführen

Übung

Bitte schneiden Sie jetzt die von Ihnen (nach dem Kamera-Kapitel) gedrehten fünf Einstellungen zu einer Sequenz zusammen. Finden Sie eine Mini-Geschichte?

Das ist schon ganz schön viel! Deshalb gleich eine Übung:

Und schon sind 30 Sekunden zu wenig – Sie fühlen sich schon als coole Profis – und wollen mehr! Zum Beispiel eine längere Geschichte erzählen.

Das Ereignis

Die längste Reise beginnt mit dem ersten Schritt – und das lange Video ist auch nur eine Kombination von vielen kürzeren Sequenzen. Sie haben im vorigen Unterkapitel einige wesentliche Schritte zur Bedienung des Programms gelernt.

In diesem Unterkapitel geht es jetzt um die Besonderheiten von längeren Filmen, die in der Regel ein Ereignis oder eine Kette von Ereignissen abbilden und meistens chronologisch geschnitten werden.

Dazu verwenden wir das Videomaterial einer winterlichen New-York-Reise. Die Einstellungen wurden mit einer Tape-Kamera (Panasonic NV-GS 400) im Format 4:3 (und nicht mit HD) gedreht.

Bei längeren Projekten sind Struktur und Ordnung wesentliche Hilfsmittel. Legen Sie also als erstes ein Verzeichnis mit einem selbsterklärenden Titel an, in das Sie das Material überspielen. Legen Sie darunter je ein Unterverzeichnis für Fotos und Musik an. Füllen Sie diese Verzeichnisse frühzeitig und großzügig mit Material. Kopieren Sie später neues Material immer dorthin. Und belassen Sie es dort bis zum endgültigen Ausspielen Ihres Videos und noch mindestens vier Wochen länger. Wie häufig erkennt man erst nach mehrmaligem Betrachten, dass da noch ein störender Fehler ist. Unsere Filme sind – ehrlich gesagt – nie fertig. Heben Sie auch Ihr Originalmaterial längere Zeit auf. Videocassetten, Speicherkarten oder externe Sicherungsmedien sind nicht teuer. Je mehr Sie drehen, umso mehr Verwendung werden Sie für Ihr Material haben.

So stammen Teile des Videomaterials für den Wegweiser-Band „Fernsehen machen" auf der uvk-Seite (http://www.uvk.de/buch.asp?ISBN=9783867641500) von einem früheren USA-Aufenthalt und passten zufällig zum Thema „Wegweiser".

Tipp

Ordnung und Struktur beginnen schon beim Überspielen des Materials. Wir haben gute Erfahrungen damit gemacht, die Bänder jeweils komplett zu überspielen und sie beim Überspielen nicht in Szenen zu zerteilen. Dabei würde eine so große Zahl von Einstellungen entstehen, dass der Überblick schwer würde.

Es entstehen also relativ große Dateien in der chronologischen Reihenfolge des Drehs. Das heißt aber nicht, dass Sie an die Chronologie gebunden sind. Jederzeit können Einstellungen oder Sequenzen hin- und hergeschoben werden, ganz so, wie es sinnvoll erscheint. Und falls Sie weggeschnittenes Material doch noch einmal benötigen sollten, hängen Sie die komplette Datei noch mal ganz ans Ende des Materials auf der Timeline, schneiden die benötigten Einstellungen erneut heraus und löschen die dann nicht mehr benötigten Einstellungen.

Hilfreich ist es, wenn Sie im Vorhinein z. B. wissen, wie lang Ihr Video werden soll, welches Geschehen, welche „Themen" es enthalten soll, was das Highlight sein wird, worauf Sie hinsteuern, ob/wie Sie später texten wollen, was entfallen kann ... Solche Vorüberlegungen helfen bei der Realisierung Ihres Projekts.

Auf jeden Fall ist es nützlich, sich das Material für den jeweiligen Videoabschnitt komplett anzusehen. Ganz Gründliche mögen sich auch Notizen machen. Versuchen Sie sich den wahrscheinlich lange zurückliegenden Dreh noch einmal vor Augen zu führen: Was könnte zusammen passen? Was ergibt eine kleine Story?

Lassen Sie das Material zum Autor sprechen! Das geht! Denn im Gegensatz zu Papis Dia-Vortrag sollte ein Video immer eine kleine Geschichte erzählen. Oder mehrere Geschichten. Video ist ein „Erzähl-Medium" und so sollte Ihr Schnitt auch einem Erzählmuster folgen. Fügen Sie also nicht die spektakulärsten Einstellungen hintereinander, sondern versuchen Sie stets, kleine Sub-Stories zu erzählen.

Womit anfangen?

Den endgültigen Filmanfang können Sie auch später noch schneiden. Vielleicht soll am Anfang ein „best of" stehen oder Sie wollen mit einer besonders aussagekräftigen Szene beginnen, die im Film später ausführlicher auftaucht oder mit besonders peinlichen Szenen, auf die Sie später verzichten, oder, oder ... Nur eines ist klar: Der Anfang ist wichtig, er „zieht" uns ins Video.

Nehmen wir an, Sie wollen mit einem „best of" starten. Beginnen Sie ein neues Projekt, nennen es „Anfang", greifen Sie auf Ihr Material zu, schneiden daraus einen schicken, schnellen 20-Sekünder (oder

Übung

Gute Filmanfänge sind leicht zu lernen. Schauen Sie sich ganz bewusst nur die Filmanfänge von Ihren Lieblingsvideos an. Finden Sie heraus, wie der Anfang gebaut ist und warum er Ihnen gefällt. Oder finden Sie heraus, warum Sie einen anderen Filmanfang langweilig finden. Ist es vielleicht nur eine Addition von zufälligen Einstellungen? Ist es vielleicht eine zu langweilige Herangehensweise: Supertotale – Totale – Nah (gähn)? Oder gleich ein O-Ton, den Sie noch gar nicht verstehen/einordnen können?

länger?) und spielen ihn in eine Datei aus (siehe weiter unten). Dann kehren Sie in Ihre eigentliche Projektdatei zurück und setzen den fertig geschnittenen Anfang hinein. Und entscheiden dann, ob er Ihnen gefällt, oder ob Sie doch anders anfangen wollen. Schnitt ist etwas für Entscheidungsstarke!

Und wenn vorne kein „best of" steht, mit welcher Einstellung dann beginnen? Mit der schönsten? Ist sie dann nicht verschossen? Dazu gibt es genauso viele Meinungen wie es Anfänge gibt. Sie können jetzt noch drei weitere Bücher dazu lesen – oder einfach anfangen.

Beginnen Sie vielleicht mit einer provokativen Einstellung, mit einer Einstellung, die eine Frage aufwirft, die nach Beantwortung verlangt. Beginnen Sie mit einem Detail, nicht mit einer Totalen. Beginnen Sie mit Fragen, nicht mit Antworten. Beginnen Sie mit einer Atmo, deren Bedeutung erst später aufgeklärt wird. Bei gut gemachten Videos entsteht so ein innerer Dialog zwischen Autor und späteren Zuschauern. Beginnen Sie nicht mit Fakten. Die kommen später.

Vielleicht passt Musik dazu. Wir gehen davon aus, dass Sie für dieses „Das besondere Ereignis"-Video keine öffentliche Vorführung planen, den Film in dieser Version auch nicht ins Internet stellen wollen, sondern nur die Freude an dem Ereignis mit den unmittelbar Betroffenen in einem privaten Kreis teilen wollen. Wir bewegen uns an diesem Punkt auf unsicherem Boden, weil Musik natürlich urheberrechtlich geschützt ist. Dazu mehr im Kapitel „Videorecht".

Nehmen wir also an, dass Sie die Musik-Titel für rein private Zwecke verwenden wollen, und dass Sie auch über ein paar brauchbare mp3-Dateien verfügen. Es gibt im Netz auch einige GEMA-freie Titel, bei denen Sie nur die Quelle nennen müssen. Pinnacle Studio bietet ebenfalls eine ganze Kollektion GEMA-freier Sujet-Musik an. Probieren Sie sie aus, aber kleistern Sie nicht Ihren ganzen Film damit zu. Die dazugehörige Atmo Ihrer Bilder erzeugt Glaubwürdigkeit und Authentizität! Pegeln Sie die Musik nicht ganz herunter, sondern sorgen Sie für eine ausgewogene Mischung: Mal mehr Musik, mal mehr Atmo!

Unsere Story

Nun also geht's an die Bearbeitung unseres Nachtmaterials vom Times Square, wo wir – typisch Touristen – unseren ersten Abend mit einem Fotoshooting verbrachten. Das ist Teil einer Story, die wir erzählen wollen.

Als roter Faden dient der Song „Beautiful Noise" von Neil Diamond (sein Thema: der „schöne Krach" der Stadt New York!). Das Lied ziehen Sie auf eine der unteren Tonspuren.

Unsere Idee: wir wollen drei Quellen mischen:

- Times-Square-Einstellungen
- Einstellungen von Fotografen
- Fotos.

Beginnen wir mit einem Augenkitzel, einem Detail, gehen wir also vom Speziellen ins Allgemeine, von der Naheinstellung zur Totalen. Bevor wir mit dem Schneiden beginnen, schließen wir die Atmo-Spur der Musik ab, denn die soll ja unverändert bleiben.

Wir fangen mit einer Einstellung nach der anderen an. Keine Angst. Mit dem Kurzbefehl Strg und „z“ können Sie jeden Arbeitsschritt zurücksetzen. Sie können genauso gut in der Menüleiste auf „Bearbeiten“ und „Rückgängig“ klicken.

Doch Vorsicht: Sobald Sie ein Projekt geschlossen (beendet) haben, können Sie frühere Änderungen nicht mehr durch Strg+z rückgängig machen.

Wenn Sie einige Einstellungen montiert haben, halten Sie kurz inne und schauen sich im Vollbild-Modus an, wie Ihre Arbeit bisher aussieht.

Welche Einstellungen passen zueinander?

Sie werden schnell herausfinden, welche Einstellungen zu lang und welche zu kurz sind. Achten Sie nur darauf, dass Sie einerseits zwischen den Einstellungsgrößen variieren, aber auch nicht zu große Einstellungssprünge haben.

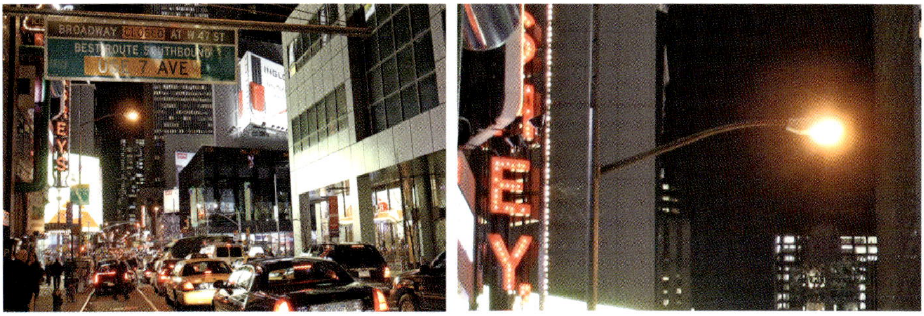

7.20 Suchaufgabe: Wo in der Totalen (links) steht die Laterne (rechts?) Schwierig? Vermeiden Sie deshalb einen Schnitt über zu viele Einstellungsgrößen hinweg.

Schneiden Sie also möglichst nicht Detail auf Supertotale, weil niemand in der (nur Orientierung bietenden) Totale das Detail sofort wiedererkennen würde ■ 7.20. Die beiden Bilder oben geben die Live-Situation des Videos natürlich nicht korrekt wieder. Hier, im Buch, können Sie sich das Detail-Motiv in Ruhe anschauen und es in der Totalen suchen. Im Video sind die beiden Einstellungen schon vorbei, bevor Sie sich die Frage gestellt haben!

Tipp

Vielleicht haben Sie es schon bemerkt: Jetzt ist wieder der Moment gekommen, an dem Sie mit sich selbst als Kameramann/Kamerafrau hadern: Wie sehr hätten Sie sich hier noch eine weitere Totale gewünscht, dort noch einen längeren Stand ohne Reißschwenk, während andere Einstellungen Doubletten sind. Aufschreiben! Für den nächsten Dreh merken!

Genauso wichtig wie der Anfang ist auch das Ende unserer Times-Square-Teilstory. Gedreht wurden zwei schöne Schwenks, doch welchen nehmen? Probieren Sie aus, welcher besser passt. Welcher vielleicht Stimmung und Motiv des vorangegangenen Bildes aufnimmt.

Ein Storyboard

Was ist ein Storyboard? Im Grunde das Ergebnis einer strukturierten Vorüberlegung nach dem Sichten. Womit soll begonnen werden, wie geht es weiter, was steht am Ende? Das können Sie jetzt schon sagen, denn Sie haben ja das ganze Material gesehen. Nun müssen Sie sich nur noch entscheiden. Wir wissen, wie schwer das fällt!

So sähe ein Storyboard für unsere Teil-Geschichte über fotografierende Touristen am Times Square aus ■ 7.21:

Wir beginnen mit einer großen Lichtreklame (1), lösen das Bild in der Totalen auf (2), zeigen zwei kurze Einstellungen von den dynamisch wirkenden Nachrichten-Laufbändern (3), zeigen dann den Fotografen (4), der ein Motiv (5) geknipst hat. Übrigens: Fotos landen automatisch in der zweiten Bildspur. Durch einen Klick auf das Kamerasymbol in der linken Leiste öffnet sich ein Album mit Fotos. Navigieren Sie zu dem von Ihnen vorbereiteten Unterverzeichnis mit den Fotos. In (6) folgen noch einmal der Fotograf und Motiv, Fotografin und Motiv, die tolle rote Treppe (10), die in Motiv (11) noch einmal erscheint, bei der der Fotograf wieder tätig ist, das von ihm aufgenommene Foto (12), und zum Schluss überraschen wir: eine Polizistin (13) pfeift schrill ganz nah an unserer Kamera, die ihr einen Moment folgt und dann in den Nachthimmel schwenkt. Ende dieser Sequenz.

Übung

Zeichnen Sie einen Werbeclip auf und schreiben Sie nachträglich das Storyboard. Warum Werbeclip? Gute Werbeclips beinhalten immer eine Mini-Story. Bei Lukas Podolskis Handelskettenwerbung (http://www.youtube.com/watch?v=2s2HlhdZDEA) spielt zum Beispiel die Zahl „drei" eine wichtige Rolle.

Das so geschnittene Video (ohne Neil Diamond!) finden Sie im YouTube-Chanel „jederkannvideo" (http://www.youtube.com/user/jederkannvideo) oder direkt auf der Seite www.jeder-kann-video.de unter „Schnittstoff". Und so ■ 7.22 sieht die Timeline für diesen Film nach dem Rohschnitt aus:

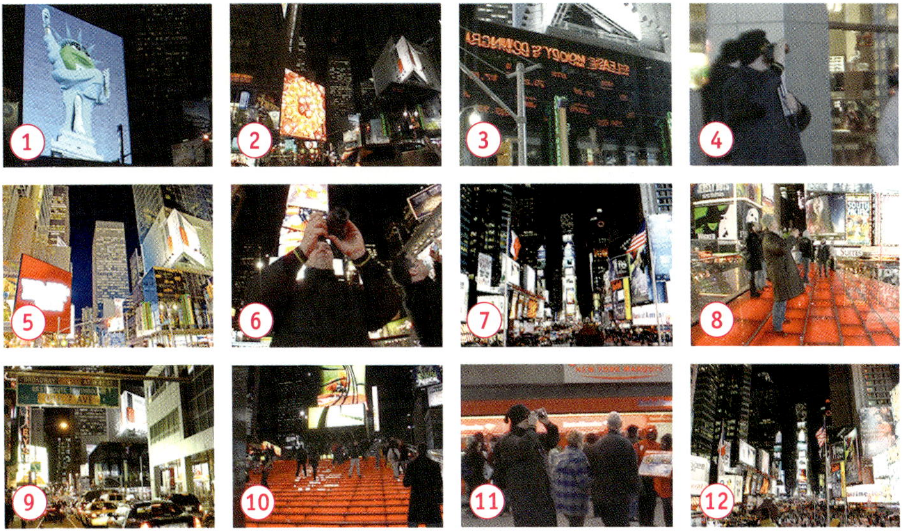

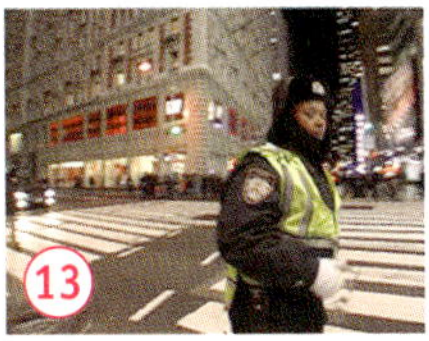

7.21 Times-Square-Story: Den roten Faden für das Times-Square-Material haben wir zu Vorführungszwecken als Storyboard mit Screenshots entworfen.

An Position (1) wurde z. B. in der Bildspur ein Foto eingefügt. Der Ton kommt von der vorangegangenen Einstellung, wir haben ihn „verlängert" (derweil die Bildleiste abgeschlossen). Bei jedem Foto haben wir auf der zweiten Tonspur (2) ein kurzes Klicken des Fotoapparates eingefügt – ist zwar etwas altmodisch, aber immer noch überraschend. Der Musik-Take (3) ist immer noch abgeschlossen, weil wir mit dem Schnitt noch nicht fertig sind. Die letzte Einstellung mit der Polizistin be-

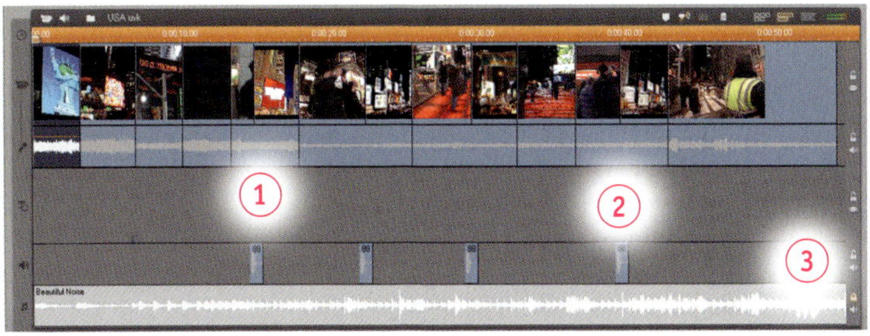

7.22 Klick-Klack: Passend zu den im Schnitt verwendeten Fotos vom Times Square haben wir auf der zweiten Tonspur (2) einen Sound-Effekt platziert.

ginnt mit einem Pfiff von ihr, der in der (obersten)Ton-Spur als Ausschlag auch zu erkennen ist, und zwar als Ausschlag gleich zu Beginn der Einstellung. Wir werden die Töne der ersten Spur alle überblenden, nur der Pfiff wird hart kommen, sonst wäre ja die akustische Überraschung verschenkt!

Danach wenden wir uns der Musikspur zu und bestimmen das Tonmotiv, mit dem die Musik beginnen soll. Hin und wieder wäre es gut, wenn Sie den Takt an der Schnittstelle treffen würden – das dient der Harmonisierung des Ganzen. Wippen Sie mit dem Fuß mit – der Takt kommt dann schon.

Mix von Geräuschen und Musik

Wie sollen Musik und Geräusch gemischt werden? Das müssen Sie als nächstes entscheiden.

Sie möchten vielleicht mit dem „Beautiful Noise" beginnen, den Neil Diamond besingt, aber wir starten mit der Atmo vom Dreh und platzieren dann die Musik so, dass wir bereits zwei Noise-Einstellungen gesehen haben, bevor Neil sie besingt. So ergibt sich dann eine Logik des Wahrnehmens.

Die Atmo der zweiten Einstellung „knallt" ziemlich, deshalb haben wir sie (Bild verriegeln) auf die untere Tonspur geschoben und können sie jetzt manuell überblenden. Und genauso sind wir mit dem letzten Ton verfahren, dem grellen Pfiff der Polizistin: Wir haben die Atmo auf die untere Tonspur gezogen und diesmal aber nicht angeblendet, damit der Pfiff auch wirklich überraschend laut kommt, während die vorangegangene Atmo auf Tonspur 1 langsam ausgeblendet wird.

Wie können Sie nun die Lautstärke verändern?

Klicken Sie mit der linken Maustaste auf die dünne orange-braune Linie, die die Lautstärke darstellt. Der Cursor verwandelt sich in ein Lautstärkesymbol. Sie klicken noch einmal, dann erscheint auf der Lautstärkelinie eine kleine Markierung. Wenn Sie nun (etwas mühsam) mit dem Cursor diese Markierung nach oben oder unten ziehen, verändert sich die Lautstärke bis hin zu den nächsten Lautstärke-Markierungen.

Wenn Sie eine schon gesetzte Lautstärke ändern wollen, verwandelt sich der Cursor in ein hellblaues Lautsprechersymbol und Sie können die Markierung jetzt nach oben und unten, aber auch nach links und rechts bewegen und so über die ganze Tonspur hinweg die Lautstärken variieren.

Leider entzieht sich der Cursor dem Screenshot, sodass wir das hier nicht dokumentieren können.

Wenn Ihnen der Maßstab zu klein ist, vergrößern Sie ihn durch ein Klick auf das Plus-Symbol links unten in der Ecke oder fahren Sie mit der Maus auf die Timeline, der Cursor verwandelt sich in eine Uhr und bei gedrückter linker Maustaste schieben Sie die Timeline auseinander (oder wieder zusammen).

Unsere kleine Ministory vom Times Square ist jetzt 53 Sekunden lang, enthält 14 Einstellungen, benötigt drei Tonspuren und sieht so aus ■ 7.23:

Was haben Sie gelernt?

1. Aus einem längeren Clip eine Minigeschichte herausarbeiten
2. Fotos zum Video hinzufügen
3. Eine Musik einfügen und passend montieren
4. Töne auf mehrere Spuren verteilen und neu pegeln
5. Tonblenden manuell aussteuern
6. Fremde Sujet-Geräusche einfügen

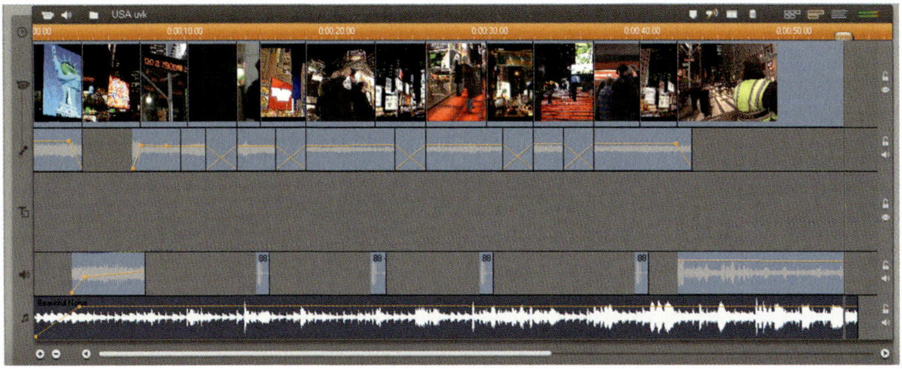

7.23 Urlaubserinnerung: So sieht die Timeline nach Schnitt und Tonbearbeitung aus.

Die Geschichte

Während wir bisher eher Videos von Zufallssituationen und „Erlebnis"-Filmen gestaltet haben, geht es nun um eine anspruchsvollere Gattung: Reportage oder Porträt. Das können auch Auftragsarbeiten für Unternehmen sein, Vereinsporträts oder einfach Geschichten, die Ihnen wichtig sind.

Vorbereitungen

Diese Videos bedürfen – wie in den Kapiteln Idee / Spannungsbogen beschrieben – besonderer Vorbereitungen, von denen Sie beim Schnitt profitieren werden.

Überspielen Sie zunächst Ihr Material. Schauen Sie sich Bandmaterial schon beim Überspielen und digitale Dateien am besten vor dem Überspielen an. Bei größeren Material-Mengen empfiehlt es sich, schon vor dem Überspielen auszusondern. Was Sie nicht benötigen – das muss gar nicht erst überspielt werden. Geben Sie beim Überspielen von analogem Material den Bändern in Pinnacle Studio Namen, dann finden Sie sich in Ihrem Material schneller zurecht.Die 2,7 GB Rohmaterial vom Dreh für dieses Projekt können wir Ihnen leider nicht zur Verfügung stellen (das ist einfach zu viel).

Wir legen aber sowohl die unsynchronisierte Fassung als auch den fertigen Film zum Nachvollziehen auf unsere Sites.

Vor dem Schnitt sollten Sie eine Shotlist schreiben, in der Sie die wesentlichen verwendbaren Inhalte der Einstellungen festhalten. In der Shotlist stehen zunächst die Dateinamen (bei digitalen Aufnahmen) oder die Timecode-Zeiten der Kamera. Daneben schreiben Sie kurze Stichwörter. Markieren Sie mit Sternchen oder Kreuzen, jedenfalls schnell erkennbar, besonders wichtige Einstellungen.

Wenn Sie mit einer Digitalkamera arbeiten, sind Ihre gedrehten Einstellungen nummerierte Dateien. Jedes Mal, wenn Sie beim Dreh auf „Aufnahme" gedrückt hatten, entstand eine neue Datei. Deshalb sind digitale Aufnahmen schon in der Kamera trennscharf löschbar.

Beim Überspielen von analogen Bandaufnahmen können Sie die Szenenerkennung aktivieren. Dann wird das Material sofort in die einzelnen gedrehten Szenen unterteilt. Das kann bei wenig Material sehr sinnvoll sein, bei viel gedrehtem Material wird die Menge der Szenen schnell unübersichtlich.

Starten Sie nun ein neues Projekt, das einen selbsterklärenden Namen hat. Legen Sie in → Setup → Projekteinstellungen fest, welches Projektformat Sie verwenden. Das hier verwendete Flip-Material benötigt die Einstellung 1280 × 720, 30p. Das bedeutet, dass jedes einzelne Bild 1280 × 720 Pixel groß ist und dass eine Sekunde Videomaterial aus 30 Bildern besteht. Achten Sie unbedingt auf korrekte Projekt-Voreinstellungen. Oder klicken Sie in den Projekteinstellungen auf „wie im ersten Video", dann richtet sich das Programm nach der ersten Einstellung, die Sie auf die Timeline ziehen. Pinnacle Studio hat die Szenen durchnummeriert und wird sie auch immer in dieser Reihenfolge im Album präsentieren.

Wir schneiden in diesem Beispiel HD-Material. Unser Schnitt-Rechner ist zwar „schon" zwei Jahre alt, doch das Öffnen des Materials geht recht flott, solange man Szene für Szene auf die Timeline spielt – und nicht alle auf einmal. Es kann bis zu 20 Sekunden dauern, bis eine 20-Sekunden-Einstellung komplett gerendert und für den Schnitt vorbereitet ist. Derweil können Sie sich das Material schon ansehen. Sie können in den Pinnacle Studio-Voreinstellungen aber auch das sofortige Rendern ausstellen. Dann kann die Vorschau etwas ruckelig werden. Anhalten und neu starten, dann beruhigt sich das Bild wieder. Die Bearbeitung geht insgesamt schneller. Jedoch beim Ausspielen benötigt das Programm später einen zusätzlichen Render-Durchgang!

Bei analogem Material geht das Öffnen der Szenen natürlich wesentlich schneller. Bevor Sie jetzt also eine schicke kleine HD-Videokamera kaufen, prüfen Sie Grafikkarte und Prozessor Ihres Rechners auf Zukunftstauglichkeit! Achten Sie beim nächsten PC-Kauf besonders auf die Videotauglichkeit der Grafikkarte. Hier ein paar Euro mehr investiert machen sich beim Schnitt bezahlt.

Von der Story zum Storyboard

Unsere Story aus dem Garten der Sinne hat folgende Aussageabsicht: „Überraschende Sinneswahrnehmungen erlebt man im Wiesbadener Schloss Freudenberg. Sogar Erwachsene haben daran Spaß, wie eine Gruppe Kindergärtnerinnen aus der Eifel zeigt, die ihr Betriebsausflug dorthin führte". Wir haben dieses Video so produziert, dass wir daran viele verschiedene Elemente demonstrieren können.

Das fertige Video könnte der Kindergarten oder Schloss Freudenberg auf die eigene Homepage stellen. Wir haben es auf YouTube hochgeladen, damit Sie es dort finden und sich ansehen können, wovon in diesem Kapitel die Rede ist. Noch einmal: Es ging uns um eine einfach nachzuvollziehende Videoproduktion. Die hippe Story machen Sie dann!

Während der Ansicht des Rohmaterials machen Sie sich Notizen, in welcher Datei welche wichtigen Szenen zu finden sind. Fertigen Sie eine möglichst detaillierte Shotlist an.

Tipp

Und jetzt ein ganz und gar untypischer Ratschlag für die „Digital Natives": Notieren Sie alles gut lesbar in mehreren Spalten auf guten alten übersichtlichen DIN A4-Papier-Blöcken! Ja, bitte auf tote Bäume! Denn: Sie können die Seiten später nebeneinander auf Ihren Arbeitsplatz legen. Spalte 1: Name (nur die Ziffer) der zu verwendenden Datei, Spalte 2: Stichworte zum Inhalt, Spalte 3: falls vorhanden: Ideen zu einer kleinen Reihenfolge in einer Sequenz. Wenn Sie viel Material haben, ist das eine ungeheure Erleichterung, weil man das Gesuchte schnell findet und nicht ständig suchend hin- und herspringen muss.

In unserem Material gibt es eine Protagonistin, die nicht mit aufs Bild wollte. Auf Einstellungen mit ihr haben wir deshalb verzichtet bzw. sie ist nicht erkennbar. Das haben wir auch notiert.

Malen Sie sich vor dem Schnitt aus, wie einige (nicht alle) Einstellungen hintereinanderpassen würden. Was bringt die Geschichte voran? Eine Reportage hat immer Protagonisten, die für uns etwas erleben (oder wir sind es selbst). Wer sind unsere Protagonisten? Und: wie viel Zeit zum Texten in den einzelnen Sequenzen brauchen Sie?

Unser Storyboard sähe so aus:

1. Außeneinstellung, darunter Geräuscheffekte von späteren Experimenten
2. Totale der Gruppe
3. O-Ton Führerin
4. Erstes Experiment (das springende Wasser – kennen Sie schon)
5. Drei kurze Zwischenschnitte von weiteren Experimenten
6. Gruppe geht zum nächsten Raum Treppe hinunter
7. Zweites Experiment (Sonnenlicht durchs Prisma gesehen)
8. Drittes Experiment (Synchronschaukeln – Teamübung)
9. Gruppe geht weg
10. Schloss wieder von außen, unter den beiden letzten Einstellungen wieder die Geräusche vom Beginn, die man jetzt den Experimenten zuordnen kann.

Wie beginnen? Diese Frage kennen wir schon. Während des Sichtens haben Sie sich vielleicht schon für einen Ansatz entschieden: Vom Allgemeinen ins Spezielle oder vom Überraschenden ins Allgemeingültige – oder Sie haben eine andere besonders aussagekräftige Einstellung für den Anfang gefunden.

Schnittbeginn mal mit Tönen

Uns ist bei der Betrachtung des Materials aufgefallen, dass es Einstellungen mit besonders starken Tönen gibt, in diesem Fall sind es akustische Effekte, Musiktöne, Hammerschläge. Deshalb beginnen wir den Schnitt ausnahmsweise mit dem Ton, ziehen die ausgesuchten Einstellungen auf die Timeline, schließen den Ton ab und entfernen die Bildspur – nur der Ton bleibt übrig. Dann ziehen wir die einzelnen Toneffekte, mit denen der Film beginnen soll, auf die darunterliegende Spur für Sound-Effekte (mit dem Lautsprechersymbol). Danach wählen wir drei Bild-Einstellungen für den Beginn. Drei ist eine magische Zahl, es gilt auch hier: Einmal ist Zufall, zweimal ist Versehen, dreimal ist Absicht!

Wir wählen drei scheinbar „normale" Einstellungen vom Haus außen, ziehen sie mit der Original-Atmo auf die Timeline.

Damit wollen wir Spannung wecken: Was ist denn das für ein Haus und wieso hört man da so merkwürdige Töne? Da bleibe ich, Zuschauer, aber mal dran, denn ich will mehr wissen … Das ist unsere Spekulation als Autor!

So sieht die Timeline ■ 7.24 nach den ersten Entscheidungen aus:

Die ungewöhnlichen Geräusche haben wir auf den beiden unteren Tonspuren abgelegt (1), damit wir manuell zwischen ihnen blenden können. Zwischen den ersten drei Außenaufnahmen ist der Ton jeweils geblendet

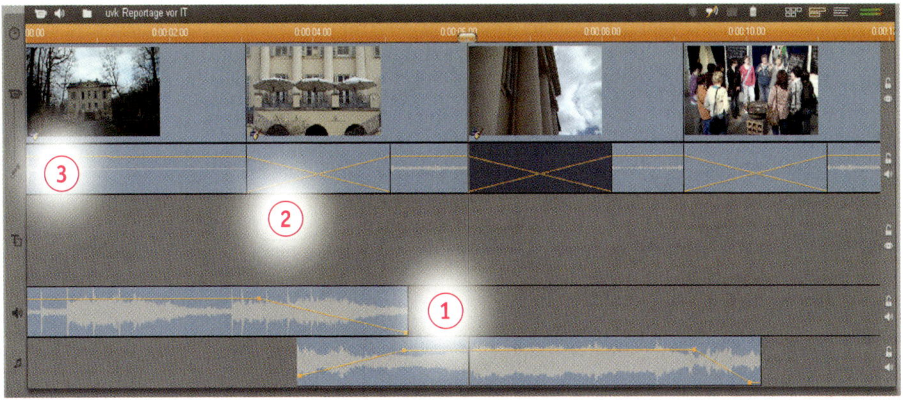

7.24 Effektvoll: Die zusätzlichen Geräusche wurden auf zwei verschiedenen Tonspuren abgelegt. So können sie „von Hand" geblendet werden.

(2). Die Einstellungen waren nicht ganz ruhig. Wir haben deshalb den Videoeffekt „Stabilisieren" hinzugefügt. In der linken unteren Bildecke der Einstellungen können Sie ein Pinselchen-Symbol sehen, das signalisiert, dass an dem Originalmaterial Veränderungen vorgenommen wurden.

Jetzt lernen wir die Protagonistinnen kennen: die Kindergärtnerinnen und ihre „Animateurin".

Ein U-Schnitt im O-Ton

In der nächsten Einstellung haben wir einen O-Ton der Führerin mit dem Bild einer Zuhörerin „unterschnitten". Das nennen Videoreporter einen U-Schnitt 7.25.

O Ton der Führerin mit Zuschauer „unterschnitten"

Links und rechts ist der O-Ton der Führerin synchron zu sehen und zu hören, dazwischen hört man sie zwar, sieht aber stattdessen eine ihr freundlich zulächelnde Zuhörerin, das ist der sogenannte Zwischenschnitt. Was ist das und wie geht das?

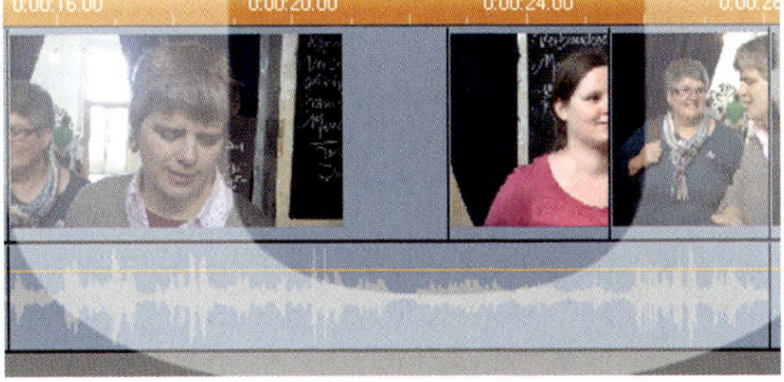

7.25 **Achten Sie auf das „U"!** Der Ton läuft ungeschnitten auf der Tonspur, in der Bildspur haben wir als optische Auflockerung eine aufmerksame Zuhörerin hineingeschnitten.

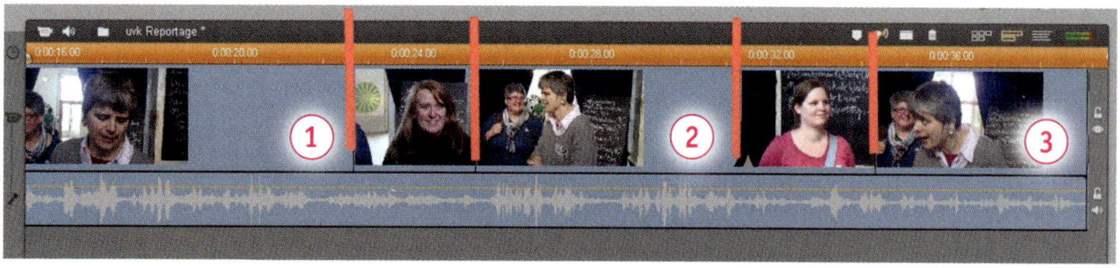

7.26 Wie interessant! Mehrere unterschnittene Bilder für einen langen O-Ton.

In einem der O-Töne erzählt die Führerin sehr anschaulich, wie wir unsere Umgebung neu wahrnehmen können. Leider ist der komplette O-Ton länger als drei Minuten. Uns interessiert nur die Passage zwischen Sekunde 15 und Sekunde 39. Lange vierundzwanzig Sekunden O-Ton sind optisch nicht so attraktiv. Schöner wäre es, wenn wir die Reaktionen der Zuhörer gleich mit dazu nehmen könnten. Deshalb „unterschneiden" wir den O-Ton mit Einstellungen von Zuhörerinnen ■ 7.26.

Oben sehen Sie den in der Tonspur durchlaufenden O-Ton. Die roten senkrechten Striche markieren die Schnitte. Der O-Ton hat also fünf Einstellungen. (1), (2) und (3) sind lippensynchron, dazwischen sehen wir statt der Führerin die interessiert wirkenden Zuschauerinnen.

Wie geht das? Wir setzen erst den kompletten O-Ton auf Bild- und Tonspur, schneiden dann vorne und hinten die nicht benötigten Teile ab. Dann schließen wir die Tonspur ab und setzen im Bild die gewünschten Schnitte. Entfernen Sie die nicht benötigten Teile und ziehen Sie (bei abgeschlossener Tonspur) einfach die gewünschten Zwischenschnitte auf die Bildleiste.

In diesem U-Schnitt könnten wir auch den O-Ton der Protagonistin kürzen. Wäre sie währenddessen im On, würde das durch einen Bildsprung auffallen (probieren Sie's mal aus!). So ist sie zeitweise im Off und da geht auch ein Tonschnitt (weitere Beispiele im Kapitel über den Dreh).

Wir ziehen, so wie wir es uns im Storyboard schon mal ausgemalt haben, Einstellung für Einstellung auf die Bildleiste. Dabei bemühen wir uns um einen Wechsel der Einstellungsgrößen und landen nach mehreren Versuchen und vielen Einkürzungen bei einer Videolänge von rund 2:20 Minuten.

Jetzt speichern wir das Projekt!

Hören Sie auch mit? Sind Tonsprünge zwischen zwei Einstellun-

Tipp

Zwischendurch sollten Sie sich das Material immer wieder im Vollbildmodus (rechts oben ein Klick auf den Pfeil) anschauen, um herauszufinden, ob die Einstellungen einerseits lang genug, andererseits aber auch nicht zu lang sind. Sofern sich im Bild nichts tut, ist heute eine drei-Sekunden-Stand-Einstellung absolutes Maximum.

gen? Hilft eine Blende? Oder müssen Sie manuell blenden?

Wir haben gute Erfahrungen damit gemacht, vor dem Ausspielen für die erste Mischung alle Töne an den Schnittstellen mit Kreuzblenden zu verbinden (vorher die Bildleiste „abschließen"). Das hört sich harmonisch an, der eine Ton wird langsam abgeblendet, das Bild wechselt wenn der Schnitt kommt, der neue Ton wird langsam aufgeblendet. Sehr professionell!

Was haben Sie gelernt?

1. Material vor dem Überspielen reduzieren
2. Shotlist schreiben
3. Von der Story zum Storyboard
4. Schnittbeginn mal anders: mit Tönen
5. Ein U-Schnitt im O-Ton, auch zum Kürzen geeignet
6. Arbeiten mit Tönen und Tonmischung
7. Ausspielen, um Kommentarton aufzunehmen

Jetzt sind wir soweit: Das Material kann als Datei ausgespielt werden (siehe drei Kapitel weiter unter Hochladen und Ausspielen). Erst jetzt „entsteht" der neue Film. Alles, was wir bisher gesehen haben, waren nur Verweise auf die Dateien, die sich Pinnacle Studio immer dann geholt hat, wenn sie für die Vorführung an der Stelle gebraucht wurden. Jetzt wird auch klar, warum ein Filmschnitt so ressourcenfressend ist, und Prozessor, Festplatten und RAM-Speicher bis an die Grenzen belastet werden. Spielen Sie in der bestmöglichen Qualität aus.

Diese neu entstandene Version des geschnittenen Films hat jetzt nur noch eine einzige Tonspur, auf der alle Geräusche, O-Töne, Musik usw. im richtigen Verhältnis zueinander gemischt wurden. Mit Hilfe dieser Zwischenkopie werden wir später die Text- und die Endversion erstellen.

Was wir hier beschreiben, klingt möglicherweise kompliziert – ist aber in der Videoproduktion Alltag. Jeder Film mit Kommentar, den Sie irgendwo sehen, sei es im Netz, im TV-Programm oder auf der Videoleinwand in der U-Bahn, ist so entstanden. Deshalb noch einmal die Schritte im Einzelnen:

Checkliste

Checkliste für die Videoproduktion:

- ☐ Konzept ausdenken, recherchieren, Drehmöglichkeiten ausloten
- ☐ Filmbilder und Töne aufnehmen
- ☐ Material überspielen, Shotlist aufschreiben und bewerten
- ☐ Nach Ansicht Storyboard ausdenken
- ☐ Bild- und Ton schneiden und montieren
- ☐ Töne abmischen und ins richtige Verhältnis bringen
- ☐ Die verschiedenen Bild- und Tonspuren zu einer einzigen ersten Version ausspielen (nur Geräusche und O-Töne, ohne Kommentarton)

Später folgen noch:

- ☐ Kommentar dazu aufnehmen
- ☐ Geräusche und Kommentar im richtigen Verhältnis mischen und zu einer neuen, der Endversion ausspielen (siehe weiter unten).

Was noch alles geht …

Bevor es nun mit dem Texten weitergeht möchten wir Ihnen einige zusätzliche Tools des Schnittprogramms vorstellen.

Montagethemen (linke Menüleiste; erst ab Pinnacle Studio 12) bieten schicke, animierte Indikative, Vorspänne für Ihren Film an, bei denen vorneweg ein paar animierte Appetizer aus dem Video gezeigt werden. Probieren Sie zum Beispiel ein Album aus, in dem Sie im Vorspann Screenshots von Einstellungen in eine Art Fotoalbum einfügen können, das letzte Bild startet den Film.

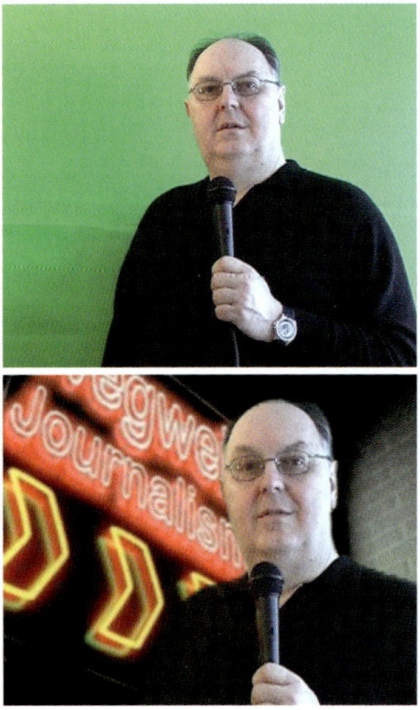

7.27 Living in the box: Oben steht der Wegweiser-Autor vor der „green box“, einem bei der Pinnacle-Collection mitgelieferten Tuch in intensiver grüner Farbe. Unten haben wir im Schnitt anstelle des grünen einen neuen Hintergrund eingefügt.

In der Ultimate-Collection-Version wird ein grünes Tuch mitgeliefert, das Sie als *Greenbox* verwenden können. Sie stellen sich (oder Ihre Protagonisten) vor das Tuch ■ 7.27, leuchten es möglichst gleichmäßig aus und können dann im Film das Grün durch beliebige Fotos oder Videoeinstellungen ersetzen. So stehen die Protagonisten plötzlich in Hawaii, Turkmenistan, oder Castrop-Rauxel. Toolbox → Video-Overlay-Effekte führt Sie dorthin. Hier finden Sie die Bild-in-Bild-Effekte und Greenbox-Einstellungen. In dem UVK-Video für das Buch „Fernsehen machen“ stand der Autor zum Beispiel während der Aufnahme vor einer Greenbox, im Schnitt wurde grün durch einen Ausschnitt vom Buchumschlag ersetzt. Haben Sie's bemerkt? Wir haben die Autoreneinstellung nachträglich ein wenig herangezoomt. Das sieht präsenter aus.

Über die Toolbox können Sie auch eine *Hintergrundmusik* einfügen, Pinnacle Studio stellt Ihnen Musik ohne Urheber-Rechte und GEMA-frei (!) zur Verfügung. Diese Musik können Sie in jeder beliebigen Länge verwenden. Dabei handelt es sich um eine Art Akzentmusik-Generator in unterschiedlichen Kategorien und Genres. Dieses „Scorefitter“ genannte Tool können Sie durch Zukäufe bei Pinnacle Studio erweitern.

Die Red-Giant-Knoll-Light-Factory (*Videoeffekte*) spendet wunderbare Lichteffekte, leider nur in der Ultimate Collection.

Für die Ausspielung auf eine DVD können Sie in allen Pinnacle-Studio-Versionen über die Toolbox → *Menünavigation* Ihrem Video ein professionell wirkendes DVD-Menü mit Sprungmarken zu von Ihnen gesetzten Kapiteln hinzufügen. Das erfordert etwas Übung, macht aber viel her.

8. Texten – weniger ist mehr

8. Texten – weniger ist mehr

Ach, so kurz!

Den meisten Videoreportern wäre es wohl am liebsten, einen Film ganz ohne Text laufen zu lassen. Denn wer schon einmal zu texten versucht hat, stellt schnell fest: „Das ist ja viel schwieriger, als ich gedacht habe...!"

Stimmt. Einfach ist es nicht, einen interessanten, erzählenden und zeitlich passenden Text zu verfassen. In der letztgenannten Anforderung steckt nämlich das größte Problem. Wer sich vor seinen Monitor setzt, den Film im Pinnacle-Menü „Filmkommentar aufnehmen" startet und die rote Lampe für den Einsatz zur Sprachaufnahme blinken sieht – „3, 2, 1..." – erkennt schnell, dass die einzelnen „Takes" schrecklich kurz sind. Viel zu kurz! Im Schnitt hat man sich noch diszipliniert, man hat eventuelle Längen heraus gekürzt. Das „rächt" sich nun. Denn jeder gewöhnliche Subjekt/Prädikat/Objekt-Satz, den wir in Briefen, Mitteilungen oder Blogs schreiben, übersteigt im Normalfall bei weitem die Länge eines Film-Takes. Das Ganze ist ein einfaches Rechenexempel: ein Film von etwa zwei Minuten Länge, darin enthalten einige O-Töne, hat als Textzeit etwa eine Minute und zehn Sekunden. Ziehen wir die Pausen vor und nach den Umschnitten ab, dann reduziert sich der Textanteil auf eine einzige Minute. Eine Minute Text! Das sind 15 Zeilen auf einem DINA4-Blatt. Und darin sollen wir nun witzig formulieren, alles erklären, zu den O-Tönen hin- und wegführen...!

Keine Sorge, es geht.

In der Kürze liegt die Würze

Diese Übung trainiert, kurz und trotzdem spannend zu erzählen.

Es hilft, sich von Anfang an klar zu machen: Wer bin ich eigentlich, in welcher Rolle will ich zum Zuschauer sprechen?

Man nennt das die Definition der Textperson. (Wer sich etwas für die theoretischen Grundlagen und viele weitere gute Tipps interessiert, kann hier fündig werden: Ordolff, Martin, Wachtel, Stefan: Texten für TV. Konstanz, 2009)

Übung

Stellen Sie sich vor, sie müssten Ihre Erlebnisse der letzten vier Stunden sowohl der schwerhörigen Oma in Uelzen (möglichst noch am Telefon) als auch dem vierjährigen Nachbarsjungen von nebenan erzählen – und zwar in 30 Sekunden.

Beispiele: die „normalste" Haltung ist die des erzählenden, beschreibenden Reporters. Das sieht und hört man täglich im Fernsehen, aber genau so ist man täglich genervt von mangelnder Inspiration, Unverständnis. Ein gutes Beispiel dafür: viele Nachrichtensendungen. Jeder kann das im Selbstversuch abends feststellen: Wie viel habe ich von dem, was mir in dieser Sendung präsentiert wurde, verstanden? Und wie viel habe ich davon behalten? Uns lassen die dort ausgestrahlten Filme häufig ratlos zurück – wir fragen uns, was die in dem Beitrag gezeigten Menschen gerade tun, warum sie auftauchen und was uns die Autoren eigentlich über sie berichten wollen. Wir wissen, dass sich Redaktionen grundsätzlich darum bemühen, die Komplexität der Beiträge zu reduzieren, und dafür die Verständlichkeit der Texte, vor allem aber die der Bilder, zu erhöhen.

Textpersonen

Vor dem Texten also müssen wir uns klar darüber werden, welche Haltung wir einnehmen, welche „Textperson" wir darstellen wollen. Wichtig ist, die einmal gewählte Position konsequent durchhalten!

Hier eine kleine Auswahl:

Man kann zum Beispiel eine *erzählende* Haltung einnehmen wie im Märchen. Wenn ein Film mit: „Es war einmal..." beginnt, ruft er beim Zuschauer eine sehr konkrete Erwartung im Hinblick auf den Erzählstil hervor.

Sehr gerne wird auch eine *kritische* Position eingenommen. Wenn sie durch das Bildmaterial, die O-Töne und insbesondere Interviews und Fragen gestützt wird, kann eine solche Haltung zu ansehnlichen Ergebnissen führen. Ist allerdings nur der Text in der „Kühle der Redaktionsstube" kritisch verfasst, aber der Film belegt die Kritik an keiner Stelle, dann wird die Absicht konterkariert – wir glauben dem Autor nicht. Wer sich also gerne „kritisch gibt", sollte sich Fragen und Argumente, gespeist aus den Rechercheergebnissen, zurechtlegen, die dann bei Interviews den Partnern entgegengehalten werden können. „Kritische", oder wie der Fachbegriff heißt, investigative Filme reihen ein Argument ans andere, wie die Perlen auf der Schnur. Bilder, O-Töne, und Textpassagen belegen Thesen, die dem Zuschauer nachvollziehbar präsentiert werden.

Gerne eingenommen wird auch die *ironische* Haltung. Wir wollen nicht davor warnen – aber es ist unbestritten, dass Ironie häufig nur vom Autor verstanden wird, der Rest der Welt hingegen die Aussagen fehlinterpretiert, oder zumindest rätselhaft findet. Wenn die ironische Haltung gelingt, führt sie zu herrlichen Ergebnissen – solche Filme schaut man sich gerne mehrfach an. Zum Beispiel den Schrankenwärter am Bahnübergang von Groß Duengen (www.youtube.com/watch?v=xZYvQNB5FXY):

Darin enthüllt eine NDR-Reporterin die unfreiwillige Komik der Arbeit von Schrankenwärter Laumann. Hinter seinem Bahnübergang ist die Straße nämlich zu Ende. Er öffnet und schließt die Schranke nur für die Bewohner eines einzigen kleinen Hofes. Unvergesslich die Szene, in der es zur „Signal-

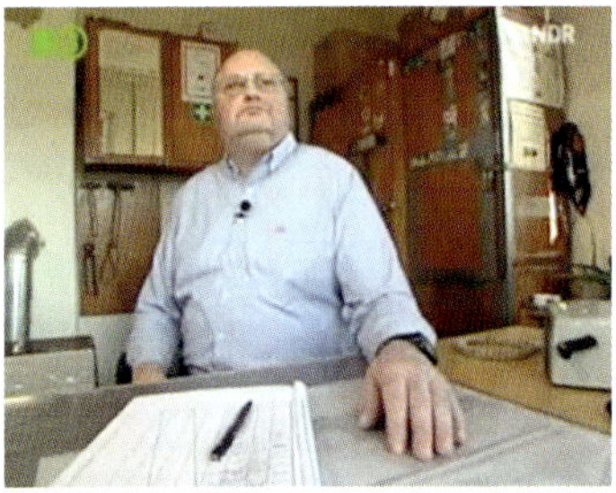

8.1 Immer bereit: Schrankenwärter Laumann (Quelle: YouTube)

mittelprüfung" kommt, Schrankenwärter Laumann pustet ins Signalmittelhorn und stellt fest, dass ein Ton herauskommt, es also funktioniert, und das wird fein ordentlich protokolliert ■ 8.1.

Das wirkt urkomisch. Die Ironie, die in diesem Film nur durch den Text und die Art des Vortrags transportiert wird, funktioniert gut. Aber: Man muss ein Auge haben für Themen, die solche Ironie vertragen.

Es gibt noch viele weitere Ausprägungen von Textpersonen. Ein gern benutztes Beispiel: die *stark zurückgenommene* Variante. Das heißt, der Film funktioniert ganz ohne Text, nur mit Hilfe der O-Töne, der „situativen O-Töne" und der Off-Töne. Diese Spielart verlangt viel Arbeit vor Ort, denn man muss die Partner zum ausführlichen Erzählen animieren, in möglichst ruhigen Winkeln, da man sie ja später im Film über lange Strecken nicht sehen kann, sondern nur hört, was sie erzählen. Im Bild sehen wir meist, wie sie ihre normalen Tätigkeiten ausüben. Die O-Töne müssen so ausführlich sein, dass man eine gute Auswahl hat und experimentieren kann. Außerdem müssen die Einstellungen/O-Töne alle Themenbereiche abdecken, die im Film angesprochen werden und die zu sehen sind, denn sonst entsteht Sünde Nummer 1, die da heißt: Verwirrung.

Die Textperson kann sich aufs *Geschehen* konzentrieren oder sie kann sich nur und ausschließlich dem oder den *Protagonisten* zuwenden – das wäre dann die klassische *Reportage*. Es gibt also viele schöpferische Möglichkeiten.

Noch einmal wiederholt, weil's wichtig ist: Die einmal eingenommene Haltung der Textperson muss bis zum Schluss durchgehalten werden! Wer die Textperson in einem Film, womöglich sogar mehrfach, wechselt, irritiert den Zuschauer. Viele andere „Sünden" verzeiht der Filmkonsument, diese Sünde der Verwirrung nicht. Sie führt innerhalb von Sekunden zum Abschalt- oder Wegklickimpuls.

Aller Anfang ...

Nach all den aufregenden Hindernissen, die man bis hierher mehr oder weniger elegant und kreativ umschifft hat, kommt nun also der einsame Moment des Textens. Man bereitet sich vor, schaut sich den Film, den man schon fast auswendig kennt, noch einmal an und wartet auf die Inspiration. Aber die Muse will einfach nicht küssen. Man schreibt einen ersten Anfang hin, verwirft ihn wieder, einen zweiten, einen dritten, verwirft alle und beginnt, das gesamte Projekt insgeheim zu verwünschen.

Unser Trost: diese Blockaden am Anfang der Textarbeit sind völlig normal. Bis hierher hat man sich um so vieles kümmern müssen: Fakten, Bilder, Töne, Protagonisten. Von all dem muss man nun erst einmal Abstand nehmen. Und durchatmen! Jetzt hilft ein Blick in die Unterlagen, die man sich hoffentlich vom Drehort mitgenommen hat. Zum Beispiel alle Prospekte, die herumlagen. Oder man wirft einen Blick ins Netz. Man beginnt mit der Website des Drehpartners, recherchiert assoziativ bei Google oder Wikipedia. Und schließlich ist es äußerst hilfreich, einen Blick in die eigenen Notizen zu werfen, also das Recherchebuch. Wir haben nach dem Dreh, wie in dem entsprechenden Kapitel schon beschrieben, die Kamera beiseitegelegt und eine Fülle von Informationen erfragt, von denen wir glaubten, sie könnten irgendwann nützlich sein. Also: Alter, Beruf, Ausbildung, Werdegang der Menschen, mit denen wir zu tun hatten; natürlich auch die emotionalen Fragen gestellt, wie zum Beispiel „Was war für Sie das Überraschendste, das sie erlebt haben? Was hat sie schon einmal richtig erfreut? Worüber haben Sie sich geärgert?" Da kommen dann in den meisten Fällen die persönlichen Antworten, die man noch am Drehort protokolliert – sonst vergisst man sie nämlich wieder! Sie sind Grundlage für den Text.

Die größte Hürde beim Texten türmt sich auch deswegen am Anfang auf, weil hier der Kammerton für den gesamten Beitrag vorgegeben wird.

Wenn es dann wirklich los geht, sollten alle vorformulierten Textangebote wieder vom Tisch: Prospekte, Flyer, Pressetexte, deren gefällige Formulierungen man nur allzu gerne übernimmt. Denn diese Texte sind zum Lesen geschrieben. Wir brauchen aber Texte fürs Hören. Mehr noch: Texte, die unsere Augen beim Verstehen der Bilder/Sequenzen unterstützen.

Der beste Anfang ist deshalb ... eine Pause. Lassen wir den Betrachtern ein paar Sekunden Zeit, sich im Videobild zurechtzufinden. Ergänzen wir zu Beginn diese Orientierung nur mit wenigen Begriffen, Halbsätzen ...

Denn wenn der Zuschauer schon am Anfang des Videos erraten muss, wer das ist, den er da sieht, und was dieser Mensch eigentlich tut – dann hat der Videoreporter Sünde Nummer 1 begangen. Und dagegen hilft kein Ablass. Der Rezipient hilft sich selbst und macht von dem Recht auf sinnvolle Verwendung seiner Lebenszeit Gebrauch – er klickt weg.

Subtext

Viele Videoreporter retten sich aus dieser Situation mit einer reinen Bildbeschreibung. In unseren Seminaren zum Thema „Wie mache ich gutes Fernsehen?" lassen wir häufig Beiträge über das Leben von Blinden herstellen. Überraschenderweise gibt es nämlich eine große Anzahl von Hilfsmitteln für

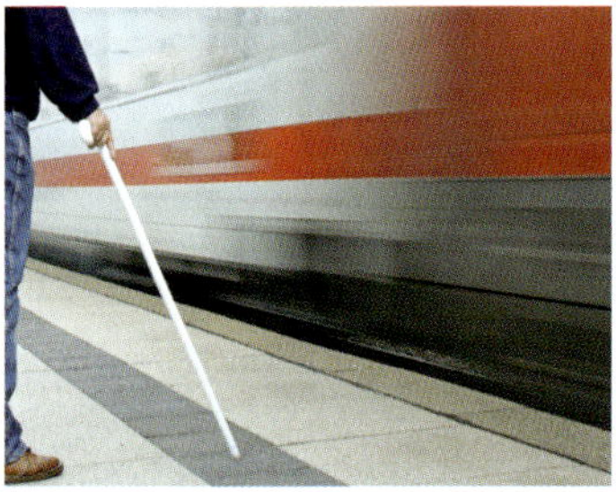

8.2 Wichtige Einstellung eines Films über Blinde: Der Stock leitet sie in sicherem Abstand an der Bahnsteigkante entlang.

sie: Brailleschrift auf der Computertastatur und an den Aufgängen zu Bahnsteigen, Leitlinien auf Gehwegen, dreidimensionale Übersichtstafeln …

Diese Einstellung findet sich deshalb zu Recht immer im Film ■ 8.2:

Die blinde Grit ertastet mit ihrem Stock die Leitlinien, die sie vor der Kante des Bahnsteigs und dem einfahrenden Zug warnen.

Eine typische Bildbeschreibung wäre nun: „Die blinde Grit steht am Bahnsteig und wartet auf den Zug!" Genau das sieht aber jeder. Das ist also langweilig! Emotionslos! Dabei steckt in diesem Bild so viel mehr! Ein spannender *Subtext* könnte demnach folgendermaßen lauten: „Angst! Sind das schon die Gleise? Sie darf keinen Zentimeter zu weit gehen. Jede Reise ist für die blinde Grit die Hölle …"

Der *Subtext* dockt also am Bild an und erklärt es („…die blinde Grit…"), er erzählt aber vor allem, was man *nicht* sieht, gibt Informationen, die der Reporter recherchiert hat: „Jede Reise ist für die blinde Grit die Hölle …". Der Aufmerksamkeitspfeil wird sozusagen in den Spannungsbogen eingelegt und die Sehne gespannt. Man möchte jetzt wissen, ob und wie Grit es schafft, ans Ziel zu kommen. Und deshalb bleibt man dran. Der Anfang verspricht, gleich mehr darüber zu erfahren, wie Grit ihre Schwierigkeiten meistert. Nach unserer Erfahrung „flutscht" es viel leichter, wenn der Anfang geschrieben wurde. Die Textperson steht fest, die ersten Sätze definieren den Stil des Textes und transportieren Basisinformationen, die man benötigt, um in den Film hineinzukommen.

Nach dem Anfang ist vor dem Ende

Hier ein paar Tipps für das weitere Texten, nachdem man die ersten 20 Sekunden geschafft hat:

Video-/Fernseh-/-Film-Texte können auch als *„sprechbare Gedankenschritte"* bezeichnet werden. Wenn man sich beim Probelesen immer wieder an ein und derselben Stelle verhaspelt, weil dort die Luft fehlt oder zu viele Substantive aufeinander folgen, dann sollte der Text an dieser Stelle geändert – eben *sprechbar* – werden. Im Text muss ein Schritt auf den anderen folgen, so wie man auf einem Weg vorangeht. Nur sollten es hier *„Gedankenschritte"* sein. Sprünge sind mit Risiko verbunden – wie im richtigen Leben. Denn jeder Sprung beinhaltet die Gefahr, dass der Aufmerksamkeitsfaden reißt. Wegklick- oder Abschaltimpulse sind die Konsequenz. Wir bezeichnen unsere Rezipienten gerne als scheue Rehe, die im frühen Morgendunst auf einer Waldlichtung äsen und sich immer wieder vergewissern, ob es nicht irgendwo besseres Gras gibt. Eine einzige piekende Distel, etwas verdorbenes Kraut – und schon hüpfen die Rehe davon, auf der Suche nach neuen, interessanteren Futterplätzen. Wir beschreiben hier etwas ironisch, was die empirisch ermittelten Zahlen der Zuschauerforschung belegen: Zuschauer sind unstet, schnell gelangweilt, gnadenlos im Wegzappen. Gewissensfrage: Verhalten wir selbst uns anders?

Nur zehn Wörter pro Satz – und keine Fremdwörter!

Um erst gar keinen Fluchtimpuls des Zuschauers aufkommen zu lassen, schreiben wir einen klaren Text mit kurzen, einfachen Sätzen, die bei einmaligem Hören sofort und gut zu verstehen sind. Wir wissen, dass diese Art zu texten mit den sonstigen Anforderungen an Schriftstücke, die im Laufe eines Lebens verfasst werden, nichts zu tun hat: mit Thesenpapieren, Beschlussvorlagen, Examensarbeiten … Meist sollen sie bedeutungsvoll sein, gescheit klingen und unsere Bildung belegen. Nach diesem Muster einen Film-/Video-Text zu verfassen wäre katastrophal! Denn: Bedeutungsträger ist in erster Linie das Bild – zu etwa 85 Prozent. Demzufolge bleiben nur 15 Prozent – NEIN – nicht für den Text, sondern für alles, was wir hören: Geräusche, Musik, O-Töne, Off-Töne, Reportertext. Deshalb also muss der Text möglichst einfach und sofort zu verstehen sein. Er sollte in origineller Umgangssprache geschrieben sein, denn diese erfüllt am ehesten die oben beschriebenen Voraussetzungen. Ein gutes Mittel, um zu überprüfen, ob der Text diesen Anforderungen genügt, lautet: Wörter zählen! Mehr als zehn in einem Satz sind zu viel! Oder: Kommas zählen. Mehr als eins ist nicht erlaubt. Einschübe zwischen zwei Kommas ergeben meist einen schönen neuen Satz.

Verwenden Sie allerhöchstens *eine einzige Zahl* pro Filmminute. Und bitte nur eine Zahl, die wirklich aussagekräftig ist. Wenn ein Platz 7350 Quadratmeter groß ist, kann sich kaum ein Zuschauer darunter etwas vorstellen. „So groß wie ein Fußballfeld …“ beschreibt es besser.

Schließlich sollte der Text versuchen, Spannung zu schaffen: „Ein ganz normaler Bürotag für Schnakenforscher Dr. Müller – aber dieser Tag wird voller Überraschungen sein …“. So lassen sich „Cliffhanger“ einbauen, die den Zuschauer unseres Videos dranhalten, ihm signalisieren, bleib hier, da kommt noch etwas, das für dich interessant sein wird. Dieses Versprechen muss natürlich auch eingelöst werden, sonst verabschiedet sich der Zuschauer.

Text erzählt

Um einen guten Text zu schreiben, benötigt man *Verben, Verben, Verben*. Substantive sind Sprech- und Hörbremsen, stehen in Magisterarbeiten, Anwaltsschreiben und Bescheiden des Finanzamts. Aber ein Hör-Text, der das Bild ergänzen soll, wird immer auf Anhäufung von Substativen verzichten. Verben helfen zu erzählen, sie schaffen Spannung und Sprachbilder. Wann immer ein Substantiv durch ein Verb ersetzt werden kann, wird der Text deutlich besser. (Hier könnte jetzt auch stehen: Eine Substantivierung des Textes ergibt eine deutliche Verbesserung und Vereinfachung. Zu den ganz besonders bösen „ung"-Worten kommen wir gleich noch!) Ganz wichtig: *keine grammatikalische Korrektheit* anstreben. Video-Texte sind nicht fürs Proseminar gedacht, sie sind sozusagen flüchtiges Verbrauchsgut. Deshalb lesen sich Filmkommentar-Texte so merkwürdig – denn fürs Lesen sind sie nicht geschrieben. Sie entfalten ihre ganze „Pracht" erst beim Hören.

Manchmal genügt auch nur ein Wort oder ein kurzer Halbsatz:

„Angst! " „Unmöglich" „Auch wenn's schwerfällt...!" „ob er's schafft?" In Videoreportagen sollten Autoren die Sprache benutzen, die ihnen vertraut ist und die auch im Alltagsleben benutzt wird. Das schafft Glaubwürdigkeit.

Die No-No-Liste

Soweit das Positive. Jetzt zur No-No-Liste. Benutzen Sie keine Fachwörter, Fremdwörter, Abkürzungen, keine Wörter mit hohem „Bedeutungsgehalt", weil man ihren Sinn beim einmaligen Hören nicht schnell genug erfassen kann. Während der Betrachter beginnt, über das Gesagte nachzudenken, läuft der Film weiter, und der Faden geht verloren.

Verwenden Sie Superlative bitte möglichst sparsam, ihre inflationäre Benutzung macht den Film nicht dramatischer, sondern lächerlich. Keine größten, schlimmsten, verheerendsten Unglücke, kein Super-Gau. Keine abgedroschenen oder übertriebenen Vergleiche: Schnee kam im Winter 2009/10 nur noch als „Katastrophe" vor, Siege gibt's nur noch als „Erdrutsch", und die Polizei riegelt schon seit langem „hermetisch" ab.

Das alles sind Zugpferde, die noch in den Kinderschuhen stecken um wie Pilze aus dem Boden zu schießen damit endlich Gras über die Sache wächst. Will sagen: Schreiben Sie Ihre Texte so wie Ihr Schnabel gewachsen ist: Geraderaus.

Das böse, böse „-ung-Wort"

Ein gutes Erkennungsmerkmal für ein Tabu-Wort im Film ist „-ung". Wenn ein hässliches „ung"-Hauptwort wie etwa Durchführung, Konsolidierung, Erneuerung auftaucht, ist die Sprachkompetenz abgetaucht. In jedem „ung"-Wort steckt ein Verb. Finden Sie es, benutzen Sie es oder suchen Sie nach einer Alternative.

Fast jede Redaktion, die wir kennen, hat im Sekretariat ein Phrasenschwein. Das wird eifrig gefüllt, vor allem von „ung"-Wort-Benutzern. Fünf Euro sind die Strafe für solche sprachlichen Ausrutscher. Füllen Sie stattdessen doch lieber ein Sparschwein für den Urlaub!

Sinnlicher Text für „Garten der Sinne"

Als Beispielfilm dient uns, wie im Kapitel Dreh und Schnitt erklärt, der Besuch einer Gruppe von Kindergärtnerinnen im Wiesbadener Schloss Freudenberg. Nachdem der Film fertig geschnitten war, haben wir den Text geschrieben, zunächst die Anmoderation, die zum Thema hinführt. Das können bei einer Ausstrahlung oder Vorführung die Worte des Moderators sein. Bei der Präsentation auf der eigenen Website wäre dort eine Information zu lesen, worum es geht und warum der Film entstanden ist. Die Anmoderation steuert die Aufmerksamkeit des Zuschauers, sie ordnet ein, bevor der Film beginnt. Ohne Anmoderation müsste der Film viel mehr erklären, er müsste sozusagen „vollständiger" geschnitten und getextet werden. Wir wissen, dass viele den Text schon im Kopf haben, bevor sie zum Dreh fahren – wir halten das allerdings für die komplett falsche Methode. Film hat zuallererst mit guten, eindrucksvollen, einprägsamen Bildern und O-Tönen zu tun, die Stimmungen und Gefühle und auch einige Informationen transportieren können. Sagten wir schon, dass Video / Film zu allererst ein emotionales Medium ist? Vor dem Dreh sollten Sie Informationen sammeln, aber sie noch nicht sofort zu einem „Filmtext" verarbeiten. Das ist der falsche Weg, das führt zu abstrakten, uninspirierten, langweiligen Videos. Die Stärke des Films ist das Erleben und nicht das Referieren, Vortragen, Dozieren!

So sind wir auch in unserem Beispielvideo vorgegangen.

Beim Texten haben wir uns also am Bild orientiert, aber ohne es zu beschreiben. Wann immer im Bild Menschen bzw. ihre Handlungen groß zu sehen sind (siehe Storyboard), wird im Text auf sie Bezug genommen (0:38, 0:49.0:59).

Der Text greift Stimmungen auf, die beim Zuschauer entstehen können. Zum Beispiel am Anfang: „komische Klänge", denn es klingt zunächst fremd, was wir hören.

Die (vermuteten) Fragen des Zuschauers greift der Text auch bei 1:02 auf: „Hm, verwirrend ...“ und 1:20: „ was hängt denn da?“.

Schließlich muss der Text an manchen Stellen erklären, welchen Sinn die Übung macht, die gerade zu sehen ist. Beispiel 0:41: „und dann reiben, Töne machen ...“, oder 1.35: „sich mal gegenseitig aufschaukeln ...“.

Zunächst also die „Anmoderation“ für den Film. Unser Vorschlag:

„Das Schloss ist ein Schlüssel, fordert jeden zur Auseinandersetzung mit sich selbst!“ Das glauben die Initiatoren der Wiesbadener Schloss Freudenberg-Stiftung. Wer dorthin kommt, soll neue Sicht- und Hörweisen lernen, neue Eindrücke beim Tasten und Berühren. Mehr als 80 Installationen, Exponate und Versuchsanordnungen sollen dem Besucher bisher unbekannte Welten eröffnen. „Es ist wie mit dem Küssen, man muss es tun. Dann erst weiß man, was es ist!“, verspricht der Chef des Hauses, Mathias Schenk. Doch sehen Sie selbst:“

Und jetzt der *Text* für den Film über den Besuch der Kindergärtnerinnen im „Garten der Sinne“:

8.3 – 8.20

Übung

Haben wir uns an alle Regeln fürs gute Texten gehalten? Seien Sie kritisch! Die meisten Texte können noch verbessert werden. Schreiben Sie einen besseren Text! Das dazu notwendige Videomaterial mit Geräuschen, aber ohne Kommentarton finden Sie verlinkt auf unseren Homepages.

Was haben Sie gelernt?

1. Textperson festlegen
2. Rechercheergebnisse helfen Blockaden zu überwinden
3. Subtext ausdenken
4. Sprechbare Gedankenschritte formulieren
5. Texte sind einfach, kurz, erzählen mit Hilfe von Verben
6. Höchstens zehn Wörter pro Satz, nur eine Zahl pro Minute
7. Grammatikalische Korrektheit muss nicht sein
8. Nur verständliche Wörter verwenden
9. „Sprachklischees“ meiden

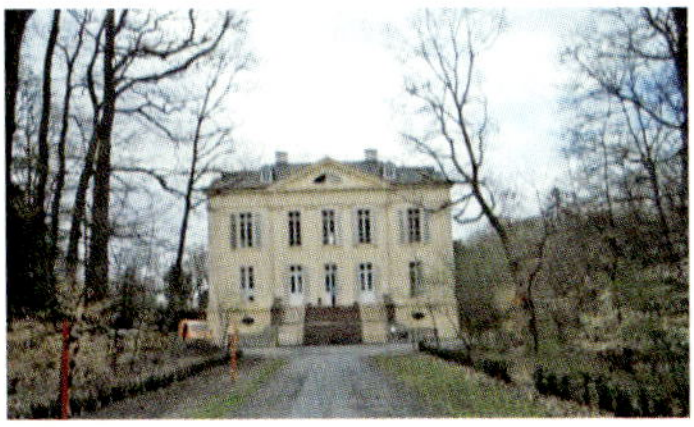

8.3 0:03 Bild: Schloss außen,
Ton: fremde Klänge

Hm, was sind denn das für komische Klänge aus diesem alten Schloss?

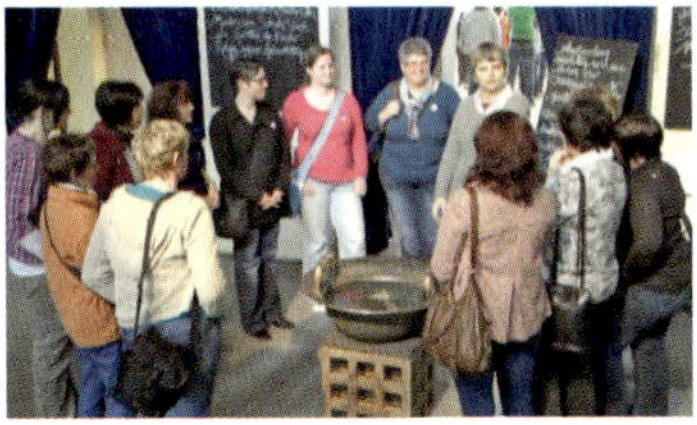

8.4 0:09 Bild: Totale der Gruppe innen

Madeleine erklärt uns, wie hier für den klaren Blick gesorgt wird:

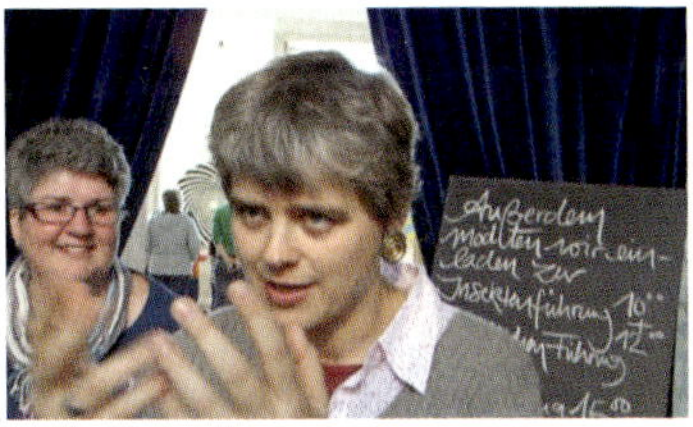

8.5 O-Ton Madeleine:

„Bei einem echten Haus gibt es Fenster, Türen, Treppen, um reinzukommen in das Haus. Bei uns gibt es die Sinnesorgane. Die entweder verstaubt sind oder sauber sind. Wenn ich die Fenster putze, ist es eine Freude rauszugucken und reinzugucken. Und wenn ich einen klaren Blick im Auge habe, dann ist es auch eine Freude mich anzugucken. Und ich freue mich, wenn ich in klare Blicke schaue."

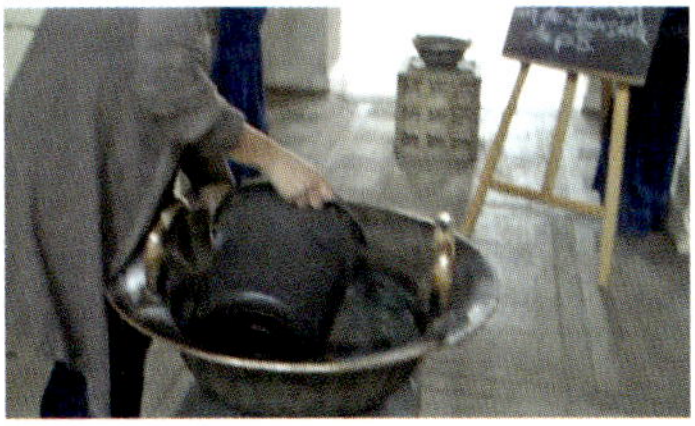

8.6 0:38 Bild: Wasser wird geschüttet

Aha, Wasser

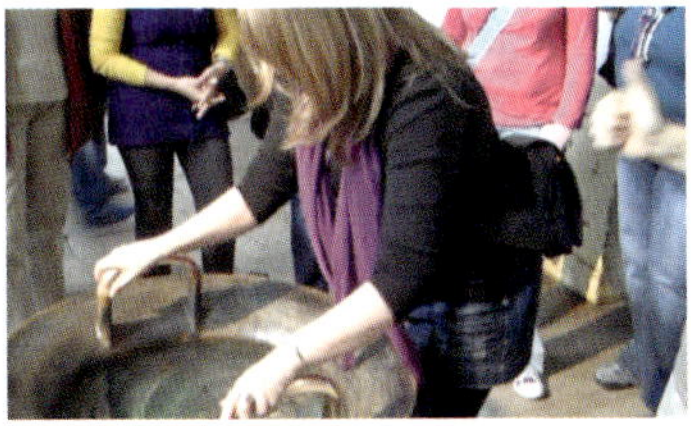

8.7 0:41 Bild: Frauen reiben an Stegen.

Und dann reiben, Töne machen, die das Wasser in der Kupferschale in Schwingung versetzen …

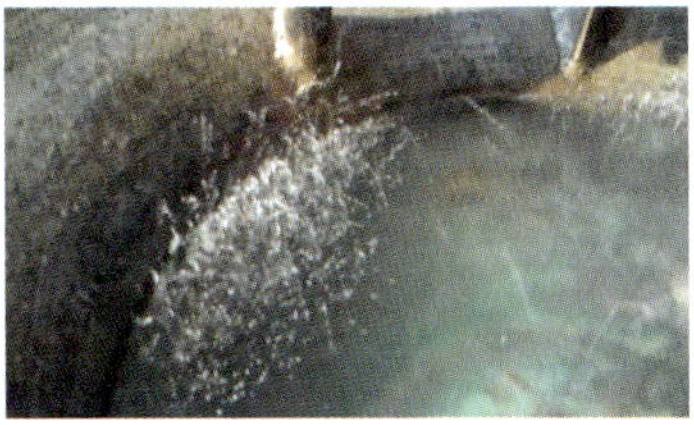

8.8 0:53 Wasser sprudelt …

bis es hochsprudelt.

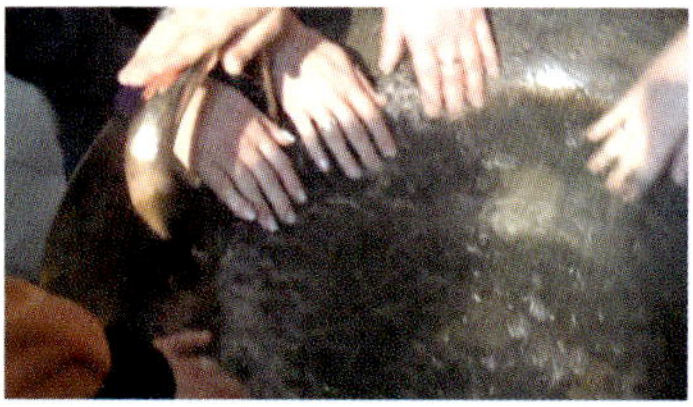

8.9 0:59 Bild: Hände zusammen

... und jetzt alle zusammen ...

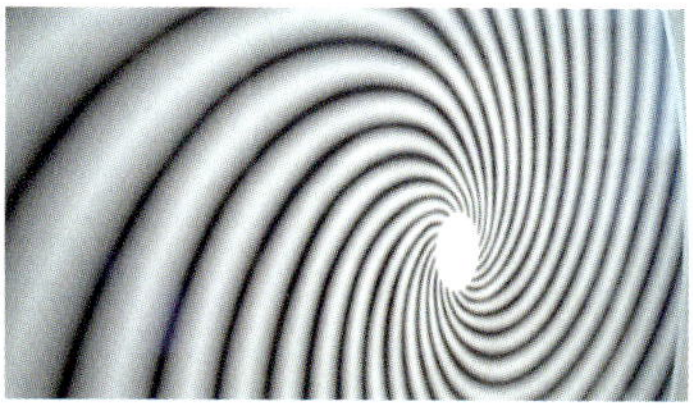

8.10 1:02 Bild: Rad mit Muster dreht sich

Hu, verwirrend. Genau das wollen sie hier in Schloss Freudenberg,

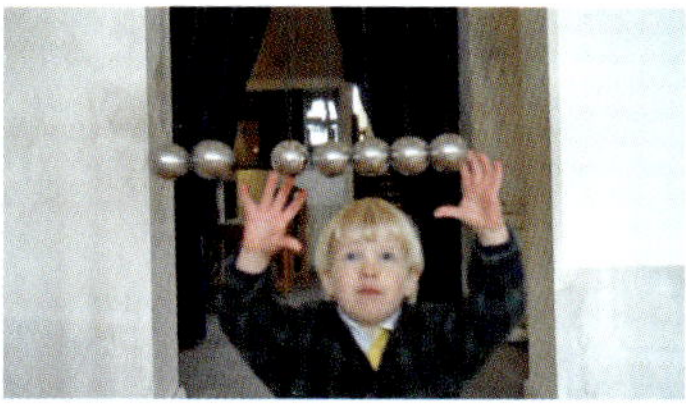

8.11 Bild: Kinder schlagen Kugeln

Man soll wieder, wie Kinder, neu sehen, hören, fühlen lernen!

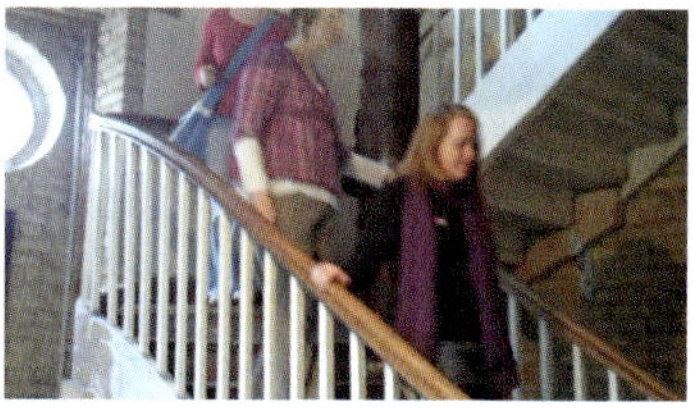

8.12 1:18 Bild: Frauen gehen Treppe runter

Jetzt wird's dunkel!

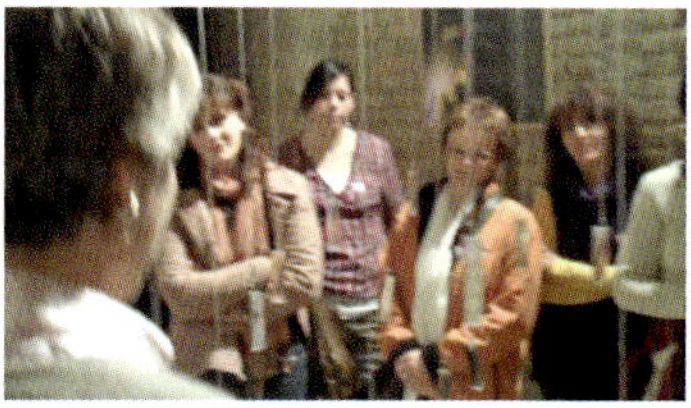

8.13 1:20 Bild: Prismen hängen an Schnüren

Was hängt denn da?

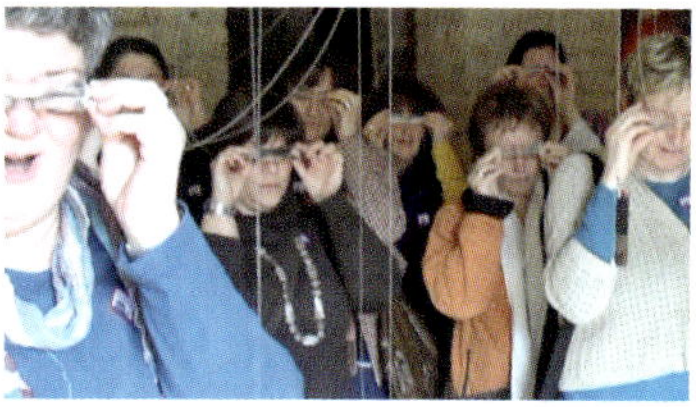

8.14 1:23 Bild: Frauen schauen durch Prismen (Atmo/O-Ton frei stehen lassen!!)

Ach so, Prismen. Aber erst mal Fenster auf, Licht rein!

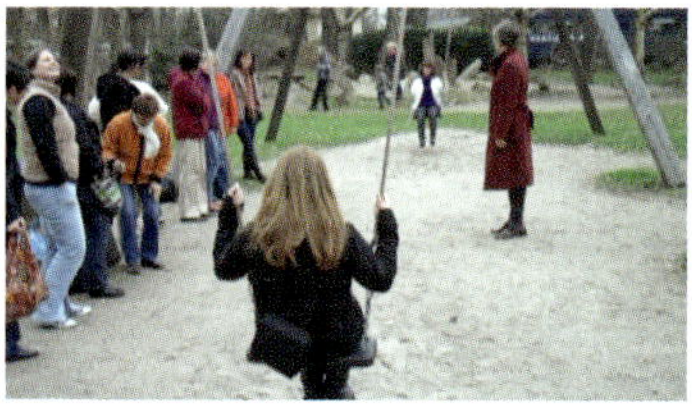

8.15 1:35 Bild: Schaukel außen, dann Seile groß

Sich mal gegenseitig aufschaukeln.

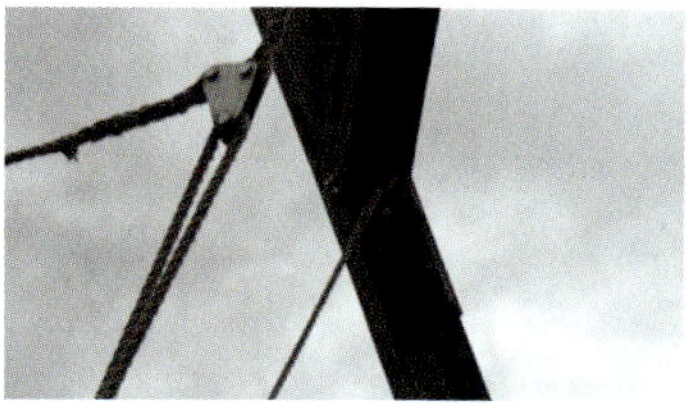

8.16 Die Seile sind miteinander verbunden – nur gemeinsam kommt man also hoch hinaus.

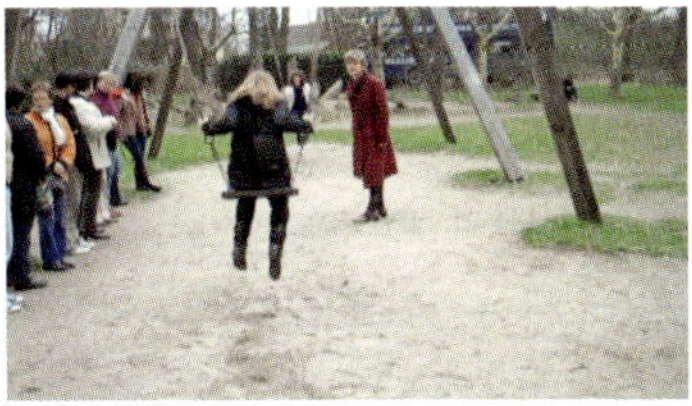

8.17 1:55 Bild: Aufschaukeln Totale

Madeleine ist zufrieden. Die Kindergärtnerinnen haben viel gelernt in diesen beiden Stunden: ...

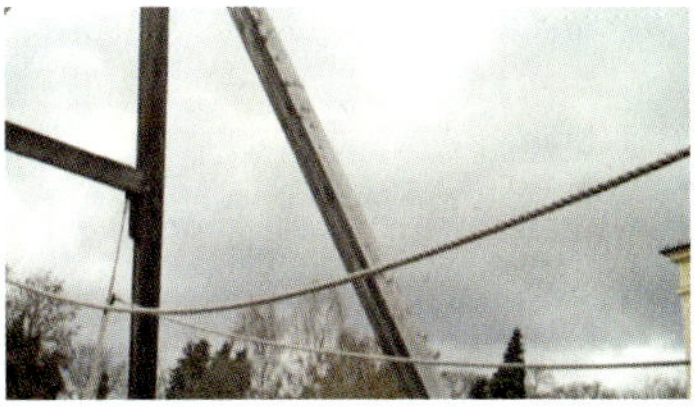

8.18 2:07 Bild: nochmal Seile der Schaukel

... übers gegenseitige Hochschaukeln wollen sie jetzt nochmal nachdenken.

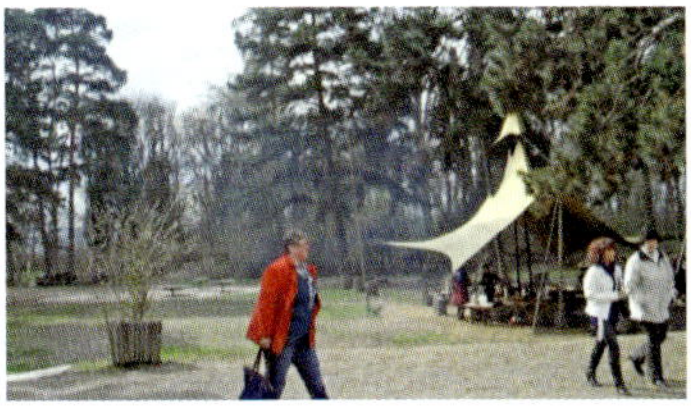

8.19 2:16 Bild: Frauen gehen aus dem Bild, dann wieder Schloss und Klänge, wie am Anfang

Ein interessanter Vormittag im Schloss Freudenberg in Wiesbaden!

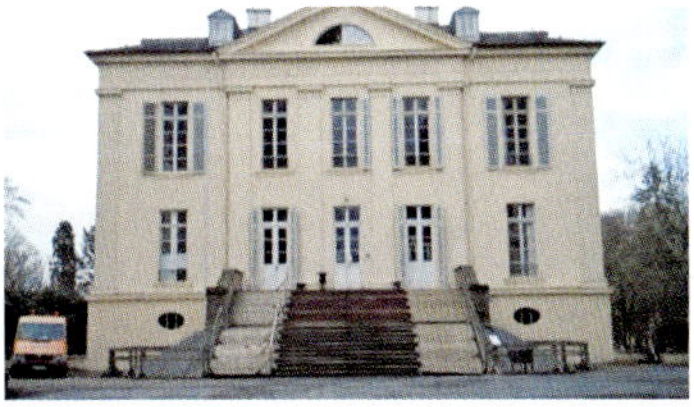

8.20 (Atmo aus dem off)

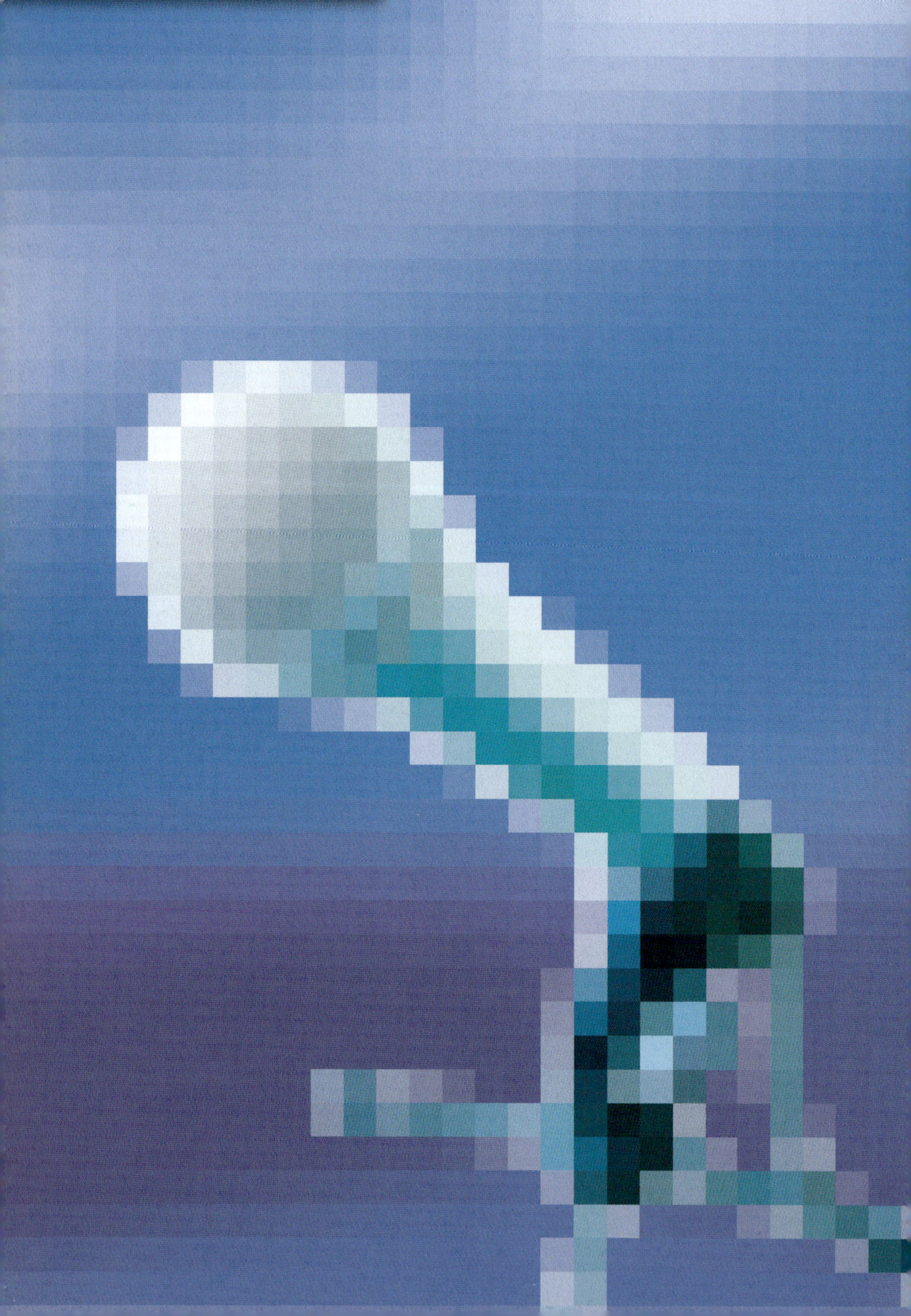

9. Sprachaufnahme – keine Angst im Rotlichtbezirk

Ihr Videoprojekt biegt in die Zielgerade ein. Machen Sie sich noch einmal bewusst, was Sie alles schon geschafft haben! Nun noch die letzte kleine Hürde, die Sprachaufnahme. Die meisten Menschen finden ihre Stimme, wenn sie sie zum ersten Mal aus dem Lautsprecher hören, unangenehm bis grässlich. Das liegt daran, dass wir unsere eigene Stimme normalerweise ganz anders wahrnehmen. Wir „hören" uns selbst nämlich auch über die Vibrationen der Knochen im Kopf, unsere Partner hören unsere Stimme aber ausschließlich mit ihren Ohren. Für uns klingt unsere Stimme deshalb meist dunkler, voller, unsere Mikrostimme dagegen erscheint zunächst ungewohnt bis unangenehm, piepsig, vielleicht sogar nuschelnd. Keine Sorge: Fast alles kann man lernen, und an Ihre Mikrostimme müssen Sie sich ganz einfach erstmal gewöhnen.

Sprechen Sie jetzt Ihren Text noch einmal laut zum ablaufenden Film. Denn lautes Sprechen erfordert mehr Luft. Und braucht deshalb mehr Zeit. Wahrscheinlich ist, dass der Text an manchen Stellen ungewollt in die nächste Einstellung hineinläuft. Beim leisen Gegenlesen hat er noch gepasst, jetzt, beim lauten Vortragen, ist er zu lang. Da hilft nur eins: Text kürzen. Versuchen Sie auf gar keinen Fall schneller zu sprechen! Das wirkt gehetzt.

Vorbereitungen

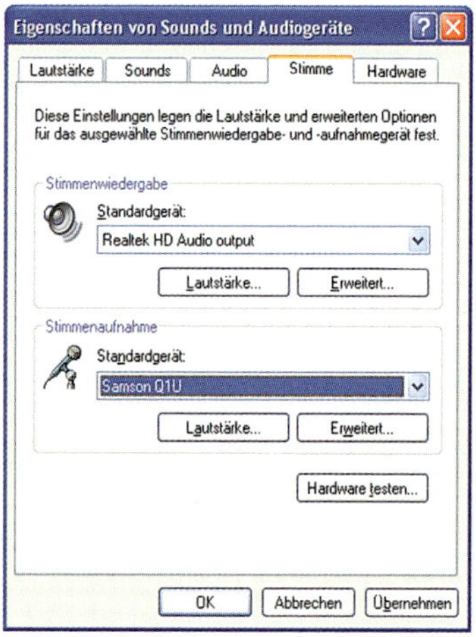

9.1 Mikro gesucht: Als Erstes muss ein (neues) Mikrofon in der Windows-Systemsteuerung aktiviert sein.

Schließen Sie Ihr Mikrofon an. Funktioniert es unter Windows? Müssen Sie eventuell den Rechner herunterfahren, damit Windows beim Start das Mikrofon erkennt? Oder reicht es, nach dem Einstecken des Mikros in der Systemsteuerung ■ 9.1 das Richtige auszuwählen?

Wenn Sie unlösbare Probleme mit tollen, aber teuren Mikros haben, probieren Sie es doch einfach mal mit dem Headset Ihrer Skype-Verbindung. Oder mit dem eingebauten Mikrofon des Laptops. Der aufgenommene Ton ist zwar nicht herausragend, aber für den Anfang völlig ausreichend.

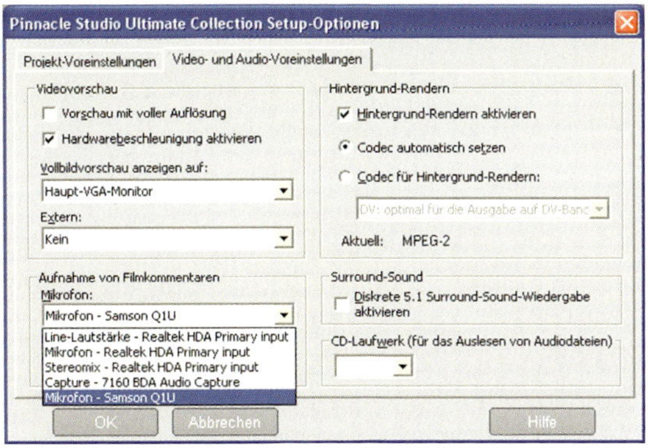

9.2 Mikro gefunden: Nun kann Pinnacle Studio das korrekte Mikrofon für die Sprachaufnahme verwenden.

Das Mikro wird automatisch erkannt? Umso besser!

Starten Sie nun Pinnacle und öffnen Sie ein neues Projekt. Spielen Sie Ihre mpeg-Datei auf die Bild- und Tonspur.

In der Menüleiste von Pinnacle wählen Sie Setup/Video- und Audioeinstellungen.

Wenn das Mikro in der Liste der Mikrofone ■ 9.2 nicht auftaucht, müssen sie es zunächst unter Windows aktivieren.

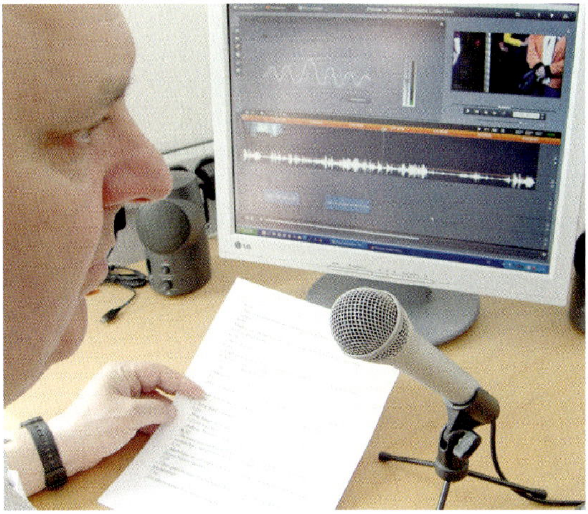
9.3 Ordnung am Sprecherplatz. Zur Sprachaufnahme ist volle Konzentration gefragt.

So sieht die Sprachaufnahme aus ■ 9.3:

Unser Mikrofon ist das Samson Q1U, es hat einen USB-Anschluss, verfügt über eine eigene Soundkarte und kostet um die 60 Euro. Damit liegt es in der Qualitäts- und Preis-Mittelklasse. Ein Allrounder.

Checkliste

Checkliste für die Sprachaufnahme:

- ☐ Haben Sie den Lüfter an Ihrem PC akustisch abgeschirmt?
- ☐ Steht das Mikro zwischen Ihnen und dem PC-Monitor, sodass Sie beim Blick auf das Vorschaubild direkt ins Mikro sprechen?
- ☐ Haben Sie genug Abstand zum Mikro, damit die Buchstaben P und T nicht hinein knallen?
- ☐ Eine Sprachaufnahme mit Kopfhörern (in denen Sie die Geräusche-Spuren hören) sieht zwar sehr professionell aus, doch am Anfang lenken die Geräusche im Kopfhörer ab und sind daher nicht hilfreich.
- ☐ Haben Sie Ihre Stimme mit schwarzem Tee geölt (keine kohlensäurehaltigen Getränke, damit Sie nicht aufstoßen?
- ☐ Probieren Sie Ihre tiefste natürliche Tonlage laut und deutlich aus.
- ☐ Sitzen Sie bequem und so, dass Ihr Zwerchfell sich frei bewegen kann und Sie entspannt Luft holen können? Wenn möglich, sprechen Sie lieber im Stehen. Dabei haben Sie mehr Luft.
- ☐ Holen Sie dreimal ordentlich Luft, das durchlüftet das Gehirn und beruhigt die Nerven.
- ☐ Haben Sie Ihren Text in großer Schriftgröße (14 Punkt oder mehr) ausgedruckt?
- ☐ Haben Sie die Timecode-Zeiten (Anfang und Ende) notiert, in denen Sie schweigen müssen (schöne Geräusche, tolle Musik, wichtiger O-Ton)? Und/oder die Timecode-Zeiten für Ihre Text-Einsätze?
- ☐ Lassen Sie dem Betrachter am Anfang und vor jeder neuen Situation mindestens eine Sekunde Zeit, sich zu orientieren?
- ☐ Haben Sie im Text auch Pausen zum Luft holen?
- ☐ Haben Sie sich Pausenzeichen im Text gemacht?
- ☐ Haben Sie Ihre Zunge entknotet, indem Sie mehrfach „Heuwägelchen“ sagen?
- ☐ Versuchen Sie den Mund beim Sprechen deutlich zu bewegen. Das darf komisch aussehen, aber es schaut ja niemand zu!

Sprechprobe im Rotlichtbezirk

Nun wählen Sie aus der Pinnacle-Toolbox den Menüpunkt „Filmkommentare aufnehmen“ aus. Dabei öffnet sich ein Fenster mit Aufnahmeknopf, Rotlicht und Regler für Ihren Tonpegel.

Lesen Sie ein paar Sätze aus Ihrem Text so vor, wie Sie es später auch tun wollen. Anfangs geben Sie meist noch zu viel Gas, deshalb sollten Sie erst am Ende der Sprechprobe die Lautstärke auspegeln. Pegeln Sie nicht während der Aufnahme. Da haben Sie anderes zu tun: Lesen und Sprechen. Außerdem können Sie in Pinnacle noch nachträglich in aller Ruhe die Lautstärke Ihres Kommentartons anpassen.

Gestikulieren Sie beim Sprechen mit den Händen, dann leiern Sie nicht so leicht. Stellen Sie sich vor, Sie *erzählen* Ihren Text einem lieben Menschen. Legen Sie den Text so vor sich hin, dass Sie möglichst nicht blättern müssen. Natürlich haben Sie nur die Vorder- und nicht noch die Rückseite eines Blattes beschrieben! Wenn Sie mehr als eine Seite Text haben, lassen Sie die gelesenen Seiten auf den Fußboden gleiten. Das Papier darf nicht knistern, denn das Mikro nimmt alles auf.

Tipp

Bevor es ernst wird, lesen Sie Ihren Text noch einmal ohne das Bild mit „Zimmerlautstärke“ vor. Üben Sie vor allem die „schwierigen“ Wörter. Sagen Sie dreimal das Wort „Heuwägelchen“, das entknotet die Zunge. Wenn ein Wort auch nach mehreren Versuchen ohne Verhaspeln nicht zu sprechen ist, ersetzen Sie es durch ein anderes.

Ton ab

Nach einem Klick auf „Aufnahme“ nehmen Sie die Hand von der Maus. Denn diese Hand brauchen Sie gleich, um Ihren Text zu halten. Natürlich kennen Sie jede Einstellung, aber exakter ist die Orientierung für die Texteinsätze am Timecode, den Sie (hoffentlich) in Ihrem Text gut lesbar notiert haben.

Erst blinkt, wie im „richtigen“ Ton-Studio, das Rotlicht und zählt die Sekunden zurück bis zu Ihrem Einsatz: „3, 2, 1“, dann leuchtet „Aufnahme“.

Jetzt erzählen Sie Ihre Geschichte.

Wenn Sie sich versprechen, verhaspeln oder in einen O-Ton hineinsprechen – macht nichts. Versuchen Sie trotzdem, eine erste Version durchzuhalten.

Am Ende des Films hält die Aufnahme an!

Danach speichern Sie das Projekt. Geschafft! Eine erste Version der Sprachaufnahme ist auf der Festplatte.

Wenn Sie dennoch zwischendurch anhalten und neu ansetzen wollen, ist das ganz einfach. Ihre Sprachaufnahme ist auf der mit dem Lautsprecher markierten Tonspur zu finden und trägt den Titel „Voice Over".

Markieren Sie diese Tonspur mit der Maus. Nun können Sie die misslungenen Teile Ihrer Sprachaufnahme entfernen. Setzen Sie den Cursor dann an die Stelle, an der Sie mit der Tonaufnahme erneut einsetzen wollen. Drücken Sie auf Aufnahme. 3 – 2 – 1: Rotlicht. Jetzt sprechen Sie Ihren Textteil.

Falls Sie den ersten Kommentar aufheben wollen, müssen Sie ihn zunächst von der Spur entfernen. Sie können keinen neuen Kommentar aufnehmen, wenn die Kommentarspur noch besetzt ist. Wenn Sie die erste Version nicht wegwerfen wollen, schieben Sie sie auf die untere Sprachspur. Da kann sie bleiben, bis Sie sich am Ende der Sprachaufnahme entschieden haben, ob diese Aufnahme noch benötigt wird.

Die Mischung macht's

Wenn Sie mit der Sprachaufnahme fertig sind, steht die Mischung auf dem Programm. Denn Geräusche und Kommentarton müssen in einem ausgewogenen Verhältnis zueinander stehen. Deshalb pegeln Sie jetzt die Geräuschspur soweit herunter, dass die Geräusche leiser sind als der Kommentarton. Ganz verschwinden dürfen die Geräusche aber nicht! Ausprobieren hilft. Geräusche mit Hintergrundgesprächen müssen niedriger gepegelt werden als Musik, Verkehrslärm oder Bienensummen. Denn Sprache über Sprache ist schwer zu verstehen! Das gilt auch für Musik. Das Pegeln der Töne haben wir im Kapitel über den Schnitt besprochen.

An den Stellen, an denen Geräusche/Töne für den fertigen Film wichtig sind, also gut hörbar sein sollen, regeln Sie sie höher.

Das kann man in Pinnacle auch, wie in jedem großen Tonstudio, bei laufendem Film mit Hilfe von Reglern machen (Toolbox → Lautstärke ändern). Doch erscheint uns das für den Anfang zu schwierig. Nehmen Sie sich zunächst lieber die einzelnen Takes vor. Später, mit mehr Routine, geht's dann auch bei laufendem Film.

Wenn Sie fertig sind – oder auch schon mal zwischendurch: Projekt speichern!

Sehen und hören Sie sich Ihr Arbeitsergebnis kritisch an. Passen Bild und Text zueinander? Kommen die Einsätze an der richtigen Stelle? War Ihre Stimme klar und deutlich? Suchen Sie sich einen wohlwollenden aber kritischen ersten Zuschauer. Nehmen Sie dessen Anregungen ernst, aber befolgen Sie sie nicht sklavisch. Es ist *Ihr* Video!

Jetzt können Sie selbst Ihren Film erstmals komplett würdigen. Holen Sie sich Kaffe/Tee/Wasser, dämpfen Sie das Licht in Ihrem „Schneideraum" und fahren Sie das Werk im Vollbildmodus ab.

Sind Sie beeindruckt? Zu Recht! Sind Sie unzufrieden? Das ist chronisch beim Arbeiten mit Videos. So richtig und ganz und wirklich zufrieden sind wir alle sehr, sehr selten!

Deshalb: freuen Sie sich über Ihr Werk, aber messen Sie sich nicht mit Profis. Vergleichen Sie Ihren Film nicht mit Beiträgen aus dem Fernsehen oder Filmen von Werbeagenturen oder gar mit Musikclips. Das ist eine andere Spielklasse! Aber holen Sie sich Anregungen durch bewusstes Zusehen.

Spätestens jetzt ist im Fall des Falles der richtige Zeitpunkt gekommen, Ihren eventuellen Auftraggeber in die Werkschau einzubeziehen. Da für viele von ihnen das Videohandwerk ein Buch mit sieben Siegeln ist, sind sie meist auch beeindruckt von Ihrem Stück. Das ist angenehm.

Doch soll es auch Experten in der Zielgruppe geben, die konkrete Änderungswünsche äußern. Man ist auf der sicheren Seite, wenn vorher möglichst präzise Verabredungen getroffen wurden. Und denken Sie immer daran: Ein kompetenter Auftraggeber ist ein kritischer Partner, aber ein Partner.

Richtig kompliziert wird es bei Halb-Wissenden und -Ahnenden, die ihr Unbehagen nicht formulieren und ihre Änderungswünsche nicht klar ausdrücken können. Da ist dann Ihr Verhandlungsgeschick gefragt.

Was haben Sie gelernt?

1. Ein Mikrofon für die Sprachaufnahme konfigurieren
2. Das Setting für die Sprachaufnahme vorbereiten
3. Check-Liste abarbeiten
4. Kommentarton aufnehmen und bearbeiten
5. Die Tonspuren mischen
6. Die eigene Unzufriedenheit nicht überbewerten
7. Den fertigen Film genießen

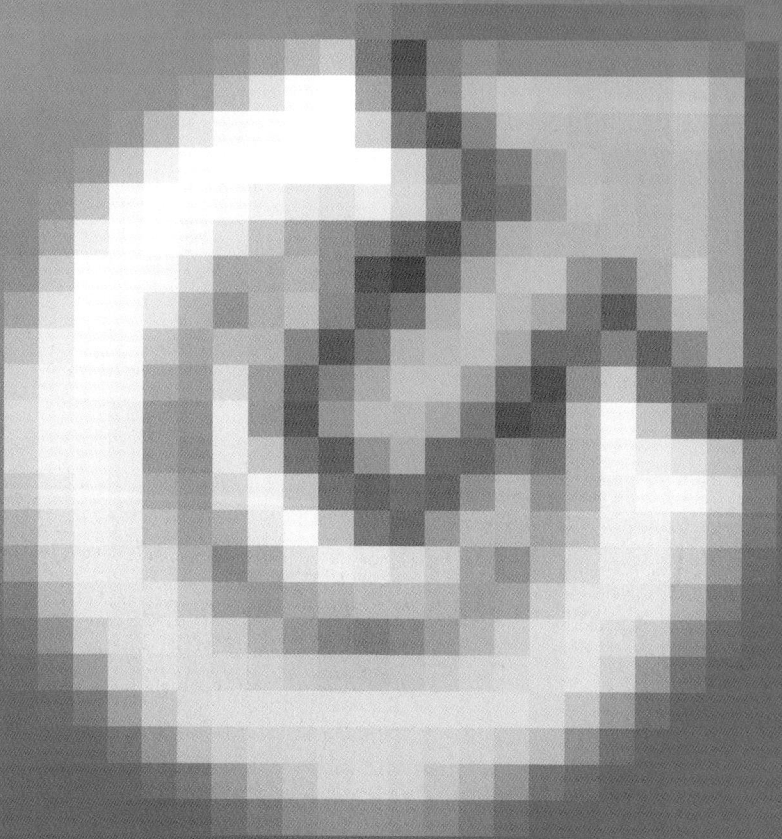

10. Hochladen – hinaus in die Welt

Computermonitore sind keine HD-Geräte und die Videoprojekte werden in Pinnacle immer nur in Vorschauqualität gezeigt, weil der PC sonst viel zu viel rechnen müsste. Was sollten Sie also tun, wenn Sie den Film in richtig guter Qualität sehen und/oder vorführen möchten?

Ausspielen auf DVD

Zunächst bietet es sich an, das fertige Video als DVD auszuspielen.

Jetzt hängt es von Ihrem PC-DVD-Brenner ab, was aus dem schönen HD-Videomaterial wird. Nur wenn Sie einen HD- oder gar einen Blue-Ray-Brenner besitzen, können Videos auch in höchster HD-Qualität ausgespielt werden. Aber wer hat schon so modernes – und teures – Gerät?

Also muss es jetzt eine ganz „normale" DVD tun, deren Qualität Sie an einem möglichst guten TV-Gerät genießen können.

Dazu gehen Sie in Pinnacle in den Bereich „Film erstellen". Wählen Sie Ihren Disc-Typ aus und lassen Sie die Qualität automatisch berechnen.

Klicken Sie nun „Disc erstellen" oder versuchen Sie, in den Einstellungen (3) und (4) das Ausspielergebnis für Ihre Zwecke zu optimieren.

Was sehen Sie ■ 10.1?

Auf dem Laufwerk C: (1) wird die temporäre Datei zum Rendern ausgespielt (Sie können aber auch ein anderes Laufwerk wählen, jedoch bitte

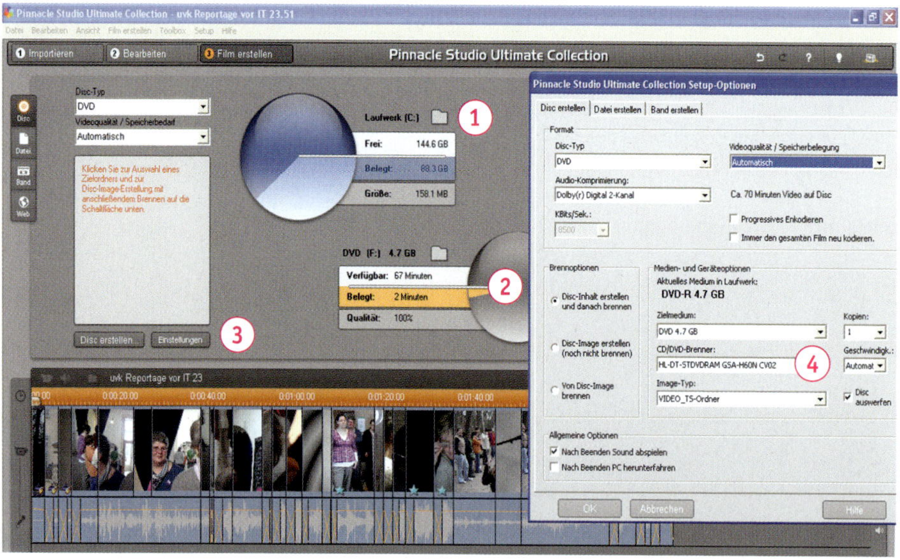

10.1 Für die „Couch-potato"-Zuschauer. DVD-Brennen ist ganz einfach. Geringere Brenngeschwindigkeit reduziert oft die Zahl der Fehlersuche.

kein externes). Hier erkennen Sie frühzeitig, ob noch genug Platz auf C: ist. Haben Sie eine leere DVD eingelegt? Hier (2) erfahren Sie, ob genug Platz auf der DVD ist. Wenn Sie die Einstellungen (3) öffnen, können Sie festlegen (4), wie schnell die DVD gebrannt wird. Die Voreinstellung lautet „automatisch", aber bei vielen Brennern empfiehlt es sich, die ganze Sache etwas langsamer anzugehen.

Wenn Sie die Einstellungen bestätigen, starten Sie das Brennen und die Zwei-Minuten-Videoreportage ist in kurzer Zeit fertig.

Sehen Sie sich diese DVD nun auf einem externen Player am Fernsehgerät an und Sie erkennen sofort einen Unterschied. Sie gewinnen Distanz zu Ihrem Film, vor allem, wenn weitere Zuschauer dabei sind. Plötzlich sieht man als Autor das eigene Werk durch deren Augen. Mögliche Schwachstellen fallen viel stärker auf.

Da wir die Welt positiv sehen, deuten wir übrigens das Schweigen der Erstseher als Zustimmung.

Auf jeden Fall sieht das Video jetzt, auf dem Fernsehgerät vorgeführt, sehr viel besser aus als auf dem Computermonitor. Falls Sie eine gute Tonanlage angeschlossen haben, hört sich jetzt auch alles präsenter an. Großartig!

HD-Videos können Sie auch in sehr guter Qualität auf DVDs als AVCHD-Datei ausspielen. Leider können aber ältere DVD-Player die Scheibe nicht lesen, und auch XP streikt. Windows 7 öffnet AVCHD-DVDs dagegen ohne Mucken im Mediaplayer.

Die DVD ist auch ein hervorragend geeignetes Medium, um Produktionshelfer oder Protagonisten mit dem fertigen Werk zu überraschen. Außerdem macht sie sich in Bewerbungsmappen oder Angeboten gut.

Exkurs: Ein schickes „Video-Album"

Das Ausspielen auf DVD eignet sich auch dazu, ungeschnittenes Originalmaterial vorzuführen. Wenn Sie also Ihre Aufnahmen gar nicht weiter bearbeiten wollen, zeigen wir Ihnen jetzt, wie Sie sie in ein schickes „Video-Album" mit Kapiteln verpacken können. Diese lassen sich dann mit der Fernbedienung des DVD-Players ansteuern. So wie im folgenden Beispiel von drei touristischen Highlights in Berlin.

Wir haben an folgenden Standorten gedreht: Potsdamer Platz, Stelenfeld und Brandenburger Tor. Beim Vorführen möchten wir ganz gezielt die Bilder dieser Orte anwählen können.

Schnittprogramme wie Magix, Premiere und Pinnacle bieten dazu Unterstützung an. Hier am Beispiel von Pinnacle Studio 14 der Weg zur schicken DVD:

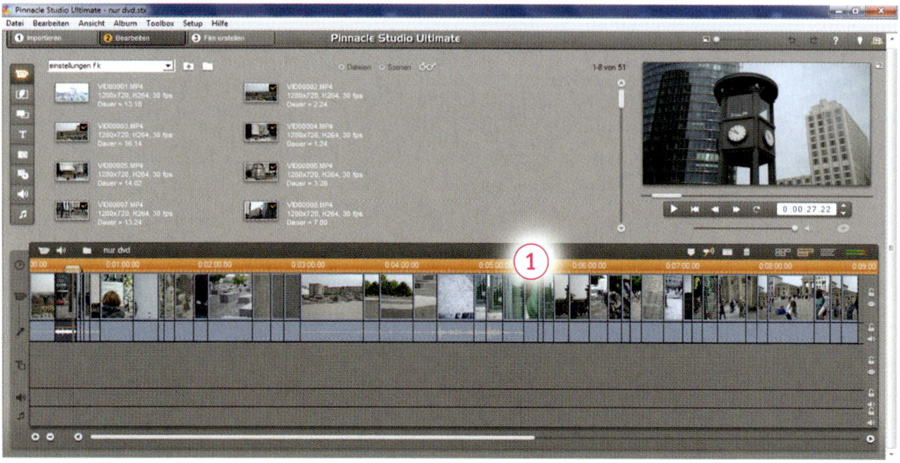

10.2 So geht's zum digitalen Video-Album: Aus dieser scheinbar ungeordneten Sammlung von Einstellungen basteln wir eine schicke DVD.

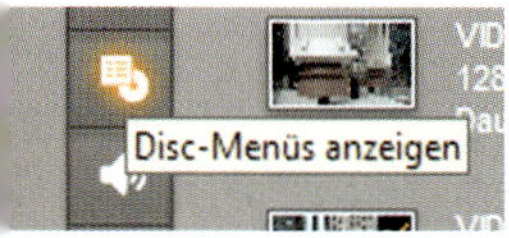

10.3 Gewusst wie: Mit einem Klick hilft das Programm beim Anlegen der Disc-Menüs.

Ziehen Sie alle gewünschten Dateien/Szenen aus dem Album in die Zeitleiste ■ 10.2.

Nun wählen Sie in der linken Menüleiste das Symbol „Disc-Menüs anlegen" ■ 10.3:

Es öffnet sich eine Auswahl aus mehr als 50 Vorschlägen.

Ziehen Sie das gewünschte Menü vor Ihre erste Einstellung. Ein Assistent startet ■ 10.4:

Wenn Sie nun auf OK drücken, wird für jede mindestens 30 Sekunden lange Einstellung ein neues DVD-Kapitel angelegt, das Sie einzeln benennen können und auch sollten.

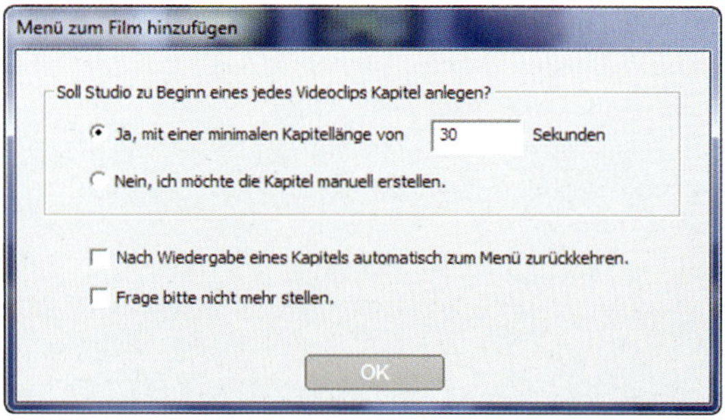

10.4 DVD-Kapitel lassen sich automatisch einrichten. Das ist für den Anfang sehr praktisch, kann aber leicht unübersichtlich werden.

Und so sieht Ihre Timeline danach aus ■ 10.5:

Das (1) ist das von Ihnen ausgewählte Menü. Unter der Zeitleiste erkennen Sie (2) die Marker für die einzelnen Kapitel. Dort (3) können Sie jedes Kapitel einzeln benennen oder es bei der einfachen Nummerierung belassen. Im Menü erscheint jedes Kapitel mit dem ersten Bild oder – wenn Sie hier (4) eine Markierung setzen – animiert mit den ersten Bildern. Schließlich kön-

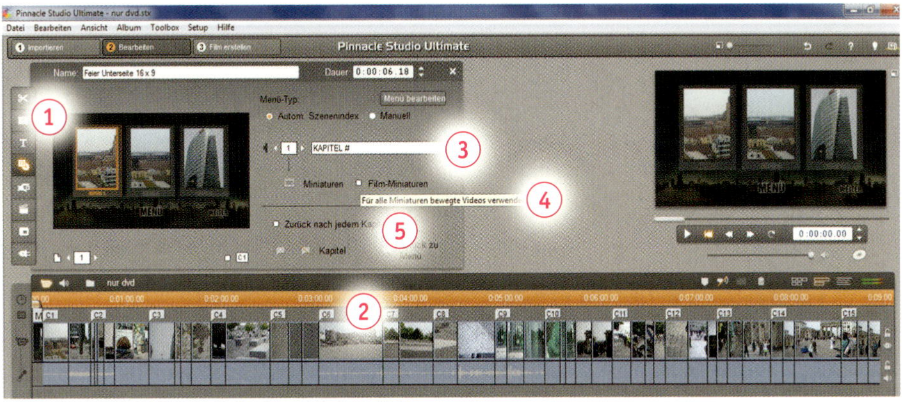

10.5 Da kommt Arbeit auf Sie zu: Jedes Kapitel möchte einzeln benannt werden.

nen Sie festlegen (5), ob die DVD nach jedem Kapitel zum Anfangs-Hauptmenü zurückkehren soll.

Aber vielleicht wollen Sie die Software nicht automatisch bestimmen lassen, wann ein neues Kapitel beginnt. Dann klicken Sie bei der Menüherstellung auf: „Nein, ich möchte die Kapitel manuell erstellen". In unserem Beispiel wollen wir die drei Berliner Sehenswürdigkeiten Potsdamer Platz, Stelenfeld und Brandenburger Tor gezielt vorführen, deshalb wählen wir die *manuelle* Herstellung der Kapitel ■ 10.6.

Hier (1) fehlen deshalb die automatischen Kapitelmarker (wir setzen sie später), die Vorschaubilder (2) sind folglich auch noch nicht zu sehen. Hier (3) werden Sie Ihre Kapitel-Titel einfügen, hier (4) setzen Sie die Kapitel manuell, und dann können Sie ferner entscheiden, ob nach jedem Kapitel zum Hauptmenü zurückgekehrt werden soll (5).

10.6 Nun ist Handarbeit gefragt. Sie können Ihre Kapitelanfänge auch selbst festlegen. Das ist übersichtlicher.

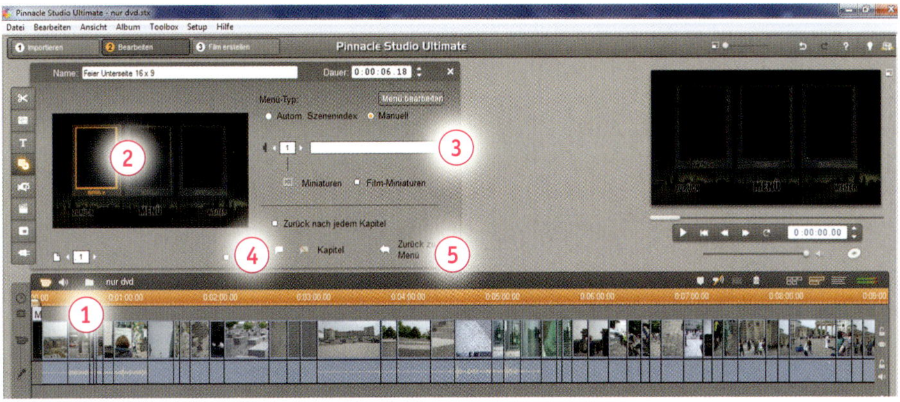

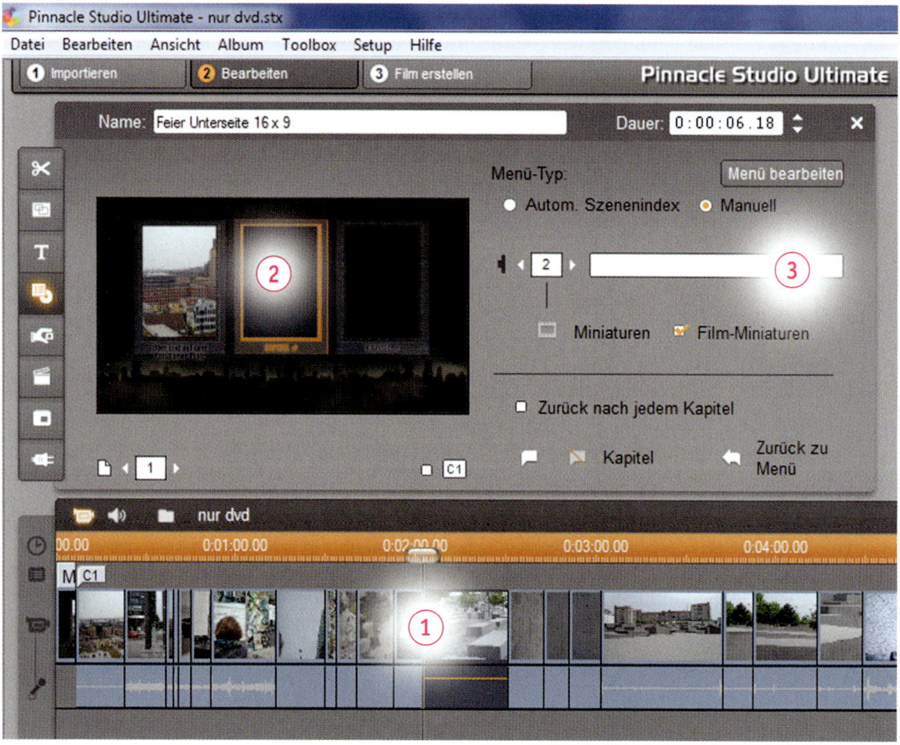

10.7 Auf die Reihenfolge kommt es an: Nur wer sich sklavisch daran hält, vermeidet Durcheinander im Menü.

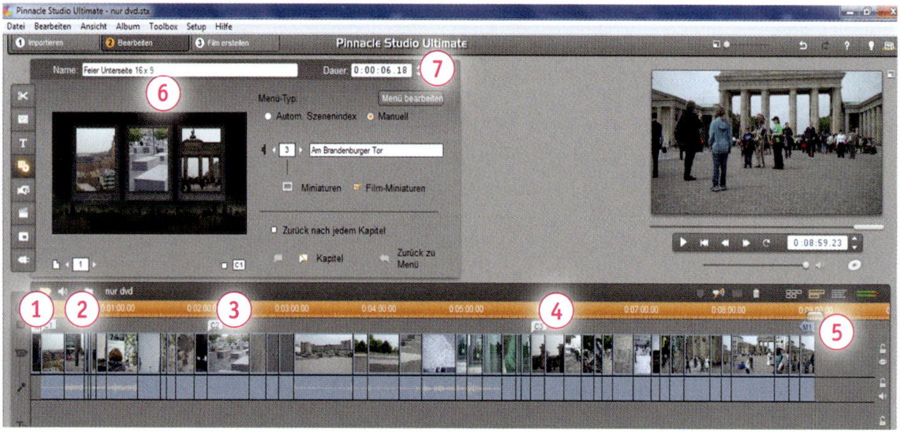

10.8 Geht ganz schnell: Das fertige Menü für drei Sehenswürdigkeiten in Berlin.

Bevor Sie jetzt Ihren ersten Kapitelmarker setzen, überlegen Sie, wo Ihr erstes Kapitel beginnen soll und setzen Sie den Cursor auf der Timeline genau an diese Stelle. Meist wählt man den Anfang einer Szene – das muss aber nicht sein.

Mit den Rechts- und Links-Tasten auf Ihrer Tastatur bewegen Sie sich schnell und exakt von einer Einstellung zur nächsten ■ 10.7.

Setzen Sie unbedingt als Erstes (1) den Cursor an den Beginn der Einstellung des neuen Kapitels. Wählen Sie dann (2) im Menü das gewünschte Kapitel und tragen Sie erst dann den Titel ein (3).

Und so ■ 10.8 sehen die Berlin-Kapitel auf der Timeline aus:

(1) Das Hauptmenü hat den Buchstaben „M" unter der Timeline

(2), (3), (4). Die Kapitelanfänge werden mit Reitern markiert, beginnend mit C1, C2 …

(5) Beim Reiter „M1" kehrt die DVD sofort zum Menü zurück.

(6) Diese Bilder werden in der Kapitelvorschau im Menü laufen.

(7) Die Länge des Menüs am Anfang des Films können Sie hier oder – wie bei jedem Take – auf der Timeline festlegen.

So sieht jetzt das Menü ■ 10.9 aus:

Nun können Sie die DVD ausspielen. Viel Spaß beim Betrachten! Das sieht schon richtig professionell aus.

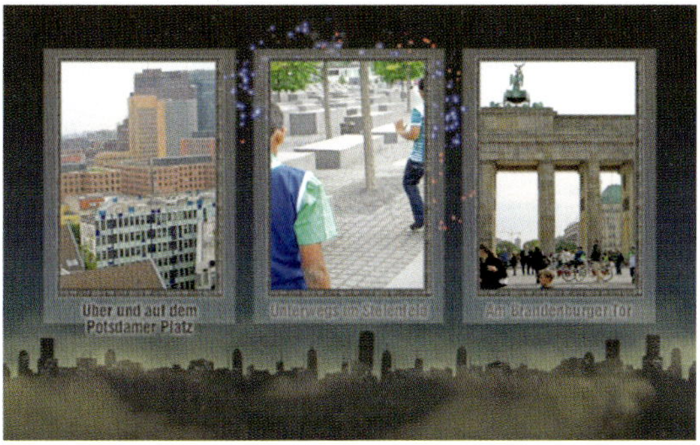

10.9 Potsdamer Platz, Stelenfeld, Brandenburger Tor: Ein dezentes Menü für einen City-Besuch.

Die Qual der Wahl: Das Dateiformat

Die meisten Variationsmöglichkeiten bietet die Ausspielung in eine Datei. Vorher muss man sich jedoch entscheiden: Was soll daraus werden? Ein Video für die Homepage? Ein Film fürs Handy? Futter für den neuen iPod? Material für YouTube?

Bildqualität und Dateigröße hängen unmittelbar voneinander ab. Je größer eine Datei, umso besser die Qualität. Auf tragbaren Mediageräten haben heute schon ein paar hundert MB, sogar mehrere Gigabyte Platz. Aber im Netz? Dort ist nicht nur der Platz knapp, auch Traffic kostet Sie als Anbieter ab einer bestimmten Zugriffsmenge Geld oder die Downloads werden langsamer. Große Dateien bleiben beim Abspielen auch gerne mal hängen. Deshalb ist es nach wie vor eine Kunst, im Internet eine qualitativ gute Datei zu platzieren. Je kleiner aber die Datei, umso mehr Pixel/Fraktale sind zu sehen. Das ist keine gute Visitenkarte.

Experimentieren Sie also mit den Einstellungen für die Dateiherstellung und versuchen Sie, einen Kompromiss zu finden. Bieten Sie vielleicht zum Sofort-Anschauen eine kleine Datei und für die Anspruchsvollen ein Datei zum Download in besserer Qualität an. DiVx ist dabei ein ganz praktisches Format, weil es viele Player nutzen. Als Beispiel soll wieder unser Film über das Schloss Freudenberg (2 Minuten 20 Sekunden) dienen. Während die mpeg-2-Datei in DVD-kompatibler Qualität 110 MB benötigt, reichen bei DiVx im Vollbild schon 48 MB. Ein vergleichbares Flash-Video, das von fast allen Browsern wiedergegeben werden kann, braucht nur 18 MB Speicherplatz.

> **Tipp**
> Sichern Sie Ihre Videos auch auf eine externe Festplatte. Die gibt es schon für 70 Euro und sie fasst mindestens ein Terabyte (entspricht 1000 GB oder 1 000 000 MB).

Archivieren sollten Sie eine Datei nur in voller DVD-mpeg2-Größe, sofern Sie nicht ohnehin das Projekt mit allen seinen Bestandteilen sichern wollen. Auch das Archivieren einer Projektdatei kann sinnvoll sein, falls Sie die Nachbearbeitung weiter optimieren wollen. Weiter vorne war zu lesen, wo die Projektdateien liegen, und das Arbeitsverzeichnis für Ihre Video-Ausspielungen kennen Sie selbst am besten.

Zurück aufs Band

Auch Videobänder sind ein gutes Speichermedium. Die von vielen Kameras benutzten Mini-DV-Bänder lassen sich gut beschriften und aufheben. Das ist zwar etwas altmodisch, aber sicher. Fünf Stunden Material können für 10 Euro archiviert werden.

Für eine Ausspielung auf Band benötigen Sie eine über die Firewire-Schnittstelle (nicht: USB) angeschlossene Videokamera. Auf das Band, das in der Kamera liegt, spielen Sie dann Ihr Material auf. Die Kamera sollte beim Start des Programms schon angeschlossen sein, damit das Programm sie erkennt.

Ab ins Netz

Spezielle Videoplattformen

Bei Pinnacle ist die Konfektionierung für YouTube oder Yahoo-Video sehr komfortabel. Wenn Sie noch keinen Account haben, können Sie ihn während des Uploads einrichten.

YouTube hat mehrere wichtige Vorteile: Ihr Video befindet sich in einer großen Community, und Sie brauchen für die Speicherung nichts zu zahlen. Ihre Beiträge werden nach Ihren Angaben thematisch einsortiert und passend präsentiert. Sie können unter Ihrem YouTube-Namen einen eigenen „Channel" einrichten, in dem Ihre Videos veröffentlicht werden, und Sie können YouTube als Kommunikations-Plattform nutzen. Schicken Sie einen Link auf Ihr Video per Mail an Ihre Freunde und Sie sind Intendant Ihres eigenen Kanals.

Einige deutsche Medienunternehmen sind Partner von YouTube wie zum Beispiel das ZDF oder Financial Times.

Andererseits ist YouTube natürlich nicht ganz unproblematisch. Erste Einschränkung: Der einzelne Film darf nicht länger als 15 Minuten dauern und nicht größer als zwei Gigabyte sein. Deswegen gibt es in YouTube nur Häppchen – und keine Happen. Noch wichtiger: nach dem Upload „gehört" Ihr Material YouTube. Wollen Sie das?

YouTube-Videos enthalten häufig, so unser Eindruck, urheberrechtlich geschütztes Material. Als Uploader müssen Sie bestätigen, dass Sie die Urheberrechte für Ihr Material besitzen. YouTube kann Videos entfernen, die Urheberrechtsansprüche anderer verletzen.

Sie können Ihre Filme bei YouTube als „privat" markieren und nur die Links an YouTube-Freunde schicken. Wer nicht bei YouTube ist, kann auch nicht gucken.

Melden Sie sich an, klicken Sie auf Ihren Benutzernamen, dann auf „meine Videos". Sie setzen bei dem von Ihnen „privatisierten" Video die Broadcasting- und Freigabeoptionen auf „privat" und setzen einen Haken bei „URL mit eingeschränktem Zugriff". Markieren Sie dann die Internetadresse (copy and paste), um sie an YouTube-Freunde zu mailen.

Yahoo (http://de.video.yahoo.com/) ist eher ein unterhaltsames „Programm", Partner sind die Nachrichtenagenturen AFP und Reuters mit Videomaterial. Uploads sind ebenfalls gut unterstützt.

Für Nutzer der Software Magix gibt es ebenfalls eine Community, in der sich Videoreporter austauschen. Einen Link dazu finden Sie in den Quellen (Kapitel 15). Eine bemerkenswerte Initiative! Die Community diskutiert die Videos auch fachlich, gibt Tipps und lobt gerne. Tut gut.

Video im Blog

Eine sehr komfortable Methode, selbst erstellte Videos im eigenen Blog zu veröffentlichen, also praktisch Programmdirektor des eigenen Kanals zu sein, bietet „Wordpress“ (www.wordpress.com). Nach dem Absolvieren der Anmeldeprozedur ist das Verfassen eines Blogs so einfach wie das Schreiben eines Textes in Word. Man kann RSS-Feeds erstellen (genaue Anleitung dazu bei: Wegner, Dushan: Online Video. Heidelberg, 2008), auf andere Websites verlinken – alles ist möglich! Auch das Hochladen von Fotos ist einfach und geht schnell. Doch es gibt auch einen Wermutstropfen: Um Videoformate hochladen zu können, muss man zahlen. Wir geben 59.97$ (pro Jahr) aus für 3 GB mp4-, mov-, wmv-, Avi- oder mpg-Dateien auf unserer Blog-Seite www.wernermedientraining.wordpress.com. Und natürlich: mehr Platz kostet mehr: 5 GB: 19.97$, 25 GB: 89.97$. Das mag manchen abschrecken – aber man bekommt ja auch was für sein Geld:

- eine einfache Möglichkeit, seinen eigenen kleinen Kanal einzurichten,
- alle Medien zu nutzen, die heute „state-of-the-art“ sind,
- etwas zu schreiben,
- Kommentare von den Usern,
- eine genaue Statistik, wer wann zugeschaut hat,
- die Möglichkeit, Fotos zur Illustration einzubauen,
- eigene Filme zu den Themen zu erstellen, zu denen man etwas zu sagen hat,
- sich mit den Rezipienten darüber auszutauschen, ob die Botschaft ankam – oder nicht.

Nach unserer Einschätzung sind hier der technischen Kreativität wirklich keine Grenzen mehr gesetzt. Jetzt muss nur noch der Inhalt stimmen und es muss gelingen, möglichst viele Viewer für sein Video zu interessieren. Das funktioniert am besten, wenn der Film spannend ist.

Was haben Sie gelernt?

1. So brennen Sie Ihr Video auf eine DVD und betrachten es in voller Schönheit
2. So präsentieren Sie ungeschnittenes Videomaterial professionell
3. Welche Dateigröße ist für welchen Zweck geeignet
4. Wie Sie das Band als Sicherungsmedium nutzen
5. Welche Videoplattform bietet welche Schwerpunkt (eine kleine Auswahl)
6. So fügen Sie Videos in wordpress ein

Zur Homepage

Videos auf Ihrer Website verknüpfen Sie am einfachsten mit einem Link zur Datei auf Ihrem Server. Sie brauchen dazu noch eine Software zur Herstellung von Webseiten und ein ftp-Programm zum Hochladen der Dateien. Es gibt dazu meterweise Fachliteratur. Webgestalter-Kurse an Volkshochschulen sind ebenfalls sehr beliebt. Ihr Provider hat dem Vergnügen jedoch Grenzen gesetzt. Meist steht nur eine bestimmte Menge Speicherplatz zur Verfügung und oft ist der Traffic auf eine Höchstmenge beschränkt. Vor dem Hochladen sollten Sie sich beim Provider erkundigen.

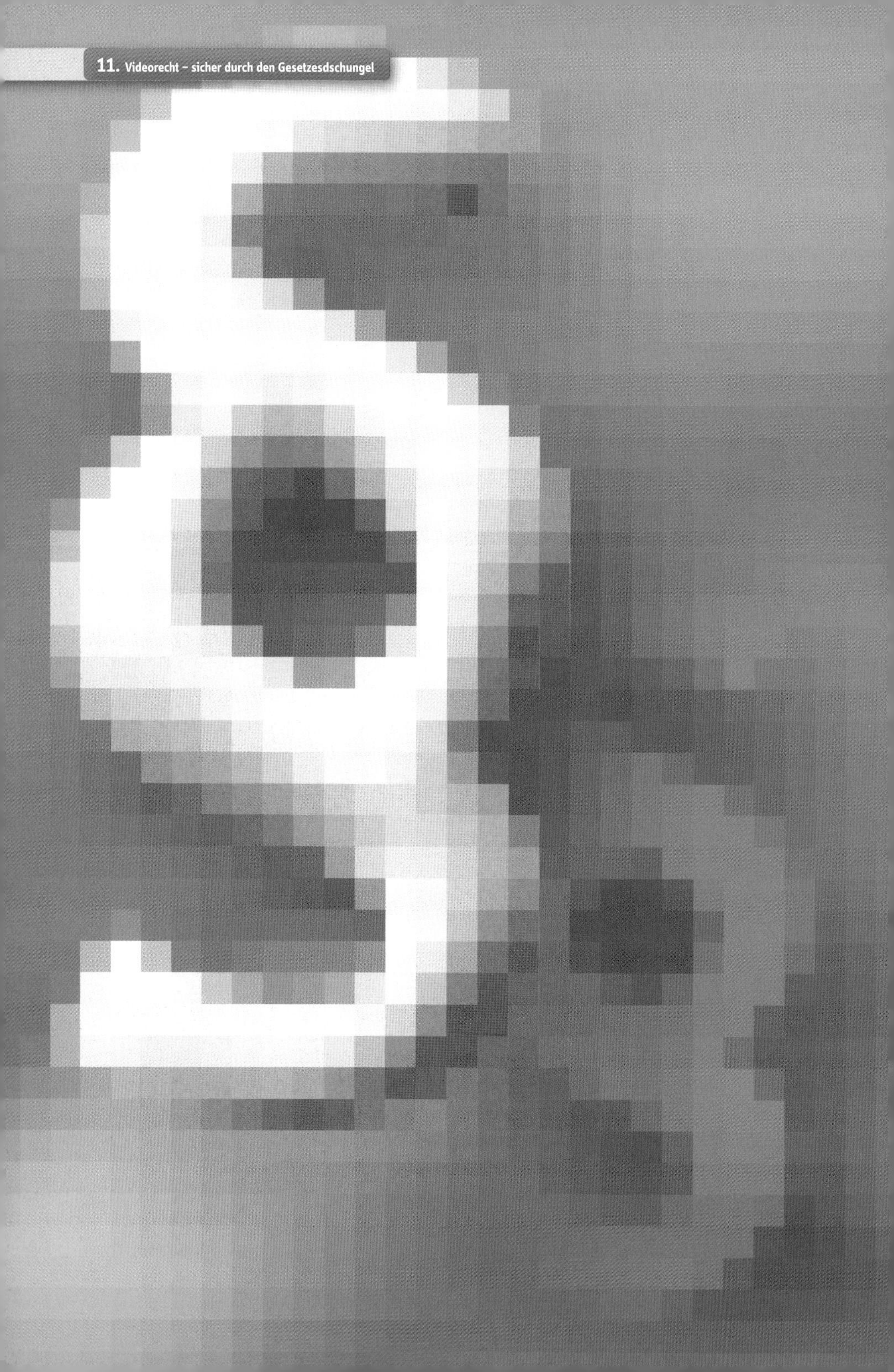

11. Videorecht – sicher durch den Gesetzesdschungel

Was darf der Videoreporter – und was darf er nicht? Das ist die Gretchenfrage – und sie ist nicht einfach zu beantworten. Vor allem beim Veröffentlichen von Videos gelten viele gesetzlich definierte Beschränkungen. Aber ein allumfassendes „Videorecht" gibt es nicht. Das sogenannte „Presserecht" – ein Oberbegriff für alle Entscheidungen die Veröffentlichungen betreffen – wird durch neue Entscheidungen von Gerichten ständig fortgeschrieben. Presserecht ist nämlich Fallrecht. Das heißt, es wird von Fall zu Fall entschieden. Deshalb lässt sich nie eindeutig und klar „Ja" oder „Nein" auf die Frage sagen, ob man etwas Bestimmtes jetzt filmen und veröffentlichen darf. Es kommt immer auf die Umstände an.

Wir wollen versuchen, in Grundzügen den juristischen Rahmen darzustellen, in dem sich Veröffentlichungen bewegen. Denken wir an ein Video von Tante Ernas 80. Geburtstag. Darin ist zu sehen, wie Onkel Albert sich sinnlos betrunken und daneben benommen hat. Wird das ausschließlich im Familienkreis – also einer geschlossenen Öffentlichkeit – vorgeführt, ist es schon peinlich genug, aber das darf man natürlich.

Ganz anders sieht es aus, wenn dieses Video auf YouTube hochgeladen und damit der ganzen Welt gezeigt wird. Möchte Onkel Albert zur Lachnummer der Nation werden? Wahrscheinlich nicht – und genau da beginnt die Abwägung.

Im privaten Kreis geht ganz viel. Doch müssen auch hier *alle* mit der Aufnahme ihrer Person einverstanden sein. Auch wenn daraus nur ein privates Erinnerungsvideo für die Veröffentlichung im Familienkreis werden soll. Klingt kompliziert.

Wir können davon ausgehen, dass alle einverstanden sind, wenn sie bemerken, dass gefilmt wird. Außerdem sollten Sie, als Autor, laut und deutlich erklären, für welche Zwecke Sie drehen. Oder der Gastgeber einer Familienfeier tut dies für Sie.

Sobald das Video aber im Internet (oder auch im lokalen offenen Kanal) gezeigt wird, gelten andere Gesetze. Und zwar dieselben, die für die gesamten Medien Gültigkeit haben. Eigentlich eine ganz einfache Regel, sollte man meinen.

Presse-Gesetze

Welche Gesetze sind das?

Zunächst einmal ist der Freiraum definiert. Im Grundgesetz. Das „Recht der freien Meinungsäußerung", Artikel 5 Grundgesetz:

„Jeder hat das Recht, seine Meinung in Wort, Schrift und Bild frei zu äußern und zu verbreiten und sich aus allgemein zugänglichen Quellen ungehindert zu unterrichten. Die Pressefreiheit und die Freiheit der Berichterstattung durch Rundfunk und Film werden gewährleistet. Eine Zensur findet nicht statt."

Dass die Mütter und Väter (es gab bei den Mitgliedern des Parlamentarischen Rates, der das Grundgesetz entwarf, auch vier Frauen) des Grundgesetzes noch nicht ans Internet dachten, als sie diesen Text 1949 verabschiedeten, ist einleuchtend.

Dennoch: auch in der heutigen, schneller und komplizierter werdenden Medienwelt sind diese Aussagen immer noch von erfrischender Klarheit. Man muss wirklich die Weitsicht der Verfasser des Grundgesetzes bewundern. Sie fußte auf der Erfahrung mit dem Nationalsozialismus, der die Presse knebelte, gleichschaltete, der staatlichen Willkür unterwarf. Deshalb wollten sie kein ausgeklügeltes bis ins Detail formuliertes Presserecht entwerfen. Zu einfach schien es nach den Erfahrungen im Faschismus, ein solches Gesetz missbrauchen zu können. Und das genau wollten die Gründer der Bundesrepublik verhindern. Deshalb schrieben sie eine Freiheitsgarantie für Presse und Rundfunk in die unveränderlichen Grundrechte.

Die Presse soll also größtmögliche Freiheit haben. Und damit schufen die Verfasser des Grundgesetzes gleichzeitig den Kern eines Problems. Denn wo es kein Presserecht gibt, das Aufgaben und vor allem Grenzen exakt definiert, bleibt viel Interpretationsspielraum. So wird heute munter geklagt, jede Woche wechseln sich Gerichte darin ab, mehr oder weniger zukunftsträchtige Presserechtsentscheidungen zu fällen. Die sind häufig widersprüchlich, bis ein nächsthöheres Gericht erneut und vielleicht anders befindet.

Eine der kuriosesten, und zugleich lehrreichsten Quellen im Presserecht ist die Seite: www.buskeismus.de. Der Diplom-Physiker Rolf Schälike beobachtet systematisch die Entscheidungen der Hamburger Pressekammer mit dem Vorsitzenden Richter Andreas Buske. Der hat naturgemäß – wegen der Pressestadt Hamburg – viel zu tun und fällt nicht immer unumstrittene Entscheidungen. Die protokolliert Herr Schälike auf seiner Website. Es ist äußerst aufschlussreich zu lesen, welche Entscheidung diese Kammer zum Beispiel zu den angeblich gefärbten Haaren von Gerhard Schröder gefällt hat. Wir wünschen niemandem, in eine solche Prozessmaschinerie verwickelt zu werden, deshalb hier ein paar Ratschläge zur Vermeidung von Ärger.

Pressefreiheit

Ganz so frei, wie es nach der Grundgesetzlektüre scheint, ist die Presse, wozu wir auch die Videoveröffentlichung zählen, natürlich nicht.

Mit dem Erscheinen des Internet war zunächst die Frage zu klären: Sind Videoveröffentlichungen eigentlich vergleichbar mit etwa dem „Rundfunk"?

Nein, sagen die Landesmedienanstalten, Videoportale zählen in rechtlicher Sicht zu den Telemedien. So sieht es die Arbeitsgemeinschaft der Landesmedienanstalten 2007 in ihrem Papier: Internet-Radio und IP-TV (zitiert nach: YouTube, Clipfish und das Ende des Fernsehens? Machill, Marcel und Zenker, Martin: Medien digital. Schriftenreihe der Friedrich-Ebert Stiftung, Berlin, 2007) Die sogenannten Telemedien „senden", das ist der entscheidende Unterschied, auf Anforderung, während Rundfunk von einer Quelle ausgeht und sein Programm für alle verbreitet.

Die Vorgaben, die die Inhalte betreffen, sind für Rundfunkveranstalter strenger als für die Anbieter von Telemedien. Trotzdem ist das Internet kein rechtsfreier Raum.

Eine gute Zusammenfassung bietet Alexandra Heyn in ihrem Artikel: Rechtliche Rahmenbedingungen von IPTV (Heyn Alexandra: Rechtliche Rahmenbedingungen von IPTV. In: Beisswenger Achim (Hrsg.): YouTube und seine Kinder, Baden-Baden, 2010), in dem sie aufführt, welche Voraussetzungen Web-TV erfüllen muss und aus dem die folgenden Auszüge stammen:

„Allgemeine Impressumspflichten … Name, Anschrift, Telefon- und Faxnummer, E-Mail-Adresse, Umsatzsteueridentifikationsnummer, Handelsregisternummer … Benennung eines Verantwortlichen für die Inhalte.

… Werbung muss klar erkennbar und von den übrigen Inhalten des Angebots eindeutig getrennt sein.

… Im Fall von unrichtigen Inhalten besteht … eine Gegendarstellungspflicht.

… Im Hinblick auf den Jugendschutz gelten die Vorgaben des Jugendmedienschutzstaatsvertrages. Jugendgefährdende Inhalte beispielsweise sind zulässig, wenn der Anbieter sicherstellt, dass sie nur Erwachsenen zugänglich gemacht werden."

(Das Thema Urheberrecht behandeln wir noch gesondert am Ende dieses Kapitels.)

Viel Diskussionsstoff für Videoreporter bietet das …

Recht am eigenen Bild

Präzisierungen dazu finden sich im Kunsturhebergesetz, § 22, Recht am eigenen Bild:

„Bildnisse dürfen nur mit Einwilligung des Abgebildeten verbreitet … werden. Die Einwilligung gilt im Zweifel als erteilt, wenn der Abgebildete dafür, dass er sich abbilden ließ, eine Entlohnung erhielt. Nach dem Tode des Abgebildeten bedarf es bis zum Ablauf von 10 Jahren der Einwilligung der Angehörigen des Abgebildeten ..."

Darin sind klare Aussagen gemacht, die wir ohne Schwierigkeiten in unseren Arbeitsalltag einbauen können – und müssen: Wir klären einfach jedes Mal, ob der oder die Abgebildeten einverstanden sind. Man fragt die Menschen vor der Kamera bzw. man informiert sie in einem kleinen Satz, dass das, was gerade gefilmt wird, nicht fürs Heimkino gedacht ist, sondern für die Welt.

Etwa so: „Also ich filme jetzt für meine Website und will den Film auch bei YouTube zeigen. " Am besten legt man sich den entsprechenden Satz schon vorher zurecht, damit darin auch wirklich alle Details stimmen, und spricht ihn laut und deutlich, während die Kamera schon läuft. So hat man ihn aufgezeichnet – und könnte später jederzeit leicht beweisen, dass man die Menschen vor der Kamera korrekt über seine Absichten informiert hat. Ist doch ein ganz einfaches Verfahren, oder?

Ausnahmen

Weil die Sache mit der Einwilligung nicht immer so unkompliziert abläuft (und in vielen Situationen auch nicht praktikabel ist), hat der Gesetzgeber weitere Präzisierungen im Kunsturhebergesetz § 22 festgelegt:

„Absatz 1:
Ohne die ... erforderliche Einwilligung dürfen verbreitet ... werden:

1. Bildnisse aus dem Bereich der Zeitgeschichte
2. Bilder, auf denen die Personen nur als Beiwerk neben einer Landschaft oder sonstigen Örtlichkeiten erscheinen
3. Bilder von Versammlungen, Aufzügen und ähnlichen Vorgängen, an denen die dargestellten Personen teilgenommen haben."

Was bedeuten diese Ausnahmen konkret?

Zu Punkt 1: Menschen, die im Rampenlicht stehen, können sich nur sehr schwer gegen Bildveröffentlichungen wehren.

Dies macht sich, zum Leidwesen der Betroffenen, zum Beispiel häufig die Werbeagentur der Autoverleihfirma Sixt zunutze ■ 11.1:

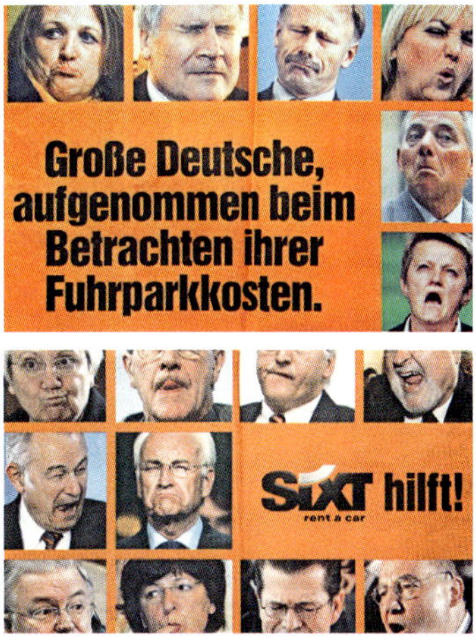

11.1 Autsch – das tut weh! Promis machen unfreiwillig Werbung

Natürlich gibt es Gerichtsentscheidungen dazu, ob diese Art des Umgangs mit Personen der absoluten oder relativen Zeitgeschichte, so der Fachbegriff, möglich und zulässig ist. So verlor zum Beispiel Oskar Lafontaine vor dem Bundesgerichtshof, als er gegen eine Anzeige des Autoverleihers klagte, die ihn spöttisch in den Mittelpunkt stellte. Er verlangte 100 000 Euro Schadensersatz. Das Gericht hatte sich allerdings in der Güterabwägung „zugunsten der Meinungsfreiheit" entschieden und die Veröffentlichung gedeckt. Sixt macht es – so scheint es – Spaß, diese Verfahren durchzufechten. Es schrecken wohl auch die Ausgaben nicht, denn jeder Prozess bringt zugleich kostenlose Werbung. Uns Normalsterbliche aber würden solche Prozesse ruinieren. Deshalb ist beim Umgang mit Prominenten Vorsicht geboten. Grundsätzlich allerdings müssen sie sich mehr als jede „normale" Person gefallen lassen.

Auch der Begriff „Beiwerk" aus Punkt 2 lässt Platz für Interpretation. Aber eigentlich dürfte klar sein, was gemeint ist: Steht man nur so in der Landschaft oder in einer Stadt herum, kann man sich nicht dagegen wehren gefilmt zu werden, sofern das Ziel der Aufnahmen jemand/etwas anderes ist.

Und auch Punkt 3 beschreibt einleuchtend, was ausdrücklich geschützt wird: Bei öffentlichen Veranstaltungen darf gefilmt werden, ohne das Einverständnis der Aufgenommenen einzuholen. Vorausgesetzt, Sie dürfen bei der öffentlichen Veranstaltung auch drehen (siehe: Hausrecht)!

Das klingt alles gut – soll aber keinen Freibrief darstellen. Denn natürlich kommt es immer darauf an, was nachher im Text zu den Aufnahmen gesagt wird. Ein Beispiel: Wir filmen in einer öffentlichen Versammlung der NPD. Dagegen kann sich niemand wehren. Heißt es aber später im Text dazu: „Hier haben *nur* Rechtsradikale teilgenommen ..." wird daraus sicher ein Problem entstehen. Denn es werden sich genügend Teilnehmer finden, die mit diesem Verdikt nicht einverstanden sind. Es müsste also tatsächlich nachgewiesen werden, dass jeder der aufgenommenen und erkennbaren Personen eine rechtsradikale Gesinnung hat. Es ist klar, dass das unmöglich ist. Also Vorsicht mit flotten Formulierungen, die weitreichende und unbewiesene Behauptungen enthalten.

Der geschützte Raum

Aus gutem Grund hat der Gesetzgeber, auch auf Initiative der Europäer aus Brüssel, eine weitere Verschärfung eingeführt, die den Menschen, die Bilder und Videos machen und veröffentlichen, das Leben erschweren könnte. Gemeint ist der § 201a des Strafgesetzbuches, der erst im Jahre 2004 verschärft wurde. Dort heißt es in „Absatz 1: Wer von einer anderen Person, die sich in einer Wohnung oder einem gegen Einblick besonders geschützten Raum befindet, unbefugt Bildaufnahmen herstellt ... und dadurch deren höchstpersönlichen Lebensbereich verletzt, wird mit Freiheitsstrafe bis zu einem Jahr oder Geldstrafe belegt."

Die Verschärfung besteht darin, dass heute schon die *Aufnahme* unter Strafe gestellt wird, und nicht, wie es bisher der Fall war, erst die Veröffentlichung. Viel Interpretationsspielraum gibt es bei der Frage, wie weit dieser höchstpersönliche Lebensbereich reichen könnte, ob er nur für Zuhause gilt oder auch für öffentliche Räume? Dabei kann doch jeder seinen höchstpersönlichen privaten Raum wohl ziemlich genau definieren. Warum sollte das also bei den Menschen, die vor unserer Kamera agieren, anders sein?

In zahlreichen Gerichtsverfahren sind Präzisionen erfolgt. Natürlich gehört die Sexualität und der sexuelle Bereich zum höchstpersönlichen Lebensbereich dazu, die eigene Wohnung, aber vielleicht auch das lauschige Essen des Stars mit seiner Geliebten, das man zufällig in einer Berliner Hinterhofkneipe entdeckt, und dessen Aufnahme Schlagzeilen, Ruhm, und ein tolles Honorar einbringen könnte? Also schnell heimlich gefilmt und an Bild.de verkauft? Wir würden zur Vorsicht raten, denn ein solches Essen kann von einem Richter durchaus zum „höchstpersönlichen Lebensbereich" gezählt werden – und dann sind ganz plötzlich große Summen im Spiel: Günter Jauch forderte wegen der Veröffentlichung seiner Hochzeitsfotos von der Berliner Morgenpost und der Berliner Ausgabe der Welt je (!) 130 000 Euro – plus eine „fiktive Lizenzgebühr" (Süddeutsche Zeitung vom 22. 2. 2010).

Der § 201 des Strafgesetzbuches enthält noch eine weitere, nicht ganz unbedeutende Festlegung: die sogenannte „Verletzung der Vertraulichkeit des Wortes":

„Mit Freiheitsstrafe bis zu 3 Jahren … wird bestraft, wer unbefugt das nichtöffentlich gesprochene Wort eines anderen auf Tonträger aufnimmt …"

Auch hier ist also schon die *Aufnahme* strafbar, nicht erst das Verbreiten. Insofern gilt es, sensibel zu sein, wenn es etwa um die Aufzeichnung von Telefonaten geht, ohne dass die Beteiligten eingeweiht sind. Dieses Vorgehen wäre der klassische Verstoß gegen den § 201 StGB. Wieder gilt die einfache Regel: Zuerst die Genehmigung fürs Aufnehmen (und Verbreiten) einholen.

Presserat hilft

Eine wirklich gute Quelle für alles, was geht – oder auch nicht –ist eine übersichtliche Broschüre des Deutschen Presserates, 18 Seiten, also schnell durchgeblättert: Deutscher Presserat, Publizistische Grundsätze. Pressekodex, Richtlinien für die publizistische Arbeit nach den Empfehlungen des Deutschen Presserates, Bonn, 2008 (www.presserat.de). Zwar ist der Presserat nur für die Printpresse zuständig, aber seine Richtlinien können analog für alle gelten, die Informationen veröffentlichen. Auf welcher Plattform dies geschieht, ist eigentlich unerheblich. Da steht das eigene Video auf der Website gleichberechtigt neben dem auf YouTube oder der Fernsehberichterstattung. Vor dem Gesetz sind alle gleich!

Auszüge aus dem Pressecodex:

Ziffer 2, Sorgfalt:

„Recherche ist unverzichtbares Instrument journalistischer Sorgfalt. Zur Veröffentlichung bestimmte Informationen in Wort, Bild und Grafik sind mit der nach den Umständen gebotenen Sorgfalt auf ihren Wahrheitsgehalt zu prüfen und wahrheitsgetreu wiederzugeben. Ihr Sinn darf ... weder entstellt noch verfälscht werden."

Ziffer 8, Persönlichkeitsrechte:

„Die Presse achtet das Privatleben und die Intimsphäre der Menschen. Berührt jedoch das private Verhalten öffentliche Interessen, so kann es im Einzelfall in der Presse erörtert werden."

Ziffer 8.2, Schutz des Aufenthaltsortes:

„Der private Wohnsitz sowie andere Orte der privaten Niederlassung, wie z. B. Krankenhaus-, Pflege-, Kur, -Haft- oder Rehabilitationsorte, genießen besonderen Schutz."

Ihr besonderes Augenmerk möchten wir auf die Ziffer 2 lenken, denn gegen das sogenannte Recherchegebot wird sehr häufig verstoßen. Es beinhaltet Folgendes:

Der Autor muss mit allen Betroffenen gesprochen und ihre Meinung und Darstellung zum Sachverhalt eingeholt haben. Am besten hat man alle Informationen in einem Notizbuch aufgeschrieben, jedenfalls nachvollziehbar festgehalten. Wenn Aussagen über andere, „Dritte", gemacht werden (d. h. Betroffene, die nicht vor Ort anwesend sind), müssen sie verifiziert werden: durch einen Anruf, eine Mail, durch ein Interview, das vor Ort aufgenommen wird. Und diese Informationen müssen folgerichtig im Video auftauchen. Wie lange, in welchem Ausmaß und in welcher Form, bleibt dem Autor überlassen. So kann er natürlich Gewichtungen setzen: zum Beispiel einen Protagonisten im Originalton in den Film schneiden und die Ansicht des „Gegners" nur in einem Halbsatz im Text erwähnen, etwa so: „... was XY bestreitet!"

Das würde schon ausreichen, das Gebot der Sorgfaltspflicht erfüllt zu haben. Dagegen wird allerdings häufig auch in professionellen Medien verstoßen, wie folgender Auszug aus einer Gegendarstellung in der Bild-Zeitung beweist ■ 11.2:

Die Lektüre der Bild-Zeitung ist schon wegen der vielen Gegendarstellungen interessant, bei denen wir uns immer fragen: Wie kam die Redaktion darauf, so etwas überhaupt zu behaupten? Und wenn der Angesprochene sich wehrt, wird es einfach wieder zurückgezogen? Es ist das Recht des Betroffenen, wenn etwas über ihn veröffentlicht wird, gehört zu werden, und seine, vielleicht abweichende, Meinung kund zu tun. Schließlich würden wir dieses Recht auch für uns selbst gerne reklamieren, oder?

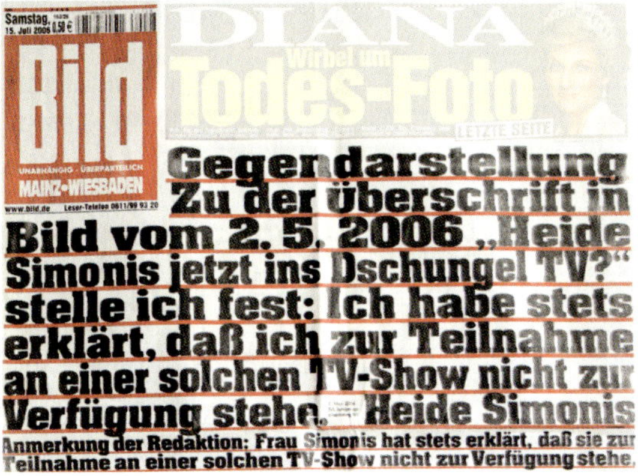
Samstag, 15. Juli 2006

Bild

MAINZ•WIESBADEN

DIANA

Wirbel um Todes-Foto

LETZTE SEITE

Gegendarstellung

Zu der Überschrift in Bild vom 2. 5. 2006 „Heide Simonis jetzt ins Dschungel TV?“ stelle ich fest: Ich habe stets erklärt, daß ich zur Teilnahme an einer solchen TV-Show nicht zur Verfügung stehe. Heide Simonis

Anmerkung der Redaktion: Frau Simonis hat stets erklärt, daß sie zur Teilnahme an einer solchen TV-Show nicht zur Verfügung stehe.

11.2 Eine großformatige Gegendarstellung in der Bild-Zeitung – man beachte die Anmerkung der Redaktion! Blamabel!

Hausrecht

Es gibt ein weiteres Recht, das wir hier ausdrücklich erwähnen wollen: das Hausrecht. Das übt derjenige aus, der Gebäude, Grund und Boden etc. besitzt bzw. gemietet hat. Das heißt konkret: Wollen wir uns jenseits des eigenen Gartentors bewegen und filmen, kann das auf offener Straße niemand verhindern. Betreten wir aber irgendjemandes Privatgelände, brauchen wir dafür eine Drehgenehmigung. Zum Privatgelände zählen natürlich alle Fabrik- oder Produktionsstätten, aber auch der öffentliche Nahverkehr, alle Geschäfte (versuchen Sie erst gar nicht von der Firma Aldi eine Drehgenehmigung zu bekommen) oder die Bahnhöfe und Züge – um nur ein paar Beispiele zu nennen. Man ruft also vorher den Zuständigen, meist in der Pressestelle an, erklärt das Filmprojekt und lässt sich diese Genehmigung erteilen. Es reicht das Telefonat, wobei wir dazu raten würden, Ort, Zeit, Name und Durchwahl des Gesprächspartners aufzuschreiben. Die Deutsche Bahn AG schickt dankenswerterweise immer eine sehr offiziell aussehende „Gestattung für Dreharbeiten“ – und die haben wir noch jedes Mal, wenn wir auf Bahngelände filmten, vorzeigen müssen. In Zeiten von Kofferbombern empfiehlt es sich also, diesen kleinen Klärungsprozess vorab zu starten, will man nicht viele Stunden mit nervigem Nachfragen und Warten auf Antworten vertun.

Urheberrecht

Über welche Rechtsnormen sollte man sich noch Gedanken machen, wenn man Blog, Website oder YouTube mit Bildern füllen will? Zum Beispiel über das Urheberrecht. Unsere Kollegen von den Justiziariaten haben eine ganz einfache Formel zur Hand: „Urheberrecht ist simpel: Entweder man hat es oder man hat es nicht ...". In der medialen Wahrnehmung beschäftigen sich zurzeit die meisten Prozesse, die um das Thema Internet geführt werden, mit dem Urheberrecht. Das ist kein Wunder, denn da geht es um große Beträge – etwa bei der Musikindustrie. Die Missachtung urheberrechtlicher Beschränkungen ist anscheinend zum Gemeingut geworden. Aber es beginnt ein Umdenken, denn viele sorglose Nutzer haben schon Prozesse verloren. Die Justiz stärkt die Rechte der Urheber und sieht die Verletzung des Urheberrechts nicht als Kavaliersdelikt.

Als Produzent eines Videos haben Sie nun auch Urheberrechte an Ihrem Werk. Lesen Sie einmal nach, wie YouTube in Absatz 10 der aktuellen Nutzungsbedingungen damit umgeht (http://www.youtube.com/t/terms).

Auch YouTube betont ausdrücklich in seinen FAQ (www.youtube.com/t/faq), dass die Nutzer Eigentümer der von ihnen geposteten Videos sein müssen oder eine Erlaubnis der Urheberrechtsinhaber haben müssen. Aber wenn wir uns die Highlights von YouTube ansehen, verwundert es immer wieder, wie viele Fernsehprogramme und/oder Kinofilme veralbert werden, und das mit Hilfe des Originalmaterials. Da hat, so unsere Vermutung, niemand nach den Rechten gefragt.

Während die Rechteinhaber von Kinotrailern wahrscheinlich darauf spekulieren, dass auch die Veralberung eines Films Reklame für ihn macht, reagiert die Musikindustrie ausgesprochen verärgert und verfolgt gnadenlos jeden Verstoß.

Deshalb haben wir versucht herauszufinden, wie viel Zeit und Geld es kostet, auf legalem Weg Musik für ein Video auf einer privaten Website nutzen zu können: Uns gefällt „Echte Fründe" von der Kölner Kultband „Höhner".

Erste, noch unproblematische Hürde: die GEMA (www.gema.de/). Im Download-Bereich befindet sich ein Formular. Die musikalische Untermalung des eigenen Videos, veröffentlicht auf der privaten Website, kostet z. B. für einen aktuellen Song um die 30 Euro pro Jahr. Das sind noch überschaubare Ausgaben.

Aber auch das Tonträgerunternehmen, in diesem Falle EMI Music, verlangt Geld für die „nicht-exklusiven Leistungsschutzrechte": 300 Euro für 30 Sekunden – pro Jahr! Und weiter: „Bitte beachten Sie, dass Sie ... auch die Urheberrechte mit dem zuständigen Verlag klären müssen. Vom Verlag wird ebenfalls eine Gebühr aufgerufen, sofern die

Künstler den Titel für die Art der Verwendung freigeben". An dieser Stelle sind wir ausgestiegen, die Hürden wurden zu hoch und zu teuer.

Es gibt auch kostenfreie Musik im Netz: http://www.mp3-gema-frei.de/Archiv.html. Das Angebot dürfte für unsere Zwecke vollkommen ausreichend sein. Der Autor bittet lediglich darum, auf der eigenen Seite einen Link zu setzen bzw. die Quelle anzugeben. Oder man kann sich für 40 Euro eine Musik von ihm kaufen. Noch einfacher: Einen musikalischen Freund bitten, sich passende Melodien einfallen zu lassen und sie auf einem Synthesizer zu intonieren. Ähnlichkeiten zu existierenden Musikstücken sollten natürlich ausgeschlossen sein!

Das von uns vorgestellte Schnittprogramm Pinnacle Studio liefert ebenfalls GEMA-freie Sujetmusik (s. dazu das Kapitel über den Schnitt) in beliebiger Länge.

Also: es gibt zahlreiche Möglichkeiten kostengünstig oder sogar kostenfrei das eigene Stück mit Musik zu untermalen.

Impressum muss sein

Zum Schluss noch ein letzter Hinweis für alle Bastler eigener Sites im Internet: Natürlich benötigt jede Website ein Impressum – dazu ist man verpflichtet. Es muss so gestaltet sein, dass man jederzeit erkennen kann, wer für die Seite die Verantwortung trägt. Außerdem empfiehlt es sich, den sogenannten Haftungsausschluss für Internetlinks einzufügen. Im Netz gibt es einen Musterdisclaimer und noch ein paar gute kostenlose Ratschläge dazu (http://www.e-recht24.de/muster-disclaimer.htm).

Tipp

Tipps, woran Sie vor dem Dreh denken sollten:

- Wurde eine Gegenrecherche gestartet?
- Haben Sie ein Einverständnis zum Dreh/zur Veröffentlichung eingeholt?
- Dürfen Sie an diesem Ort überhaupt drehen?
- Presseratsempfehlungen durchlesen
- Sorgfaltspflicht beachten
- Hausrecht und Urheberrecht beachten
- Impressum auf der Website einbauen

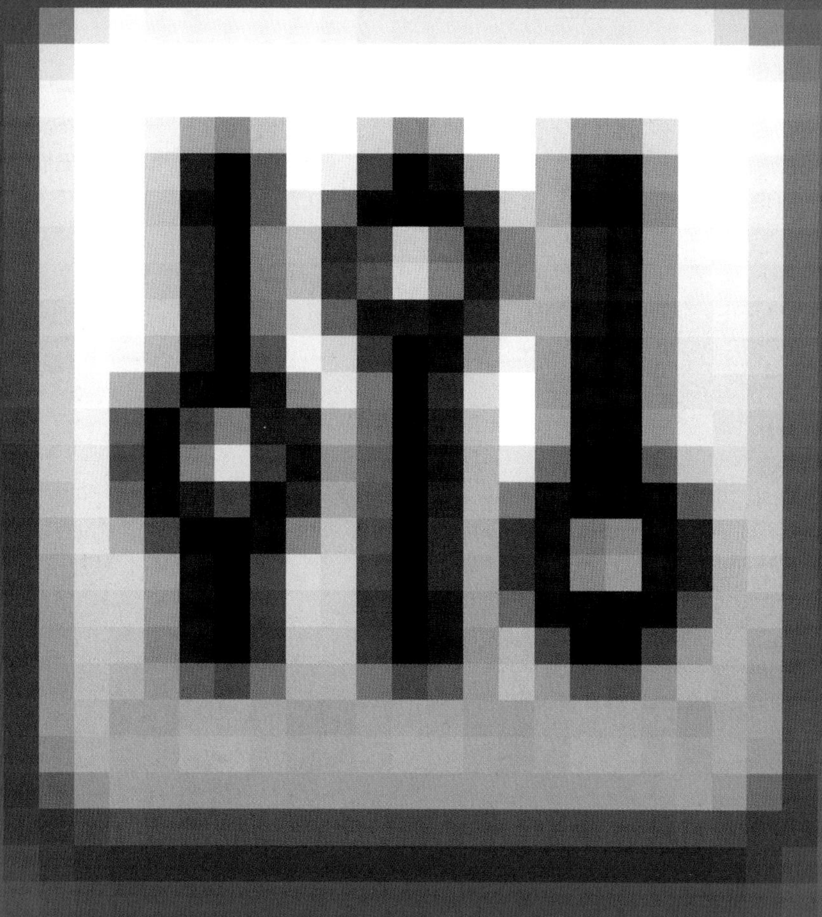

12. Beim nächsten Video wird alles besser

Das war's. Jetzt heißt es: warten! Der Beitrag ist fertig, bei YouTube hochgeladen oder auf der eigenen Website zu bewundern. Heimlich schleicht man sich häufiger als sonst zum PC und überprüft den Zählerstand. Doch der verharrt unerbittlich.

Um den großen Coup zu landen, braucht es die richtige Zeit, den richtigen Ort, die exklusiven oder anrührenden Bilder, ganz viel Glück – und vor allem die (geladene) Kamera immer griffbereit.

Der Rest ist Brot-und-Butter-Arbeit: mühevolle Suche nach filmreifen Situationen, überzeugenden Protagonisten, intensiven Original-Tönen, kreativen Schnittideen, witzigen Textpassagen.

Aber Sie merken mit jedem fertigen Beitrag, dass Ihre filmische Erzählkompetenz wächst. Plötzlich stellen Sie fest: Beim nächsten Film geht alles viel einfacher, wird alles besser.

Wenn Ihnen das gelingt, dann hätten wir unser Ziel erreicht. Die Werkzeuge, die Sie dazu brauchen, haben wir in diesem Buch vorgestellt. Nun liegt es an Ihnen, sie zu benutzen und sofort Ihren ganz persönlichen Film zu machen. Wenn nicht jetzt, wann dann?

Viel Glück!

13. Kommentiertes Literaturverzeichnis

Cunningham, Keith: The Soul of Screen-Writing. New York, 2008
→ *Wer verstehen will, wie die Heldenreise funktioniert und warum manche Drehbücher so spannend sind, der findet hier alle Antworten*

Deißler, Dietmar: Schnitt, in: Ordolff, Martin: Fernsehjournalismus. Konstanz, 2005
→ *Kleine Einführung in die Geheimnisse des Schnitts*

Deutscher Presserat: Publizistische Grundsätze. Pressekodex, Richtlinien für die publizistische Arbeit nach den Empfehlungen des Deutschen Presserates. Bonn, 2008
→ *Guter Überblick darüber, was heute presserechtlich erlaubt ist*

de Rynck, Patrick: Die Kunst Bilder zu lesen. Berlin, 2005
→ *Die alten Meister wussten genau, wie man mit Bildern Spannung erzeugt. In einem Museumsshop entdeckt und nicht wieder aus der Hand gelegt*

Eilders, Christiane et al: Zivilgesellschaftliche Konstruktionen politischer Realität. In: Medien & Kommunikationswissenschaft. Hamburg, 1/2010
→ *Fakten zur Medienentwicklung*

Hammann, Joachim: Die Heldenreise im Film. Frankfurt, 2007
→ *Für alle Helden in uns, die gerne reisen. Oder: Warum gibt es so wenige Helden in der Realität? Schauen wir ihnen so gerne im Kino zu, weil sie etwas erleben, wovon wir träumen?*

Kerstan, Peter: Der journalistische Film. Jetzt aber richtig. 2007
→ *Für Journalisten, die von einem Kameramann lernen wollen*

Ordolff, Martin: Fernsehjournalismus. Konstanz, 2005
→ *Ein profunder Einblick ins professionelle Fernsehmetier*

Ordolff, Martin, Wachtel Stefan: Texten für TV. Konstanz, 2009
→ *Am Anfang war das Wort, heißt es in der Bibel. Bei Ordolff/Wachtel steht: Am Anfang war das Bild. Das Wort wird besser, wenn man ein paar himmlische Tricks kennt!*

Rogge, Axel: Die Videoschnitt-Schule: Tipps und Tricks für spannende und überzeugendere Filme. Bonn, 2010
→ *Für Fortgeschrittene, gut erklärt und mit vielen Anregungen. Mit DVD zum Üben! Locker zu lesen*

Scheiter, Barbara: Themen finden. Konstanz, 2009
→ *Gute, prägnante Hilfe bei der Suche nach dem, was alle interessiert*

Wegner, Dushan: Online-Video. So gestalten Sie Video-Podcasts und Online-Filme – technisch und journalistisch. Heidelberg, 2007
→ *Buch für alle, die mit großem Anspruch kleine Filme machen wollen. Mehr technische Details und weniger journalistischer Input*

Weis, Gunther: Avid Xpress Pro: Das Praxishandbuch für die Windows- und Macintosh-Versionen des HD-Schnittsystems. Stein-Bockenheim, 2007
→ *Gutes Lehrbuch für alle, die sich an die PC-Version von Avid Media Composer wagen wollen. Für den Einstieq in AvidFree DV etwas zu ausführlich*

Werner, Horst: Fernsehen machen. Konstanz, 2009
→ *Erklärt anschaulich alle Schritte, die zur Produktion eines TV-Beitrags führen*

Zalbertus, Andre und Rosenblum, Michael: Video-Journalismus. Berlin, 2003
→ *Der Klassiker für alle Grenzgänger zwischen Journalismus, Dreh und Postproduction. Nach diesem Vorbild produzieren New York 1, BBC und fast alle öffentlich-rechtlichen und privaten deutschen Sender. Das Buch ist nicht sehr tiefgreifend, erklärt aber nachvollziehbar, warum Videojournalismus heute zum Alltag der TV-Produktion gehört*

14. Glossar

Atmo Geräusch, das beim Dreh aufgenommen wird. Die Atmo vermittelt einen akustischen Eindruck der aufgenommenen Situation. Als Atmo sollten möglichst nur Geräusche, nicht aber verständliches Sprechen aufgenommen werden. Vermeiden Sie deshalb, während des Drehs zu sprechen. Vereinbaren Sie mit Protagonisten vorher, was Sie sehen und drehen wollen. Abkürzung für Atmosphäre.

Aufsager: Reporterstatement, in die Kamera gesprochen

Aussageabsicht: Beschreibt den Film in einem kurzen Satz

AVCHD Video-Format mit hoher Auflösung (Advanced Video Codec High Definition)

Avi Video-Format, weit verbreitet, mit vielen Programmen abspielbar, Avi-Dateien sind sehr viel größer als z. B. mpeg-2-Dateien.

Bin Fenster im Schnittprogramm Avid. Darin werden die überspielten Clips gespeichert

Blue-Ray DVD-Format, das Filme in besserer Qualität speichern kann

Blende Verbindet zwei Einstellungen miteinander. Es gibt Aufblende, Abblende, Überblendung, Schiebe/Blätterblende, Wischblende

Card-Reader An den PC angeschlossenes Lesegerät für Speicherkarten

Cliffhanger Bei Fernsehserien häufig verwendetes Stilmittel. Dabei werden am Ende einer Folge Fragen aufgeworfen und Antworten darauf für die nächste Folge angekündigt. Unerledigte Handlungen werden besser im Gedächtnis behalten als erledigte – fand eine russische Psychologin (Bluma Zeigarnik) heraus

Clip Mehrere Einstellungen, die zum Schnitt zusammenhängend überspielt werden, umgangssprachlich auch Bezeichnung einen kompletten Videos

Einstellung Am Stück aufgenommenes Videomaterial vom Ein- bis zum Ausschalten der Kamera, im Zusammenhang mit Software kann man in den Einstellungen z. B. unter verschiedenen Dateiformaten zur Ausspielung wählen

Einstellungsgrößen Begriffe aus der Filmsprache, man unterscheidet: Supertotale, Totale, Halbnah, Amerikanische (bei Menschen), Nah, Groß, Detail

Firewire Schnittstelle am PC, nicht zu verwechseln mit USB! Via Firewire wird Material von einer Kamera mit Bandaufzeichnung ein- und ausgespielt

Flipshare Software, die Daten von der Flip-Kamera auf den PC überspielt und mit der Flip-Videos geschnitten und online gestellt werden können

Frame Einzelbild eines Videofilms. Eine Sekunde Videomaterial besteht aus 25 Frames (bei dem deutschen Standard-Fernseh-Format PAL), 30 Frames (US-Format: NTSC) oder 50 Frames (hochauflösendes Videomaterial: HD)

GEMA Gesellschaft für musikalische Aufführungs- und mechanische Vervielfältigungsrechte, verwaltet Urheberrechte

HD High Definition, hochauflösendes Fernsehen

HDMI Schnittstelle, die Daten digital überträgt (high definiton multimedia interface)

Heldenreise Dramatische Erzählfigur: Der Held begibt sich auf eine Reise, macht Erfahrungen und kommt als ein Anderer zurück

mpeg 2 oder mpeg 4 Video-Kompressionsformate. Die damit komprimierten Dateien tragen als Dateiendung die Bezeichnung mpg oder mp4

Neutraler Anfang bzw. neutrales Ende Einstellung beginnt bzw. endet mit einem Bild ohne Protagonist, der kommt hinein oder geht aus dem Bild, sodass es wieder „leer" ist

OHCI Bezeichnung für das Ansteuern der Firewire-Schnittstelle durch das Schnittprogramm AVID (open host controller interface)

O-Ton Interview vor laufender Kamera, Videoreporter stellt Fragen, der Partner antwortet. Sinnvolle Anlässe für O-Töne: Meinung, Augenzeuge, emotionale Selbstaussage des Protagonisten

Off, Off-Töne Man sieht im Bild einen handelnden Protagonisten, er spricht nicht und man hört ihn trotzdem – der Ton wurde früher oder später aufgenommen und erst im Schnitt unter die Bilder gelegt

PCMCIA Karteneinschub, meist in Laptops, der eine flexible Erweiterung der Schnittstellen zu anderen Geräten ermöglicht

Phrasenschwein Sparschwein, dient in Redaktionen dazu, Autoren zu disziplinieren, in ihre Texte keine abgedroschenen Phrasen zu schreiben. Wer's dennoch tut, muss zahlen!

Projekt/Projektdatei Datei, in der alle Schnitte und Montage-Schritte gespeichert werden. Das fertige Video „entsteht" erst beim Ausspielen als Datei, auf DVD oder Band

Protagonisten Drehpartner, die vor der Kamera agieren. Meist Menschen. Protagonisten können aber auch Autos und andere sich bewegenden Dinge sein. Es kommt auf die Rolle an, die sie im Video spielen

QuickTime Von Apple entwickeltes Multi-Media-Programm zum Abspielen von Videos und Musik. Bei Apple downloaden

Recherche, inhaltliche und optische Gespräche (meist per Telefon), die dazu dienen, sich ein Bild vom Drehort, der Situation des Protagonisten und dem Sachverhalt machen zu können

Reportage Subjektive Erzählform, orientiert sich an Menschen und „reportiert" deren Erlebnisse und Gefühle

SD-Karte Speicherkartenformat

Sequenz oder Szene Entsteht aus mehreren Einstellungen, die hintereinanderpassen und meist auch hintereinander geschehen/gedreht sind

Shotlist Liste (am besten in Form einer Tabelle) von gedrehten Einstellungen, die für ein Video verwendet werden sollen, in der Reihenfolge der Aufnahme, mit genauen Angaben des Timecode und Bemerkungen für die spätere Verwendung

Situative O-Töne Der Drehpartner agiert, während der Reporter dazukommt und Fragen stellt. Der Protagonist fährt mit seiner Tätigkeit fort.

Subtext Text dockt am Bild an und erklärt, Text ist keine Bildbeschreibung, sondern erzählt vor allem, was man **nicht** sieht. Enthält meist Informationen, die der Reporter recherchiert hat.

Spannungsbogen Vermittelt dem Betrachter das Gefühl, dass noch etwas Interessantes, Ungewöhnliches, Aufregendes, Neues kommt. Erzähl-„Figur", die bewirkt, dass man Lust hat, den Beitrag weiter zu verfolgen.

Storyboard Kurzbeschreibung eines Films, verbal oder mit Bildern

Take Eine Einstellung, vom Einschalten bis zum Ausschalten der Kamera

Textperson Die innere Haltung, die der Reporter beim Schreiben und Sprechen seines Textes einnimmt

Timecode Format: hh:mm:ss:ff (Stunde:Minute:Sekunde:Frame). Bei der Aufzeichnung von Videomaterial wird so jeder Frame (jedes einzelne Videobild) mit einem „digitalen Zeitstempel" identifiziert.

Thumbnail „Daumennagel"-großes, also sehr kleines, Vorschaubild, beim darauf Klicken erscheint das Bild in der richtigen Größe. Bei Schnittprogrammen zeigen Thumbnails eine Vorschau der Einstellung

Timeline Bei allen Schnittprogrammen die Leiste, auf der die zu schneidenden Bild- und-Ton-Elemente abgelegt werden, dabei ist immer ein Zeitbezug zu sehen
Traffic Verkehr, hier: Datenverkehr im Netz. Als Webseitenanbieter zahlen Sie sowohl für die Größe Ihres Datenspeichers als auch – bei manchen Providern – für die Menge des Datenverkehrs auf Ihrer Seite.
Treatment Drehbuch, das vor den Dreharbeiten mithilfe der Recherche-Informationen erstellt wird
VJ Videojournalisten drehen selbst, schneiden und vertonen häufig auch
Voice-Over Tonspur, auf der im Schnittprogramm der Sprachkommentar abgelegt wird
Wordpress Blog-Plattform, die auch das Hochladen von Videos ermöglicht
WOW-Einstellung Begeistert spontan (zumindest den Kameramann), überzeugt, ist großartig, berührend. Kann Bild oder auch O-Ton sein
Zoom-in (Ranfahrt, optisch) Durch die Linsenbewegung im Objektiv werden weit entfernte Gegenstände herangeholt
Zoom-out (Wegfahrt) Die Kamera zeigt zunächst ein Detail, dann fährt sie (scheinbar) immer weiter zurück
Zwischenschnitt Montagetechnik, die hilft, einen O-Ton oder eine Handlung zu kürzen, ohne dass es dem Zuschauer auffällt

15. Quellen

Alle Quellen ohne Haftung, es gilt der Muster-Disclaimer (s. u.).
Diese Links finden sich auch zum direkten Anklicken auf der Website zum Buch www.jeder-kann-video.de

Free und Trial-Downloads der Schnittprogramme:

Avid Free DV:
macupdate.com/info.php/id/13921/avid-free-dv

Tutorial dazu:
http://www.camcorderinfo.com/content/Edit-to-the-Maxx---The-Art-of-the-Digital-Cut---Part-1.htm
Seriennummer bitte mit den üblichen Suchmaschinen suchen.

Pinnacle Studio Ultimate-Testversion:

Eine vollständige 14-Tage-Testversion. Mit einer englischsprachigen kurzen Einführung, die auch einen guten ersten Überblick als Videodemo gibt.
www.pinnaclesys.com/studiotrial

Vergleich der verschiedenen Pinnacle-Studio-Versionen:
http://avid.custkb.com/avid/app/selfservice/search.jsp?DocId=287199

Magix Video deluxe:

Testversion für 30 Tage. Akzeptiert als Testversion leider keine mpeg4-Dateien.
http://www.magix.com/de/free-download/testversionen/alle-testversionen/Magix Video easy HD

Testversion, ganz aktuell. Nach Registrierung 30 Tage gültig. Akzeptiert auch mpeg4-Dateien.
http://dl03.magix.net/trial_video_easy_hd_dlv.exe

Eine Übersicht über Schnitt-Freeware
http://de.wikipedia.org/wiki/Videoschnittsoftware

Interessante Links:

Kaufberatung für digitale Videokameras im Netz:
http://www.computeruniverse.net/groups_home.asp?groupid=30000121&pa=true&language=deutsch

Ein schön knapper begrifflicher Leitfaden zu Dreh und Schnitt. Geschrieben für den Schulunterricht:
http://www.mediamanual.at/mediamanual/leitfaden/filmgestaltung/grundelemente/sprache_des_films/index.php

Eine kleine und knappe Einführung in Erzählsituation und Erzählperspektive:
http://www.digitaleschulebayern.de/dsdaten/1/684.pdf

Der Einsatz der Flip in ZDF-Blogs:
http://blog.zdf.de/vancouver2010/rennender-reporter/

Beispiele für den Einsatz der Flip bei einer Kreisklassen-Fußballmannschaft.
http://reelkirchen.tv/

Ein schönes Werbevideo für den Amateursport:
http://reelkirchen.tv/2010/05/25/mitspielen-bei-reelkirchen-tv/

Die Alternative zu langweiligen Urlaubspostkarten
http://www.youtube.com/watch?v=zlfKdbWwruY

... und wie es dazu kam:
http://www.wherethehellismatt.com/about.shtml

Exotisches kommt immer gut an:
http://www.youtube.com/watch?v=Lo8xwNaHgBE&feature=related

Die „Amateurkamera" in der Werbung. Achten Sie auf den Wechsel von ruhiger und „Wackel"-Kamera:
http://link.brightcove.com/services/player/bcpid42408870001?bclid=0&bctid=84319743001

Schrankenwärter Laumann wartet auf seinen Einsatz:
www.youtube.com/watch?v=xZYvQNB5FXY

Hier nachempfunden:
http://www.youtube.com/watch?v=RGU04oxeptg&feature=related

Magix-Video-Community: Hochladen und Diskutieren. Eine konstruktive und sachverständige Community.
http://www.magix.info/de/medien/overview/

Charlie Broker (BBC) imitiert online, wie ein „klassisches Nachrichtenstück" aufgebaut ist. Sehr witzig! Ähnlichkeiten mit deutschen Nachrichtensendungen?
http://www.youtube.com/watch?v=aHun58mz3vI

Für die Shotlist-Übung: Podolski wird dreimal nicht erkannt.
http://www.youtube.com/watch?v=2s2HlhdZDEA

Presserechtsfälle – einmal anders aufbereitet: Ein Diplom-Physiker beobachtet systematisch die Entscheidungen der Hamburger Pressekammer mit dem Vorsitzenden Richter Andreas Buske, der auch schon einmal umstrittene Entscheidungen fällt.
www.buskeismus.de.

Urheberrechtsangaben bei YouTube: Unbedingt VORHER lesen
www.youtube.com/t/faq

GEMA-freie Musik

http://www.bluevalley-filmmusik.de/ (*Preise nicht ganz klar zu erkennen, z. B. 82 Euro/Monat*)
http://www.bigtrax.de/ (*ab 49 Euro pro Titel*)
http://www.imageaudio.de/ *(CDs kaufen)*
http://www.jamendo.com/de/ (*Lizenz-Preise nicht erkennbar, aber vorhanden*)
http://starfrosch.ch// (*Lizenz-Preise nicht erkennbar, aber vorhanden*)

Jeder kann Video online

Ihre Eindrücke vom Arbeiten mit diesem Buch möchten wir mit Ihnen gerne auf Facebook teilen. Sie finden die Seite direkt über:
www.jeder-kann-video.de

YouTube-Kanal für dieses Buch:
http://www.youtube.com/user/jederkannvideo

YouTube-Kanal für das Buch „Fernsehen machen"
http://www.youtube.com/user/fernsehenmachen

Muster-Disclaimer:
http://www.e-recht24.de/muster-disclaimer.htm.

16. Stichwörter